学思研行

——一线体育教学中的探索与实践

罗兆杰　著

中国石油大学出版社

CHINA UNIVERSITY OF PETROLEUM PRESS

山东·青岛

图书在版编目(CIP)数据

学思研行:一线体育教学中的探索与实践/罗兆杰
著. -- 青岛:中国石油大学出版社,2024.5
ISBN 978-7-5636-8233-1

Ⅰ.①学… Ⅱ.①罗… Ⅲ.①体育课－教学研究－中
小学 Ⅳ.① G633.962

中国国家版本馆 CIP 数据核字(2024)第 090627 号

书　　名:	学思研行——一线体育教学中的探索与实践
	XUE-SI-YAN-XING——YI XIAN TIYU JIAOXUE ZHONG DE TANSUO YU SHIJIAN
著　　者:	罗兆杰

责任编辑:朱纪寒(电话　0532-86981529)
责任校对:陈亚亚(电话　0532-86981529)
封面设计:赵志勇

出 版 者:中国石油大学出版社
　　　　　(地址:山东省青岛市黄岛区长江西路 66 号　邮编:266580)
网　　址:http://cbs.upc.edu.cn
电子邮箱:zhujihan2023@foxmail.com
印 刷 者:青岛北琪精密制造有限公司
发 行 者:中国石油大学出版社(电话　0532-86983437)
开　　本:710 mm×1 000 mm　1/16
印　　张:18
字　　数:300 千字
版印次:2024 年 5 月第 1 版　2024 年 5 月第 1 次印刷
书　　号:ISBN 978-7-5636-8233-1
定　　价:75.00 元

抒意职业情怀,传递体育教育的幸福

（序言一）

参加了多年的"国培计划"后,2014年10月在首都体育学院举办的那次"国培计划"也随着时间的推移逐渐淡出了我的记忆。2024年3月的一天,首都体育学院的刘沛主任联系我,说山东省青岛西海岸新区红军小学的体育教师罗兆杰写了一本关于一线体育教师教学探索与实践的书,想请我帮忙写一篇序。她特别告诉我说,罗老师曾是那次"国培计划"的学员,而今年正好是第十,罗老师想把这本书作为那次"国培计划"举办10周年的纪念来出版。我带着好奇心,打开了罗兆杰老师发来的《学思研行——一线体育教学中的探索与实践》一书。书中那句"歹徒他不按套路来啊,会武术你也赶紧跑……"正是我在讲课时说的活跃课堂气氛的话,一下子把我的思绪带回到10年前在首都体育学院参加"国培计划"的日子。

2014年10月,来自全国18个省份的155名小学体育教师齐聚首都体育学院,参加了为期9天的教育部"国培计划(2014)——体育美育骨干教师培训"。这期间,我做了"了解现象,提高质量——谈专项运动技能教学质量提升的策略"专题培训。在这次培训中,罗兆杰老师是年龄较大的老师之一。每次培训,他都坚持坐在第一排,在与专家、教授们近距离的接触中认真聆听,仔细做好记录,如饥似渴地饱餐着"国培计划"的盛宴……时光荏苒,转眼间已过去10年。在这10年里,他以那次"国培计划"为动力,在工作中不断实践、不断钻研、不断反思、不断总结,先后在《山东教育》《中国学校体育》《体育教学》等杂志发表多篇文章;从一名普普通通的农村基层小学体育教师,成长为本地体育与健康学科中心组成员,多次参与本地体育与健康学科新教师培训,先后被评为青岛市教学能手、青岛市"十三五"读书工程先进个人、青岛西海岸新区首批拔尖人才、青岛市小学体育学科带头人,可谓大器晚成。正如罗老师书中所说:"'国培计划'使我学有目标,思有方向,研敢尝试,行有动力,带我走进了体育教学生涯的第二个春天。"我相信那次"国培计划"的经历,也是所有参与其中的体育教师的新起点。我深信,所有参加过"国培计划"的老师都会像罗兆杰老师一样,将"国培计划"所赋予的正能量传播到全国各地,带到我们的学校体育工作中,带进我们的体育课堂中,成为当地体育教学里的佼佼者。这正是"国培计划"所追求的真正目的所在。

参与才有机会,付出才有收获。罗兆杰老师34年来一直坚守在农村基层体育教学的第一线,既有带领学生连续11年夺得全县小学女子跳高冠军、2次打破最高纪录的成功喜悦,又有把一节好课上"砸"了的失败经历;既有参加"国培计划"后视野开阔,积极改进学校大课间活动的实践,又有争创校园体育特色的积极行动;既有"十年磨一课"般专注于钻研体育教学的执着精神,又有努力推进"用信息技术支持课堂教学"的积极尝试……2022年,已经54岁的他,仍能在青岛市"一师一优课、一课一名师"活动及青岛市中小学优质课评比中获得一等奖。我由衷地为这位三十年如一日奋斗在一线体育教学中的老教师点赞。

在罗兆杰老师的书中,大部分内容都源于他对体育教学一线实践的研究与感悟,带着一股来自一线教学实践中浓郁的草根的味道。书中既有他对新课程标准与方案、教育教学理论与方法等的深刻理解与大胆探索,又有他在最基层的一线体育教学中提炼出来的教学体会与经验。例如,《也谈一年级新生广播体操教学》是他在十几年的全镇广播操巡回教学中总结得出的经验,《有效管理学校体育器材的策略》《巧改沙坑形 安全更适用》充分体现出在场地器材管理实践中的小智慧与创新思维,《有效解决大课间场地器材短缺问题例谈》体现的则是对一线体育教师在组织学校体育活动中遇到问题的思考……罗兆杰老师在一线学校体育工作中积累的诸多实用经验,大多发表在了相关杂志上。例如:"体育选项走班制是新时代体育课程改革的助推剂",这是我在《中国学校体育》卷首语《新时代体育课程改革的动力源》一文中的一个观点,没想到罗兆杰老师也在基层学校体育教学中开展了

"构建体育课程'超市'，实施选项教学"的相关研究。这里面渗透着罗老师对学校体育工作的用心与用情，是他深入实践与深刻思考的结晶，因此荣获山东省案例评选一等奖，也就在情理之中了。

自那次国培以来的十年里，他从一名普普通通的一线体育教师，成长为市级教学能手和学科带头人。他无私地将自己"学、思、研、行"的经验，传授给年轻的体育教师。在"一线体育教师专业成长"一章中，他鼓励体育教师们读书、写作、搞研究，并强调"课堂是体育教师的主阵地，是优秀体育教师施展才华的大舞台；训练是检验体育教师专业水平能力的试金石，比赛为学校与个人添光彩；组织能力是体育教师的基本功，是优秀体育教师的拿手戏；教育科研是教师专业成长的助推器，是优秀教师专业成长的催化剂"。四个生动形象的比喻，概括了一线教师的成长之路，也为一线体育教师的成长指明了前进方向。罗老师引导青年教师"入门起步于一个栏目，成长开始于一本杂志"，亲自为青年教师设计"阅读交流卡"，手把手地引导青年教师阅读与写作。这种积极引领青年教师成长的精神品质是非常难能可贵的，体现出一名奋斗在一线学校体育工作中的老体育教师无私奉献的职业情怀，令人敬佩不已。

学、思、研、行是每一位优秀体育教师在一线体育教学中探索与实践的成长路径。本书包含了罗兆杰老师多年来对学校体育工作的探索与实践，通过学、思、研、行四个方面为一线体育教师们的学习与成长提供理论联系实际的借鉴。我希望通过这本书，能够激发广大一线体育教师们的工作与学习热情，促使他们在研究中提升教学能力，更好地服务学生，同时希望每位体育教师都能在努力工作与勤奋学习中找到属于自己的那份成就感。

正是像罗兆杰老师这样辛勤工作在最基层、最一线的体育教学岗位上的楷模，其永不言弃的精神打动了我，于是我欣然提笔，写下这些文字，献给敦厚、勤奋、质朴无华的罗兆杰老师，同时也献给所有奋斗在中国学校体育一线的基层体育教师们！

愿这本带着来自一线教学实践中浓郁草根气息的图书能够给予广大一线体育教师更多的启示，愿更多像罗兆杰老师一样奋斗在基层体育教学一线的体育同人一起努力，共同书写中国学校体育更加美好的明天！在学校体育教育的道路上，我们从未停止探索与前行。我愿每一位一线体育教师都能在这本书中真正找到属于自己的那份力量与智慧，共同书写一线体育教学最美好的篇章。

千千万万的体育教师默默地耕耘在体育教育事业中，助力教育强国、体育强国的建设。愿我们的国家因每一个人的付出与奉献而变得更加强盛，愿亿万青少年未来能享有健康幸福的人生，充满体育人的智慧和力量。

于素梅

中国教育科学研究院研究员、博士生导师

2024 年 5 月于北京

成就那一束光，点燃自己，照亮他人

（序言二）

　　拿到罗兆杰老师的这部书稿，我特别高兴，这是一位优秀体育教师30多年教坛耕耘的智慧结晶。出书，是很多人终生梦寐以求的追求和理想。辅国治民、著书立说、流芳百世是读书人的远方。古人有"三立"（《左传·襄公二十四年》）一说，即立德、立功、立言。立言，是凝练思想、传承文明的重要载体，是把我们工作和生活中的经验、方略与思考等用文字记载其要，传之于世，启迪他人，是一项非常有意义的工作。对于一线中小学教师，尤其是小学体育学科的教师而言，著书立说的难度堪比攀登珠峰。这不仅需要他们拥有多年体育教学智慧的深厚积淀，还需要具备一颗追求卓越、能够耐得住孤灯下字斟句酌艰辛的强者之心，实属不易。而能下定决心去写，并历经数年时间完成30万字书稿的体育教师，实属凤毛麟角，令人仰视。

　　2008年，《中国学校体育》杂志建立了读者博客圈。通过写博文、阅读博文、评论博文，众多优秀的体育教师在这个相互分享、相互探讨与交流的平台上结识。从那时起，我和罗老师的交流日渐增多。每当有作者深夜发出博文，第二天一早就能看到罗老师在博文下的评论留言，我自然而然地给他打上了"勤奋好学"的标签。2009年3月，《中国学校体育》杂志开辟了"草根争鸣"论坛，众多优秀的体育教师参与其中。我在整理每期论坛的资料时，发现青岛市的罗兆杰老师参与踊跃、发言积极。虽然网上的教研活动多安排在晚上，但是他精力如此旺盛，对体育教学研究如此痴迷，这使我对他的印象里加上了"激情四射""积极进取""有为青年"等标签。2015年7月，青岛西海岸新区的小学体育骨干教师团队在体育教研员张文丽老师的带领下，主持了《草根争鸣》总第77期关于"如何在体育教学中实施心理健康教育"的话题研讨，我应邀赴新世纪小学参加主持现场的活动，得以和罗老师见面。我很惊讶，印象中的青年才俊，现实中是一位体格魁梧、性情淳朴、谦和儒雅、典型的胶东汉子。尽管他作为一名小学副校长的日常事务繁重，但是他依然能够坚守在体育教学一线，并全心全意地参与网络教研活动，这确实难能可贵。当天晚上研讨结束，我和罗老师、陈明海又聊到半夜。早晨起床，我就见他已端坐在笔记本电脑前，整理着研讨心得，并即兴赋诗一首。这样的体育教师、这样的副校长，真是难得一见的人才！就这样，敬于才华，合于性格，我和他的联系更加紧密。人生之路多了一位志同道合的挚友乃是一幸事！

我在《中国学校体育》杂志1996年第2期上发表的第一篇文章是《体育教师应做好个人的资料档案工作》，后来发现这篇文章竟然被收录在核心期刊中，很是惊喜！当时，在准备全国体育工作先进市评选材料的过程中，我发现很多体育档案资料疏于管理，这给评优评先、职称评聘等工作带来了诸多不便。在广泛翻阅相关资料后，我没找到相关的研究文章，于是撰写了这篇稿件。当时，我是一笔一画地将稿件誊写在稿纸上，然后通过邮局来寄出投稿的，没想到一下子就发表了。在期刊上公开发表文章，尤其是发表第一篇文章，对作者的激励作用是难以言表的巨大。2012年，《中国学校体育》杂志中的《草根争鸣》栏目总第41期作了关于"体育档案（资料）的有效整理和保存"的话题研讨，罗老师投稿了一篇研讨成果文章，题为《照片、音像、实物体育档案资料的整理》，该文章最终刊发在《中国学校体育》杂志2012年第9期上。该文章就照片、音像、荣誉证书等体育档案资料的收集、分类、编号、标签、登记和保存等各个环节进行了细致入微、条理清晰的阐述，极具实操性和指导性。相较于其他体育档案资料整理的探讨，罗老师的见解更具体、更深入、更实效。管中窥豹，这彰显了他在教学思考方面的深度、研究视角的前瞻性和笔触细腻的写作功力。本书中，此类兼具高度可读性、可借鉴性和启迪性的文章俯拾皆是。每篇文章都源于他坚守一线体育教学的实践与创新理念，是台灯下精心雕琢与梳理思考的成果，是研修时专注聆听后的深度分析，是广泛阅读中的思想碰撞与深刻反思，更是教学传授中的精华凝练与心灵共鸣。每篇文章都蕴含着绿茵场上小草的勃勃生机，散发着一线体育教育教学智慧的魅力与光华，值得我们细细品味、反复研读，在深思中汲取灵感,在实践中勇于创新,在创新中不断成长。

著名教育家第斯多惠指出:"教育的艺术不在于传授本领,而在于激励、唤醒和鼓舞。"与其说罗兆杰老师的这部作品是他30多年来从事体育教育教学智慧的结晶,不如说这是他用自己的汗水和心血在激励我们站在操场上继续脚踏实地地耕耘、责无旁贷地育人、心无旁骛地研究,唤醒我们在体育教学的广阔天地里勤于思考、笃定前行,鼓舞我们迎难而上、甘为人梯。这是楷模的力量,这是榜样的引领,这是名师的召唤!

路虽远,行则将至;事虽难,做则可成。为了传承教育薪火的神圣使命,为了提升自己的教育智慧,为了更好地教书育人,让我们向罗兆杰老师看齐,成就那一束光,点燃自己,照亮他人。

山东省教育科学研究院兼职教研员、正高级教师、
首批"威海名师"、《中国学校体育》杂志特约编辑
2024年3月于威海市文登区

　　到 2024 年，我参加首都体育学院"国培计划"将满 10 周年。2014 年秋，作为一名普普通通的农村一线体育教师，有幸在从教的第二十四个年头参加了本次"国培计划"。在我的从教生涯中，搭上了教育部在首都体育学院举办的"国培计划"专列，使我开阔了视野，提升了境界，成为区域内小学体育骨干教师，成长为青岛市教学能手、青岛市小学体育学科带头人。虽然算是大器晚成，但是我仍然感念"国培计划"，感恩首都体育学院。值此契机，回首 34 年的从教经历，尤其是回顾参加"国培计划"10 年来的专业成长历程，我对从事的小学体育一线教育教学研究进行总结，以此纪念首都体育学院"国培计划"10 周年，也留作人生纪念。

　　"国培计划"使我学有目标，思有方向，研敢尝试，行有动力。"国培计划"助力一批又一批一线体育教师的专业发展与成长，也带我走进了体育教学生涯的第二个春天。作为一名长期坚守在一线的普通小学体育工作者，自 2014 年以来，我先后被评为青岛市教学能手、青岛市"十三五"读书工程先进个人、青岛西海岸新区首批拔尖人才，并在《山东教育》《中国学校体育》杂志发表多篇文章；连续多年担任青岛西海岸新区小学体育与健康学科中心组成员；连续两年担任山东省远程研修区级指导教师；连续多年参加青岛西海岸新区新教师的岗前培训，并担任小学组体育与健康学科培训指导教师。2020 年 8 月,我被评为青岛西海岸新区新教师培训优秀指导教师。2017 年 1 月,我被《中国学校体育》杂志聘为《网研集锦》栏目社外编辑,参与主持 40 多期《群英荟萃》栏目,其中"精彩观点"和"话题小结"多次被选编刊登在《中国学校体育》杂志的《群英荟萃》栏目中。2023 年 10 月,在从事体育教学的第三十三年,我被评为青岛市小学体育学科带头人。

我忘不了第一次上体育课时的窘迫;忘不了在师傅手把手的教导下,第一次成功举办全镇小学生运动会时的兴奋;忘不了那些年骑自行车在全镇进行巡回广播操教学时的匆忙;忘不了训练学生连续 11 年获得全区小学生田径运动会女子跳高第一名并两次打破全区最高纪录时的欣喜;忘不了帮助学校少先队训练并在全区鼓号操大赛上获奖时的成就感;忘不了率队参加全区小学生乒乓球比赛被淘汰后的沮丧,也忘不了重新振作后,第二年冲进团体总分前八名的高兴……

我还忘不了首都体育学院的精心安排和准备;忘不了第一天清晨,郭尚林老师如数家珍般的校史介绍;忘不了谢军校长和风细雨般的欢迎词,以及那一句"因为你们的到来,连北京的雾霾也被赶跑了"的玩笑,让我们暂时忘掉离家的烦恼;忘不了刘沛主任对"国培计划"的精准解读,以及她对每一个环节安排都考虑得非常周到;忘不了黎明前,国旗班整齐划一的训练和庄严肃穆的升旗仪式;忘不了于素梅老师那句"歹徒他不按套路来啊,会武术你也赶紧跑"的玩笑,引得全班哄笑;忘不了陈雁飞老师在"小学教师专业标准与体育教师专业发展"报告中一个接一个的"教学绝招";忘不了参观名校史家胡同小学时,学员们羡慕的尖叫……

从事小学体育教学工作 34 年来,我从一名普普通通的基层农村小学体育教师,逐步成长为青岛西海岸新区骨干教师、青岛市青年教师优秀专业人才、青岛市教学能手、青岛西海岸新区首批拔尖人才、青岛市小学体育学科带头人。回顾 34 年的小学体育教学生涯中取得的成绩,既有不间断的学习成果,又有不抛弃、不放弃的努力和艰辛的付出,在此我将个人的成长经历和获得的一些心得体会分享出来。正是这些成长过程中脚踏实地的经历和积累的经验,成为后来开展"构建体育超市、实施选项教学"等教学实践研究的最大底气,也成为我在体育教学生涯中努力争取新的教育科研成果的不懈动力。我希望这些经验和感悟能够给处于基层的体育工作者带来一些启示,特别是对青年体育教师的专业成长能够产生一定的启发与帮助。

学、思、研、行,参与才有机会,付出才有收获。我衷心祝愿刚刚踏上工作岗位的青年体育教师能够怀揣梦想,取得优秀的工作成绩,实现自己的人生梦想,做一名优秀的体育教师!

脚踏实地,行稳致远,进而有为,无愧人生。我衷心祝愿我们的一线体育教师能够立足自己的工作岗位,一步一个脚印,在平凡的工作岗位上作出不平凡的业绩,在人生的征途上奋发有为,勇攀高峰,实现作为体育教师的真正人生价值!

罗兆杰
2024 年春写于青岛西海岸新区红军小学

目 录
CONTENTS

第一篇　学——实践学习

第二篇 思——教学反思

第三篇　研——教育科研

第四篇　行——成长践行

第一篇 学——实践学习

专家睿语

　　罗兆杰老师是青岛西海岸新区小学体育与健康学科中心组的骨干成员,工作以来一直坚守在体育教育教学第一线,至今已经34年。他始终立足岗位,坚持学习,以身示范,善于思考,不断创新,是我区小学体育教坛的"不老松"。

　　教师学习是教育生涯中一个继续接受教育的过程。首先,罗老师注重在工作实践中进行学习。在第一章中,他分享的关于如何把课堂的主导权交给学生,如何有效开展一年级新生的广播操教学,如何提高课堂教学效果,以及如何解决学校活动场地和器材不足等问题,都是他在一线教学中边学习边实践的宝贵经验,值得我们学习和借鉴。其次,他创建的"全区小学体育草根教研学习群",引领全区小学体育教师定期参与网络研讨,并助力全区多位教师成功发表论文。再次,他立足课堂,多次进行区市级课堂教学展示,并在各级优质课比赛中获奖。最后,他还多次参加全区体育教师培训,分享他的教育教学经验,帮助其他教师提升思想业务素质和教学能力,引领青年体育教师实现专业发展。

　　每学年,各级教育部门都会组织各类教师培训,让老师们能够借此机会更新和巩固已有的知识和技能。罗老师积极参与各种培训学习,如"国培计划"、远程研修、外出学习……他一丝不苟的工作态度和积极主动的学习精神,让我明白了他能够收获颇多的原因。希望广大体育教师能够从罗兆杰老师的学习经历中获得更多启发,不断学习,逐步提升自身的教育教学能力,尽快成长起来。

　　（张文丽:青岛西海岸新区教育科学研究院体育与健康教研员。）

第一章
在一线教学实践中学习

■ 名师导言

    罗兆杰老师是一位拥有34年教龄的专职体育教师。我在小学当运动员的时候就认识他。他训练的学生多年蝉联胶南市(现西海岸新区)小学跳高第一名,两次打破胶南市小学跳高纪录并保持至今。这些成绩使他在胶南市的体育教师中享有很高的声誉。

    我俩都毕业于胶南二中,他是我刚参加工作时的偶像。我最敬佩的是他在一线教学实践中不断学习,总结出许多一线体育教师普遍会遇到的问题与困惑及相应的解决策略。例如,一年级新生的广播体操教学策略,以及把"吹哨权"交给学生的教学策略,不仅培养了学生的自主学习和自主管理的能力,还使体育教师在课堂教学工作中能够作出适当的调整和优化。很多学校存在体育场地和器材不足的问题,这对体育教师来说是一个巨大的考验。然而,罗老师运用自己独特的策略解决了问题,让人耳目一新。虽然本章记录的是实践工作中的小事,但是罗老师不仅将这些真实发生且机智的解决策略详细地记录下来,还展现了他在工作中严谨认真的态度。这些工作实践不仅为他今后的教育科研奠定了基础,还为我们提供了宝贵的经验。

    (臧科运:青岛西海岸新区大村小学体育教师,山东省特级教师、齐鲁名师培养人选,青岛市优秀教师、青岛市教学能手、青岛市学科带头人、青岛市教书育人先进个人,西海岸新区青年优秀专业人才。)

一线教学实践中的学习与探索

有人说:"教师真正的学习是从踏上工作岗位的第一天开始的。"这句话是很有道理的。如果说毕业之前在学校所学的理论知识是教会我们学习如何去当老师,那么师范毕业,踏上教师工作岗位后则是学习如何能够胜任教师这一职业,以及学习如何当好老师。尤其是年轻教师,他们都有主动请教其他教师的经历,也被动接受过他人的指点,有时还会受到善意的批评,甚至是"训斥"。遇到困难时虚心请教,遇到问题时多琢磨解决的办法,这种学习态度在一线教学实践工作中是非常重要的。

刚参加工作时,我应该感谢的人有两位。一位是高忠绪老师,他手把手的谆谆教导,为我的体育教学打下了坚实的基础;另一位是徐吉志校长,在他的鼓励和引导下,我学着阅读,并把教育期刊上的优秀教学方法尝试着运用在我的体育课堂上,这使我逐渐在体育课上站稳脚跟。

1990年7月,我从胶南师范学校毕业后,进入学校工作。学校安排了一位年长的体育教师给我当师傅,他就是高忠绪老师。高老师是一位老中师生,20世纪70年代末毕业于胶州师范学校。他先后在六汪的胶南县第八高中、藏南初级中学任教多年。他不仅体育课上得非常棒,还有着丰富的一线体育教学经验。此外,他不仅在组织学校体育运动会等方面游刃有余,还在训练学校运动队方面颇有章法,因此深受学校领导、老师们的认可和学生们的喜爱。为了让我能够尽快胜任体育教师的角色,师傅把他订阅的《学校体育》(也就是后来的《中国学校体育》)杂志送给我,叮嘱我一定要好好看。后来,我每年都坚持订上一份,从中了解一些前沿的学校体育教学动态,以及来自全国各地的优秀体育教师的教学经验。在师傅手把手的教导下,经过近10年的积淀,我逐渐步入了体育教师的初步成熟期。在此期间,我训练的学生多次在全县田径运动会和乒乓球比赛中获奖,连续11年获得全县小学女子跳高项目第一名,甚至还两次打破了全县小学女子跳高纪录,为学校赢得了众多体育比赛方面的荣誉。在教学方面,1999年7月,我第一次参加了全县的体育教师优质课比赛,获得了自参加工作以来的第一个胶南市优质课比赛一等奖。

分管学校教学业务的徐校长曾告诉我,在教学过程中,教师常常会遇到这样或者那样的问题;每当遇到问题时,教师一定要从怎样提高教学质量的角度去想办法,仔细分析并认真对待这些问题;时间长了,头脑里便会积累大量的问题和解决的方法;这时可以动笔写下来,找一家合适的杂志社投稿,也许会有意料之外的收获。徐校长经常写一些教育教学方面的文章并投稿,他的文章频繁在各大刊物上发表,着实令人羡慕。在徐校长的鼓励下,2000年7月,我撰写的一篇关于一年级新生广播操教学的文章《三步三结合教学效果好——谈怎样进行一年级广播体操教学》首次投稿便被《山东教育》第7、8期合刊发表。我收到了85元的稿费,这在当时是一笔不小的收入。

这段时间,我感谢高师傅的倾囊相授,使我积累了从理论到实践的丰富的一线体育教学经验;感谢《中国学校体育》杂志,让我不断获得一些前沿的体育教学动态;感谢徐校长的指导与鼓励,使我有了好几个"第一次"的收获——第一个胶南市优质课比赛一等奖、第一次投稿《山东教育》并第一次在省级刊物发表论文。正是这些"第一次"的经历,让我"无心插柳柳成荫",获得了我们乡自成立中心小学以来的"首个"教学业务方面的荣誉——2000年12月,我被评为胶南市骨干教师。2001年9月,我又被评为全校第一个青岛市青年教师优秀专业人才。

俗语说:"万丈高楼平地起。"每位教师在学习和成长的过程中都会有那么几段难忘的经历。自参加工作以来,我始终坚持在小学体育教学第一线,注意结合学校实际情况,从琢磨如何上好一节体育课到如何组织好校园体育活动,再到如何提高田径队队员的专项体育训练成绩,不断探索与实践。在此过程中,我积累了一定的工作经验,经过长时间的积累与提炼,经受了一线教学实践的检验,具备较高的实践性、可操作性和可借鉴性,对教育教学产生了积极的帮助作用,因此具有一定的实践参考价值。这些经验不仅促进了我的个人成长,还为同行们提供了一定的借鉴作用。

体育教学中如何把课堂还给孩子

叶圣陶先生曾经说:"凡为教,目的在达到不需要教。"几十年过去了,反思我们的体育课,从整队集合的讲解示范到分组练习的队形调动,无一不在教师的"掌控"之下。由于学生自主学习时间偏少,许多学生虽然热爱体育,但是对体育课兴趣不高。通过"小小指挥员""小小教练员""小小裁判员""小小评论员"的培养,我们把时间还给学生,满足了他们的自我表现欲望,使他们的自我管理能力和创新能力得到充分发挥。这不仅提高了课堂教学的质量和效果,还使学生对基础知识和基本技能的掌握更加牢固。

一、小小指挥员

传统的体育课,一堂课下来都在教师的指挥下进行,这种"满堂管"的教学方式导致学生参与兴趣不高,时效性也较差。在常态课中,我尝试开展了"今天我是小小指挥员"活动。在课的开始和准备部分,我让学生轮流进行集合整队和做徒手操等各项准备活动的练习,有意识地锻炼学生的指挥能力。起初,我让他们分小组整队、领做热身操,并由小组长带领各自组的组员,后来逐渐发展到让全班同学轮流担任"小小指挥员"的角色。通过开展这项活动,同学们体验到了自身的重要性,提升了自己的担当精神。我特别注重鼓励那些性格非常腼腆的学生,鼓励他们勇敢地站在队伍前进行指挥,大声地喊出口令,以此培养他们的自信心。实践证明,"小小指挥员"的培养,不仅大大地调动起学生的积极性和兴趣,还加深了学生对所学知识和动作技术的理解。此外,"小小指挥员"的培养不仅进一步提升了学生在某一体育专业知识方面的能力,还为培养终身体育意识创造了条件。同时,这项活动对帮助学生克服腼腆和自卑心理,树立健康向上的心态也大有裨益。

二、小小教练员

在体育教学中，每个班级都存在着学生个体上的差异，包括性格差异、年龄差异、发育早晚的差异、身体素质和能力强弱的差异等。这些差异是导致一些学生在课堂上"吃不饱"的主要原因。例如，我在上跨越式跳高课时，有些身体素质好的同学凭借良好的爆发力，很快就掌握了"过杆"的技术要领。在完成任务后，由于没有其他任务可做，他们便开始表现出"不遵守课堂纪律"的行为。而一些身体素质较差的同学在练习时会感到非常吃力，由于缺乏进展，他们容易产生"放弃练习"的情绪，并开始表现出"不遵守课堂纪律"的行为。为了扭转这种局面，我开展了"小小教练员"活动，实际上就是让"吃不饱"的同学对"吃不了"的同学进行一对一或一对几的授课，最后取得了事半功倍的效果。实践证明，"小小教练员"活动不仅让"吃不饱"的同学有事干，还通过让这些同学教授"吃不了"的同学，使他们感受到了老师的信任、同学的尊敬和自身的价值。而"吃不了"的同学有了学习标杆，他们的学习兴趣因此被不断激发。生教生的方式更高效地完成了学习任务，大大提高了课堂教学的效果。

三、小小裁判员

游戏和比赛是小学体育课中学生最感兴趣的内容，而裁判员是决定游戏和比赛效果的关键因素。在课堂教学中，根据学生的能力和需求，每次比赛时，我都会适当安排一些学生负责裁判工作，让他们轮流学习和尝试组织比赛，进行比赛名次或胜负的判定，以及检查犯规和违反纪律的情况。例如，对于一些田径比赛项目或考核项目，在计算或测量高度或远度时，我会让一部分学生参与成绩的测试，学习秒表和测量尺子的正确使用方法，从而培养出学生中的"小小裁判员"。这样不仅可以提高学生的组织观察能力，协助教师顺利地开展活动，还有利于培养学生的实践和动手操作能力，使他们从中逐渐掌握一些裁判方法，培养他们公平竞争的意识，为将来体育综合能力的发展奠定良好的基础。实践证明，让学生担任"小小裁判员"不仅使他们体验到裁判工作的权威性，还让他们深刻感受到遵守规则的重要性，这对规则意识的培养大有益处。

四、小小评论员

在每次体育教学结束后，我们可以适当安排一小段时间，让学生对本次课的练习情况进行评论。学生们可以交流各自的心得体会，或者讨论一下某项有重点或者有难度的问题，并适当发表自己的见解，如这样做的优点在哪里？缺点是什么？应该怎样做才能更好一些？学生们也可以谈一谈自己的体会，如我做得怎么样？为什么能顺利地完成任务？我成功的关键在哪里？同学们还可以对老师的教法提一下意见，并发表自己的见解，哪怕是一两句话也行，讲错了也没有关系。必要时，教师要给予适当的提示与点评。这样不但培养了学生的语言表达能力，而且通过交流与评论，加深了学生对所学知识与技能的理解，同时教师也可以从中了解学生的一些想法和看法。这不仅有利于培养学生的创新精神和创造性思维，还有利于教师集思广益，改进教学思路，提高教学质量。实践证明，让学生轮流当"小小评论员"的尝试，对培养学生的组织能力和表达能力是很有益处的，同时也让他们体会到倾听并回应别人的提问是对别人表示尊重的重要方式。

（《"二小"培养激"活"课堂》一文刊登在《中国学校体育》2017年第5期，选自本篇中的两个片段。）

把"吹哨权"交给学生后

每学期开始,为了能够更好地组织体育课,体育教师都会安排几节队列常规练习的传统体育课。在每堂课的进行过程中,按照教师的指挥和要求,学生很少有机会自主参与,即使是体育委员,也只是偶尔发挥有限的辅助作用。这样的课堂中,虽然大家都觉得枯燥乏味,但是体育老师们仍会黑下脸来,将必须强调的队列常规内容完成。一节课结束后,课堂气氛沉闷,这样的课程成了大多数体育教师每学期初的"例行公事"。

那是新学期的一节五年级体育课,课的内容就是队列常规练习。上课不久,办公室老师喊我,让我立刻到校长室去一趟。我连忙摘下哨子交给体育委员,并叮嘱他说:"这节课的内容是队列常规练习,重点练习好行进间的齐步走、齐步变踏步、立定,练好后可以做你们喜欢的游戏。"然后,我拜托操场上另一位正在上体育课的同事照看一下班级,就急匆匆向校长室跑去。等我跑回操场时,眼前的一幕让我不忍心向体育委员要回哨子。我悄无声息地站在一旁,静静地看着学生们的表演。

操场上,在体育委员的指挥下,全班已经按照上课时的四个横队分成了四个小组,每个小组都由一名小组长带领,正在进行着我之前安排好的队列内容。我因为曾在上学期带过这个班级,所以对学生们都很熟悉。这些小组长也都是班级的体育骨干,他们在同学中享有一定的威信。随着"嘀"的一声哨响,体育委员迅速将四个小组召集在一起,随后让每个小组都进行了一次队列汇报表演。在各位小组长的引领下,表现优秀的同学们各自开始了自己喜欢的游戏,而那些队列动作不够标准的同学,则被体育委员留下来进行单独辅导。一名积极的女生还自告奋勇地留下来,协助辅导其中动作不够标准的两名女生。在各小组长的带领下,有的小组在跳皮筋,有的小组在踢毽子,还有两个小组的男生玩起了他们最喜欢的"攻占堡垒"游戏,女生们则玩起了"沙包打特务"的游戏。而那几个被留下来"开小灶"的同学,在经过短暂的辅导后,竟然学会了之前我好几节课都没能教会他们的"齐步走——立定"动作。随后,他们兴高采烈地加入了各自喜欢的游戏中。我不得不由衷地感叹,几乎同样的上课过程、同样的模式,为什么在我手中,哨子就没有发挥出这么大的效用呢?

这节课让我受到很大的启发。于是在后面的体育课上,我尝试着把吹哨子的权利交给学生。根据班级学生人数,我批发来一些哨子。在每节课的开始,我都会举行一个简短的"挂哨"仪式。根据上一节课的表现及全班学生的推荐,我会郑重其事地将一个崭新的哨子挂在本节课的"总指挥"的脖子上,让他担任指挥。在课程的开始和准备阶段,我会让每位学生轮流进行指挥集合整队、做徒手操等各项准备活动,以有意识地锻炼他们的指挥能力。在队列内容的练习中,我将全班分成几个小组,确保每个学生都有机会轮流指挥几次。在基本部分的课堂分组练习中,我也尝试让学生轮流履行教师的职责,如指挥小组开展活动,协助我进行技术辅导并纠正错误,指挥各项练习活动。经过一段时间的尝试,班级内的大多数学生都能胜任"小小指挥员"的角色,而我则甘愿"潜伏"在队列中,与学生平等相处,甘心当一名"表现优秀"的学生。例如,在认真观察课堂进程的同时,我有时代表这个小组出列示范,有时又代表那个小组参与接力赛跑,有时还认认真真地扮演好"老鹰捉小鸡"游戏中的"老母鸡"角色。经过这样的角色转变,原先课堂上单调乏味的队列练习变得生动有趣起来,一些原本枯燥的内容也焕发出新的活力。出乎意料的是,部分学生的"指挥天赋"被发掘出来,他们表现得十分出色,使得课堂充满生机。

课间休息时,我和学生们并肩坐在操场边上,我们成了无话不说的知心朋友。有的孩子对我说:"老师,每当让我指挥时,看到不专心听讲的同学就很生气,我以后上课再也不开小差了。"有的说:"为了教好别人,我每次都要好好学习,自己先学会了才能去教其他人。"有的说:"我要好好表现,争取下节课轮到我。"

我常想起当我将哨子交给学生时,他们两眼放光的神情。把课堂还给学生是课程改革的重要理念,因此体育教学要关注学生的思维品质,关注学生的有效表达,把课堂的时间和空间还给学生,把质疑和评价的权利还给学生,把认知和习得的过程还给学生。有些问题并非仅凭威严就能解决。与学生平起平坐,虽然可能减少了教师展现威严的机会,但是这可以让教师在教学过程中更加轻松自如,拥有更多时间去观察、思考和揣摩学生。这样的改变,不仅给教师带来了更多与学生深度交流的机会,还为学生提供了更多经历成熟与自我成长的机会。

如何开展好一年级新生广播操教学？

我刚参加工作时，当时的大珠山镇被划分为6个学区，每个学区又有4～6个自然村，全镇共有22所村级小学，受大珠山镇教育办公室业务管辖。当时镇上没有专业的体育教师，而我是当时唯一一名体育专业毕业的体育教师。参加工作后，我接受了当时大珠山镇教育办公室的安排，开始在全镇20多个村级小学进行《第七套儿童广播体操》的巡回教学。从那时起，每天上午的课间操时间，全镇小学的校园里都会响起嘹亮的广播体操音乐。正是这段时间，我总结了在全镇各小学进行广播操巡回教学的经验，撰写了关于如何进行一年级广播操教学的文章《三步三结合 教学效果好——谈怎样进行一年级广播体操教学》。这也是我第一次投稿并成功发表的文章，全文内容如下。

三步三结合 教学效果好——谈怎样进行一年级广播体操教学

第一步：听与看结合

一年级新生入学后，体育教师不要急于一上来就马上教动作，可以让学生在上课时先听听广播体操的录音，随着音乐节拍做一些如击掌、踏步等合拍的动作，同时学习模仿口令指挥，熟悉音乐节奏。课间操时间，体育教师再组织学生到操场上观看大哥哥、大姐姐们做操，边看边鼓励他们要向大哥哥、大姐姐们学习，争取早日与他们做得一样好。听与看结合的方式不仅充分调动了学生的第一信号系统，使其发挥积极作用，还极大地激发了他们对学习广播体操的浓厚兴趣。尤其是看到和自己年龄差不多的二年级学生做操那样好、那样熟练时，他们很容易树立起学习的信心。

第二步：教与练结合

在经过1～2周的听与看结合之后，学生对要学的广播体操有了初步的

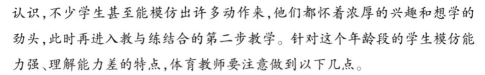

认识,不少学生甚至能模仿出许多动作来,他们都怀着浓厚的兴趣和想学的劲头,此时再进入教与练结合的第二步教学。针对这个年龄段的学生模仿能力强、理解能力差的特点,体育教师要注意做到以下几点。

(1)体育教师要认真做好示范动作,确保每个动作都准确、完美,给学生一种健与美的感受,从而调动学生,使他们产生一种跃跃欲试的感觉。

(2)分解动作与"慢镜头"结合进行。体育教师要集中精力,由简到繁,由慢到快,做到耐心、细心。对于复杂的动作,体育教师要反复示范并领做;对于重点和难点动作,体育教师应逐一分解动作并进行详细的讲解和指导。

(3)根据动作结构,充分、合理地运用各种示范面的作用。例如,前后方向的动作,以侧面示范与镜面示范相结合为主;左右方向的动作,以背面示范与镜面示范相结合为主;在示范领做时,以镜面示范为主。

(4)不要忽视练的作用,做到教与练相结合,这是最为重要的一点。体育教师要充分利用学操阶段的课余时间,做到课上课下不放松。

第三步:帮与比结合

要教好一套完整的广播体操,不能仅靠体育教师一个人的力量。在教与练相结合进行了一段时间后,学生对开始的几节操有了初步的认识,但还不够熟练。此时就可以进行第三步:帮与比相结合,充分发挥骨干学生的作用,提高动作质量,巩固动作的熟练程度。

"帮"就是在练习中挑选出掌握动作快且规范的骨干学生,他们在体育课上协助体育教师,在课余时间则帮助班主任组织练习活动,为其他学生示范标准动作,并辅导和纠正其他学生的错误动作。"比"就是根据学生好胜心强、荣誉感强的心理特点,采用各种形式的对比方式,围绕做操效果进行比较,以激发学生的上进心。对于个别学习进度较慢的学生,我们可以采取"一帮一"的辅导形式,结成帮教队伍,相互比较,共同进步。这样既能激发优秀学生的主观能动性,培养他们的组织和指导能力,使他们做得更好,又能约束、刺激差生,使他们能够集中注意力,更自觉地勤学苦练,向好学生看齐。在班级内还可以进行男女对比、帮教小组对比,在班与班之间可以进行全班对比,在全校范围内举行"会操比赛",全方位调动全体学生的积极性。

通过帮与比结合的教法,不仅完成了学操会操任务,还培养了团结友爱的品德和集体主义精神,进一步增强了班级的凝聚力和向心力。

（原文发表在《山东教育》（小学版）2000年第7期和第8期合刊,在本书中略有改动。）

近10年来,我在全镇的巡回教学中,先后培训师生近6 000人次。从教育部推广的《雏鹰起飞》到后来的《七彩阳光》广播体操教学,我发现每次在全镇进行广播体操教学时,最难教的就是刚上小学的一年级新生。于是在每次广播体操教学中,我特别注意针对一年级学生进行教学,并找到了一些适合一年级新生的广播体操教学方法。这些方法的应用让我有了更多的体会,并在一年级的广播体操教学中取得了很好的教学效果。对于一些杂志中关于"如何开展好小学一年级广播体操教学"的文章,我敢于质疑,并先后有两篇文章发表,其中《也谈一年级新生广播体操教学》发表在《中国学校体育》上,全文如下。

也谈一年级新生广播体操教学

笔者研读了赵流天和徐献银老师发表的《一年级新生广播体操的教学策略》一文（以下简称原文）,并深受启发,现结合文中的部分观点,阐述一下自己在教学实践中的做法。

一、听看结合,引导学生熟悉口令节奏,激发欲望,树立信心

笔者认为,原文中"利用眼保健操,熟悉口令的喊法"并不可取,因为广播体操的音乐是节奏感较强的2/4拍,而保健操的音乐是节奏感相对舒缓的4/4拍,这会干扰学生对广播体操口令节奏感的适应。笔者的做法是,首先让学生听广播体操的录音,以熟悉口令的节奏;其次,组织学生进行集体模仿;再次,通过击掌、原地踏步等方式,帮助学生跟随音乐节拍适应广播体操的节奏。此外,在全校做广播体操时,学校统一调度,以班主任为主要负责人,组织刚入学不久的一年级学生在前排观摩。班主任可以引导他们随音乐呼喊节拍,帮助他们熟悉广播体操的节奏,从而激发他们"我要学做操,我要学好操"的欲望与信心。

二、"精选"代表性动作,实施强化训练,提前奠定质量基础

原文的"学习简单的体操动作,为广播体操教学奠定基础"部分列举了十几个动作,相对一年级新生来讲,只有立正、原地踏步、点头、弯腰等几个动作比较简单,其他动作则有点复杂。对此,笔者则是从组合动作中"精选"最具代表性的简单动作,并在实际学习中进行强化训练,规范"定位",形成正确的动作定型。例如,在广播体操《七彩阳光》的教学中,笔者精选了"两臂侧平举""前平举""斜上举""斜下举"和"弓步"几个典型动作,让学生提前练习。当学习涉及这些动作的组合时,由于提前学习,不仅降低了难度,还极大地提高了学生的练操效率。

三、根据儿童的认知规律,提高示范质量,促使学生更快地掌握动作

根据一年级学生"好动、易健忘、注意力易分散、理解能力较差、模仿能力较强"的认知特点,只要教师注意把口令和示范动作有效结合,就能达到原文中"口令与动作分步记忆教学"和"口令合并,强化教师的示范作用,帮助学生理解"的教学效果。教师在示范时要注意以下几点。

(1)示范动作要准确、完美,给学生留下规范的印象,给学生一种健与美的感受,使学生产生跃跃欲试的感觉。

(2)将分解动作与"慢镜头"相结合,对于复杂动作要反复示范,由慢至快,做到细心、耐心;对于重点和难点动作,要逐个解决。

(3)合理运用各种示范面。根据动作结构,前后方向的动作,宜采用侧面示范与镜面示范;左右方向的动作,宜采用背面示范与镜面示范;复习领做一般采用镜面示范。"多面"示范便于学生观察、学习和练习,强化记忆,形成规范的动作定型。

四、抓住学生的心理特点,善用表扬,帮比结合,巧用"激将法"

针对原文中"自练与互练相结合,提高记忆能力"的教学策略,体育教师应采取"培养骨干与合作学习"的方式,巧用"激将法",提高学练效率。

(1)一年级学生的好胜心和荣誉感较强,他们渴望得到教师的表扬。因此在教学中,教师要及时发现并表扬那些学习认真、掌握动作快的学生,激发他们的上进心。选拔做操认真的学生领操,既发挥了骨干作用,又能促使

他们在课余时间协助班主任组织广播体操练习,并纠正其他同学的错误动作。根据学操情况,让水平相当的学生开展对比展示活动,更能激发他们学操的积极性;对于接受能力较慢的学生,可以结成"一帮一""几帮一"的互助组,开展小组比赛。这不仅能够挖掘优秀学生的潜能,还能培养他们的组织与指导能力,促使他们自身的动作更加规范。这不仅能对差生产生积极影响,激发他们更加努力地向好学生看齐,还可以进行班与班之间的展示比赛。此外,巧妙地运用"激将法"可以更有效地激发学生的上进心。

(2)会操比赛。一年一度的全校会操比赛,对于一年级师生而言,既有压力又有动力,因此这样的比赛最好安排在秋季举行。多年的实践经验告诉我们,一年级新生的广播体操教学需要学校各个相关部门一起行动,需要体育教师、班主任和少先队紧密配合,充分利用体育课、课间操、课外活动等时间段,有计划、有目标地统筹安排练习,使一年级新生更快更好地掌握好广播体操。

(原文发表在《中国学校体育》2011年第2期《一线话题》栏目中,在本书中略有改动。)

体育教学如何"立竿见影"地提高课堂教学效果?

刚刚踏上工作岗位时,一切都是陌生的。除了自己当小学生时脑海中残留的一点模糊记忆外,我所拥有的就是不久前从实习中获得的短暂且尚待消化的教学经验。学生上课不听讲怎么办?学生上课"开小差"怎么办?记不住学生名字怎么办?有没有什么"窍门"啊?经过几年的教学积累,我逐渐摸索出巧用"数字"上好体育课的小策略。这个小策略或许对刚毕业的年轻体育教师有所帮助。

一、课的开始,巧"点名"——考勤

考勤是体育课不可或缺的课堂常规之一,然而由于许多体育教师的课程是连续的室外课,带着多个班级的点名册确实很不方便。多年来,我尝试用数字进行考勤,效果很不错。通常来说,体育教师需要负责的班级众多,要想记住所有学生的姓名,并不是一件容易的事情。从新学期接手新班级开始,要记住多个班级学生的姓名,少则一个多月,有时甚至长达半年。因此新学期开始,在第一节体育课排好队后,我利用报数的方式,让学生记住自己所在的位置,即"几排几号"。然后,我会将每个班级学生的姓名和对应的排号记录在点名册上。此后,每当记录缺勤人数时,我只需记住学生的"几排几号"即可。一般情况下,记住几个数字比记住几个名字容易多了。我只需要记住缺勤的几个号,下课回到办公室后在点名册上"对号入座",做好登记即可。

二、巧用数字快速集合队伍

上课铃声响起后,学生们从喧闹的课间转移到操场上,他们往往难以立刻安静下来,这使得体育委员往往难以在短时间内迅速集合好队伍。此时,体育教师可以和体育委员及已经站好了的学生一起通过大声地喊"1——2——3……"迅速地集合队伍。在反复实践后,学生形成了条件反射。通常情况下,学生在数到10以内就能迅速集合并安静下来。看过卫星发射直播后,我改用了"倒数数"的方法,发现效果更加显著。

三、巧用数字提醒学生保持注意力

体育课不同于其他课,需要在室外操场上进行。受外来因素干扰,学生的注意力很容易分散。无论是天上飞的鸟,还是地上跑的车,甚至是隔壁班级传来的欢笑声……都能把不少学生的注意力吸引过去。当学生注意力分散时,与其大声地提出要求让学生回过神来,不如简单地喊几个数字,从"1"开始,通常喊到"3"就能立刻扭转局面。

四、巧用数字及时制止违纪现象

上课时,由于对教师布置的任务有异议,或者对教师讲述的新鲜内容感到兴奋,又或者有的同学出现动作失误等,课堂上常常会出现议论、哄笑等违纪现象。有时单纯地通过大喊大叫来制止违纪,通常会无济于事,此时体育教师可以直接大声地喊"1——2——3……"再伴随着一声尖厉的哨声,这种方法更能有效地集中学生的注意力。

五、巧用数字帮助集合和调动队伍

在组织教学的过程中,当进行队形变换、队伍调动或分散练习后的集合整队时,由于场地环境和练习内容的改变,学生的注意力容易分散,从而导致时间上的浪费。此时,体育教师应该先提出要求,让学生在规定的时间内集合完毕或者到达指定目的地,然后开始喊数,并让学生在喊数的过程中完成指定的要求。体育教师可以根据实际情况,适当地控制喊数的节奏和时间;有时采用教师和学生一起倒计时的方式效果更佳,通常在数到10以内学生就能迅速地完成指定的要求。

六、巧用数字提醒"开小差"的学生

不少体育教师都有过这样的体会:站在队前讲解时,偶尔会发现某个同学走神了,或者出现了违纪行为,这时往往会忍不住点出那位同学的名字。一旦教师叫到该生的名字,全班同学会纷纷回头、歪头等,所有目光都会齐刷刷地投向该生,这不仅分散了其他学生的注意力,还会让这名同学感到难堪和自尊心受损,从而打乱了正常的教学秩序。多年来,我发现一个奇怪的现象,那就是同一个班的学生虽然对相互之间的名字都很熟悉,但是在考勤时只会记住自己的"排号",而对其他同学的"排号"不是很"敏感"。于是我就尝试结合上面的考勤办法,采用"点数字名"的办法,如"几排几号同学请注意"。这么做既能给当事人提醒,又能避免课堂上产生大的波动;既能保护学生的自尊,又能警示目标学生。

七、代替"动作"要领,化难为易

低年级学生的注意力较弱,一旦新授内容稍有难度,他们往往会"不知不觉"地走神,从而放弃学习。例如,"踏(齐)步走—立定"这个动作,对高年级学生来说算不得什么,但对于低年级学生来说相当困难。虽然教师反复示范领做,但是要使全班同学达到整齐划一的效果,至少需要两节课的时间,而现在仅一次课就能完成,并且正确率非常高。具体做法是:先强调抬左脚踏"1",当学生熟练后,把"立定(1,2)"的口令直接改为"1,2,3,4",也就是走4步,每增加一个"121"口令就循环多喊一次"1,2,3,4",再多走4步。体育教师在教学时采用数字"顶替"要领可以化难为易。连续练习几次之后,逐步把喊数字法和标准口令交替使用,最后过渡到标准口令,效果非常不错。

八、巧给学生"壮胆"

在学习新动作时,体育教师应该鼓励学生勇敢地尝试第一次练习,或者邀请一些动作标准的同学出列进行表演或示范。然而有些学生会因心理因素影响而犹豫不决,难以集中注意力。此时,体育教师可以通过喊数字"1,2,3"的方式来为学生"壮胆",帮助他们集中精力,排除干扰,克服怕羞心理,从而鼓励学生勇敢地进行练习。在练习一些稍有难度的动作,如滚翻、支撑跳跃、障碍跑等时,个别学生会因畏难思想而犹豫不决、畏缩不前。此时,体

19

育教师可以与其他学生一起按顺序喊出"1，2，3"，并加强保护与帮助。随后，体育教师可以让动作标准的同学率先示范。这样能够有效提升学生的勇气，帮助他们集中精力，并鼓励他们努力去完成动作。几个简单的数字，比起教师"苦口婆心"的劝说，效果要好得多。

九、巧给学生"加油"

一分钟跳绳、一分钟仰卧起坐、50 米 ×8 往返跑和 400 米跑等项目的最后阶段，是学生最难坚持的阶段。此时采用"倒数数"的方法给学生"加油"，可以让学生鼓起劲头，做最后的冲刺。一般来说，对于一分钟跳绳和一分钟仰卧起坐这样的项目，可以从最后 10 秒开始倒数喊数；而对于 50 米 ×8 往返跑和 400 米跑等耐力项目，则可以在距离终点 30～40 米时开始倒数喊数。只要体育教师能够精准地把握喊数的时机和节奏，就能够有效地帮助学生集中精力，更好地完成练习任务，从而提升学生的练习效果和测试成绩。

"1，2，3，4，…"这些数字对每个小学生来说是再熟悉不过了。在体育教学中，将数字用在一些教学环节中，对集中学生注意力及提高课堂教学效率，有着独特的妙用。

如何实现体育教学中的"双赢"？

目前，大多数学校体育教学实行的是集体授课制，但由于学生的基本活动能力、身体素质水平、专项技术水平等方面存在显著差异，经常出现"吃不饱"与"吃不了"的问题，这是体育教学中普遍存在的一种现象。如何解决"吃不饱"与"吃不了"的问题，是目前不少体育教师共同存在的困惑。在一次全市的小学体育优质课比赛中，我从一节普通的体操复习课中得到了很大的启示。

根据课题抽签安排，这节课是小学六年级的"跳山羊"体操复习课。课刚开始，我就看到操场上准备好的山羊。几个同学见状立即议论开了："跳山羊？真没劲……""怎么是跳山羊呀，真是愁人……"尤其几个女同学还面面相觑，露出一丝怯意来。听到同学们的议论，老师没有训斥学生，而是面带微笑地注视着学生。等同学们安静下来后，老师稍作停顿后对同学们说："奥运会在我国首都北京成功地举行了。在奥运会上，我国体操运动员发扬顽强拼搏的精神，夺得一个个世界冠军，为祖国争得了荣誉。现在第十一届全运会又在我们山东省举行了，体操健儿们为国争光、刻苦训练，我们是不是应该向他们学习？""应该！"同学们齐声回答。"好，这节课我们也来一次全运会选拔赛好不好？"同学们又议论开了。有的同学说："好！"有的同学说："真刺激！"有的同学说："老师快说说怎么一个赛法？"当大多数同学的积极性被调动起来后，老师立即宣布："今天我们比赛的项目是跳山羊。本次比赛设最佳团队奖、最佳运动员奖、最快进步奖、最佳教练奖。我们将分三个阶段进行。"从同学们的热烈议论中，我们可以明显地感受到预期的教学目的已经达到。随后，一节课便正式开始了。

老师先让同学们跟做准备活动,接着让学生在操场上做跳背练习。通过观察,老师初步了解了学生现有的技能状况。根据掌握的情况,老师将同学们分成 4 组,并从中选出 4 位技术好、组织能力强、认真负责的同学担任各组的"教练员"。

老师提出要求:"同学们,比赛前各队都要进行赛前训练,下面赛前训练开始!"说完,老师把事先准备好的教学卡片发给各组,上面简要地写有多种练习手段、保护与帮助的方法、教学注意事项等,供各组参考。各组拿到卡片后,立即进行了讨论。同学们纷纷发表自己的看法,献计献策。"教练员"综合大家的意见,很快确定了训练方案,并立即投入练习。同学们练习的热情空前高涨,他们互相学习,互相保护,互相帮助。"教练员"既"教"又"练",一会儿给大家做示范,一会儿给大家做保护,并不时提醒大家注意动作要领,乍一看还真像一位"小老师"。在练习的过程中,老师一边观察全班的情况,一边到各组巡视。对于需要示范的组,老师亲自做示范;对于需要讲解的组,老师则详细地讲解动作要领,并纠正不规范的动作。在巡视中,老师发现几个学生练习的积极性不高,不敢跳。于是,老师将这几个同学集中起来,并对他们说:"下面我来重点辅导你们,好不好?"老师通过语言激励来增强学生的信心,运用"小步子"学习的方式,确保学生每练一个动作都能获得成功的体验。在练习的过程中,老师及时给予评价和鼓励,使学生在愉快的氛围中练习,从而激发了他们的兴趣,增强了他们的信心,提高了练习效果。有个身体较胖的女学生动作完成得虽然不是很好,但是能勉强地跳过去,于是老师请她出来做示范。她吃惊地望着老师,似乎在问:"我能行吗?"老师微笑着朝她点点头,她的脸上立刻露出了笑容。在全组同学的注视下,她顺利地完成了动作。

经过认真练习,同学们进步都非常快。最后,老师把 4 组集中起来进行比赛,当场评分。各组竞争相当激烈,并且都较好地完成了动作。而那位较胖的女同学也不负众望,出色地完成了动作。同学们都对她报以热烈的掌声。老师把最快进步奖授予她,而她所在的小组同时获得了团体奖。他们高兴地跳了起来,高呼:"耶!耶!我们成功了……"

课后小结时,那位较胖的女同学说:"这节课上,我的最大收获是我第一次感受到了跳过去时那种心跳的感觉,尝到了成功的喜悦！"另外一个学生说:"过去上体育课时,总是老师教我做一个动作,我就跟着做一个动作,不用动脑子。这节课上,老师让我们自己去尝试,于是有了自己的感受,学起来有趣,练起来也轻松。"还有一位担任"教练员"的学生是这样说的:"以前,我因为身体素质较好,学习动作时很快就能掌握,所以上课时,大部分时间都在玩耍。但在这节课里,我不仅学会了跳山羊的技巧,还学会了如何保护和帮助其他同学;不仅锻炼了身体,还体会到了作为教师的辛苦。"

　　在体育教学中,学生在基本活动能力、身体素质水平等方面存在差异。素质教育应当面向全体学生,落实、体现学生的主体地位,这就要求教师在课堂教学中树立全新的教育理念,用先进的教学理念指导课堂教学实践,重视学生的个性发展,并在教学中真正落实、体现学生的主体地位。同时,教师需要深入了解学生、研究学情,选择和运用恰当的教学方法与教学手段,遵循学生身心发展规律,使所有学生在原有的基础上学有所获,并体验到成功的喜悦。这较好地解决了"吃不饱"与"吃不了"的问题,真正实现了体育教学中的"双赢"。

　　　　　　　　（原文发表在《体育师友》2010年第2期,在本书中有改动。）

如何解决学校大课间活动场地、器材不足的问题？

　　随着国家层面对学生的体质健康水平越来越重视，自 2001 年新课改启动以来，体育课的课时数显著增加。在中小学阶段，班级的体育课已经由原来的 1～2 年级每周 2 节体育课增加到现在的每周 4 节，而对于三年级及以上的学生，他们现在的体育课也增加到了每周 3 节。这样的课时安排成为学校体育课程设置的常态。最近几年，有些地区的学校开始尝试实施每天 1 节体育课的模式。此外，随着城市化进程的加快，城区学校的班级数和班额数也在不断增加，导致部分学校的运动场地变得捉襟见肘，特别是一些城区学校的体育课场地更是严重缩水。在一些规模较大的学校，十几个班级同时在操场上上体育课成为常态，这么多班级在操场上"同场竞技"，相互干扰是不可避免的。

　　随着各级各类规范化学校或示范校的创建，不少学校的体育器材在数量和种类上都有了显著增加，虽然这些器材的数量和种类符合了政策文件的达标要求，但是仍然无法满足实际的教学需求。以我校为例，按照省一类标准，器材室只需 200 多根短跳绳就能达标。事实上，我校共有 31 个教学班，如果各班学生都来借短跳绳，按照每人 1 根的标准，现有的短跳绳数量连 5 个班级的需求都无法满足。因此，即便采取轮流借用的方式，也难免会有班级在整个学期内都无法借到短跳绳。一些热门器材如篮球、足球等数量较少，供不应求，导致器材室门前出现"拥堵排号"的场面。管理员每天发放器材时都手忙脚乱。此外，由于学生人数众多及活动场地、器材较少，限制了大课间体育活动的顺利开展。解决多班同时上课和有效组织开展体育活动，是不少学校都需要面对的课题。现实生活中的一次偶然机会，给了我很大的启发和灵感。

一、"开心农场"游戏带来的启示：分"田"到户，合理规划班级活动区域

（一）案例描述

我校教学楼前有一个用红色地砖硬化的广场。为了美观，广场上东西方向每隔 6 米，南北方向每隔 2.5 米用黄色的地砖作为分界线，分割成若干（6×2.5）米^2 的长方形格子。我们平常在这里做广播操。由于有了这些黄线，整体队形非常整齐，全校做操质量也显著提高。然而，一到大课间，场面就变得混乱不堪。几百名学生分散在各个角落，有的跑，有的跳，不仅秩序混乱，还时常发生碰撞，存在很大的安全隐患。因此，场地不足成了组织大课间活动的难题。

我偶然看朋友玩"开心农场"游戏时，发现农场里的一块块地，多像我们楼前的一块块格子啊！我灵机一动，于是对楼前广场进行了规划。我为每个班级分配了相邻的 6 个小格（约 90 米^2），并在班与班之间留出了走道。我还对校园内其他硬化场地进行了调查，并进行了统一编号。接着，我安排了合适的场地供班级使用。这样每班都有了大课间活动的"一亩三分地"。对于学校固定的运动场地，如篮球场、排球场、足球场、乒乓球室等学生最喜欢的活动场所，我根据实际情况定期进行轮换。此外，我每月还会特别留出 1 周时间，把这些"热门"的场地奖励给体育竞赛成绩优秀或者大课间活动组织出色的班级使用。这一举措极大地激发了学生的热情，促进了全校活动场地的有效利用。这不仅有利于学校统一管理，还有助于器材的统筹分配和活动内容的安排，确保了大课间活动能够有序进行。经过一段时间的实验，效果非常显著。

（二）分析与反思

灵感来源于生活。学生人数多且活动场地较少，制约了学校体育活动的开展。当前不少学校的校园环境已经得到了显著的改善，如硬化场地增多。为了美观，这些硬化场地通常会被规范地绘制出各种图案或格子，从而将校园空地有序地划分成多个区域。这些为了美化环境而划分出的方格，不正是

开展大课间活动的"一亩三分地"吗？活动区域的合理划分有利于学校进行统一管理，同时，对器材的统筹分配及学校对活动内容的进一步统筹安排确保了大课间活动的有序进行。

二、从学校图书室借书受到的启发：器材流转，统筹配发体育器材、安排项目

（一）案例描述

前几年，我校连续几年加大对体育器材的投资力度，体育器材的配置达到了省一类标准。但由于学生人数众多，仍满足不了大课间活动的需要。器材室管理老师频频反映器材紧张。尽管器材室门口排起了长队，还是有不少班级借不到器材。我有一次去学校图书室借书，看到图书管理员十分从容，借书的秩序也井然有序。我借鉴了他们的办法，结合学校实际情况，预留出正常上课所需器材，其余器材则根据学生水平段进行分类，明确每类器材的适用年龄段。接着，根据班级数量，我将每类器材进行合理分配，尽量做到集中搭配并保证一定数量。随后，我统一安排了大课间活动项目，并做好登记工作，将器材分配到各班。我规定各班级内部每周进行一次"小流转"，全校各班级之间则每月定期进行一次"大流转"。为了便于各班统一管理，我参照"班级图书角"的形式，在每个班级开辟了一处"健身器材角"，并为每班统一配发了"健身器材箱"。我安排各班体育委员担任"器材流转管理员"，流转时间由班级和级部之间自行决定。此外，我还鼓励学生自带器材，并倡导班级之间相互监督，注意保护好器材，易损器材则由体育教师定期巡检并更换。如果遇到体育课上预留器材不够，体育组随时"统一调度"，较好地解决了器材不足的问题。

（二）分析与反思

教育部发布的《小学体育器材配备目录》中对于短绳的规定是 24 个班级以上需配备 100 根。以最少 24 个班级为例，如果各班均需要借用短绳且希望达到每人 1 根的标准，那么现有的器材数量每天难以满足两三个班级的需求。按照传统的"先来后到"原则，部分班级可能整个学期都无法借到足

够的器材。虽然器材管理老师尝试限制各班借用的数量,但是仍有班级借不到器材。特别是热门器材,如篮球、足球等更是供不应求,常常导致器材室门前出现"拥挤、排号"的场面,甚至引发了插队、口角、"走后门"等不良行为。这不仅浪费了学生的时间,还给负责器材管理的老师带来了极大的工作压力,制造了不必要的矛盾。

实行"器材流转"制度后,各种体育器材得到了定期轮换,极大地提高了器材的利用率。一些数量较少的"热门"器材,如篮球、足球等,每班都能定期轮到一次,而像实心球等"冷门"器材也不再躺在器材室的角落里"睡大觉"。这不仅有利于学生全面锻炼,还能激发学生对各项体育活动的兴趣,进一步推动全体学生的全面发展。同时,这也极大地减轻了器材管理老师的负担,使他们有更多的时间深入指导各班的体育活动。此外,这还有利于班级统一安排活动项目,便于班主任老师组织大课间活动,以及体育教师进行指导,从而促进学生更好地参与该项目的锻炼。

三、来自学校田径运动会铅球比赛的启示:以赛促动,有效促进各种器材的使用

(一)案例描述

一天,六年级的一名体育委员领着几名同学来找我,他们怀里都抱着一个实心球。体育委员说:"老师,能不能给我们换成几个篮球啊?我们班同学都不太愿意玩这个……"经过了解,我得知了其中的原因,原来学生们对又黑又硬、沉甸甸的实心球不感兴趣,因此不少班级几乎不使用实心球。在器材流转过程中,实心球甚至成了负担。这使我回想起在最近一次学校田径运动会之前,报名参加铅球比赛的同学们积极到我们体育组借铅球练习的情景。他们主动找我学习提高铅球比赛成绩的技术动作。我还记得他们上台领奖时那欣喜的样子。于是,在请示学校后,我下发了《决定在高年级部举行实心球比赛》的通知。在体育课上,部分班级的同学开始向我咨询投实心球的技术要领。不久后,在高年级的"一亩三分地"里,一股黑色的"实心球旋风"悄然刮起,带动了一股实心球练习的热潮。

（二）分析与反思

兴趣是学生最好的老师。正是由于学生对篮球项目感兴趣，才使篮球成了"热门"。竞技体育中有"热门"和"冷门"之分，"冷门"项目往往参与训练的人数较少。在学校体育中也是如此，"热门"项目的器材供不应求，而"冷门"项目的器材则常常被忽视，这无形中限制了学校体育活动的开展。学生的爱好与兴趣，源于教师的科学引导。此外，好胜心强是小学生一个重要的心理特点，也是激发学生体育运动兴趣的关键点。对于学生的兴趣，教师应进行科学引导，并充分利用学生的好胜心理。我们应该通过组织多样化的比赛形式，因地制宜地安排项目，举办各类比赛活动，实现"以赛促练"，以此激发学生的参与热情，并充分调动他们参与锻炼的积极性。这样就能使"冷门"项目转变为"热门"项目，既提高各类器材的使用率，又促进学生身体素质的全面发展，从而更好地践行《义务教育体育与健康课程标准（2022年版）》中"教会、勤练、常赛"的课程理念。学校要围绕"教会、勤练、常赛"的课程理念，建立健全校园体育各项目的竞赛体系，通过举办面向全体学生的丰富多彩的体育竞赛活动，为每名学生积极参与"常赛"搭建平台。

四、从一场拔河比赛受到的启发：整合项目区域，互相监督，确保安全

实行"区域划分"和"器材流转"后，学校大课间质量有了明显的提高。但时间一长，问题逐渐暴露了出来。在每班 100 米^2 左右的场地内，进行做操、踢毽子、跳绳之类的活动是没问题的，但如果进行接力跑、投掷等项目，就显得不太方便开展。相邻的两个班级在进行活动时容易交叉碰撞，从而存在一定的安全隐患。即将举行拔河比赛之际，两个班级的体育委员向我借拔河绳进行练习，并邀请我作为比赛的见证人。两个班级的区域相邻，合在一起进行拔河比赛，空间绰绰有余。为了确保比赛的公平性，两个班级还派人相互监督对方的人数和维持比赛秩序。看到拔河比赛有条不紊地进行，我豁然开朗。一方面，我将学生经常参与的活动进行统筹规划，特别是那些因场地限制而不易开展的项目。相邻的班级可以实行区域联合，打破传统的班级界限，组织班与班之间的交流比赛。另一方面，每班可选派 1 ～ 2 名监督员，负

责相互监督比赛中的纪律、安全和秩序。一旦发现问题,监督员应立即制止或上报,确保随时消除潜在的安全隐患。为了满足学生每天一小时的锻炼要求,学校规定,在没有体育课的当天,各班必须安排至少一次体育活动。为此,学校将当天上过体育课的班级所使用的活动区域,调配给相邻的班级使用,以确保校园内所有的活动场所都能得到充分的利用。

(《有效解决大课间场地器材短缺问题例谈》刊登在《中国学校体育》2012年第4期,其中的主要观点就是来自本文中的案例。)

第二章
学习培训促进专业发展

■■ **名师导言** ··· ▼

初心如磐行不辍,筑梦前行向未来。

罗兆杰老师是我的好友,他把"学习"视为"一线教师成长的必由之路",把自己通过不断学习培训来促进自我专业发展的历程分享给大家,指导中青年教师在教学能手、优质课、基本功大赛等活动中取得优异的成绩。罗老师用自己的实际行动诠释了什么是真正的教育情怀和体育精神。他从未忘记自己的初心,真心热爱着体育工作,从未放弃过自己的梦想,激励更多的人投身于教育事业,为培养更多健康、快乐、有活力的青少年贡献自己的力量。这种积极进取、健康向上的精神感染、带动着身边的每一个人。

他不仅是深受学生喜爱的优秀体育教师,还是青年教师成长中的朋友和导师。

(安朝阳:滨州市博兴县教学研究室体育教研员,齐鲁名师、山东省教学能手、齐鲁名师领航工作室主持人。)

一线体育教师成长的必由之路

2015 年 11 月，青岛市教研室在城阳区举办了主题为"青岛市体育教师学科素养提升培训"的专题培训。当时，青岛二中体育教师袁著水老师在"适时的教育方式对人的影响"的讲座中讲过这样一句话："体育教师平时的积累是非常重要的，没有平时的积累就很难在时机出现时作出最快的反应与及时的干预。这就要求老师不断地学习与提高，不断地积累与反思……"这句话至今仍深深地印在我的脑海里。

从教 30 多年来，我先后参加过许多培训。通过学习培训，我不但极大地促进了自身的专业化成长，提高了教育教学能力，而且在实践中不断积累经验，形成了更丰富的教学经验。这些经验成为我当时在教学实践中最坚实的底气，也为后来开始尝试构建体育课程"超市"等研究与实践，并取得一些较好的教育教学成绩提供了强有力的支撑。

教师职业具有鲜明的实践性特点，教师的进修与学习都基于其实践需求。因此，每一次的进修与学习都使我们能够深入理解，反复练习，有效消化和吸收新知识、新方法，从而更好地将其应用于教学实践。虽然很多时候，我们依据过往经验也能"依葫芦画瓢"地完成某些教学活动任务，但真正有意义的学习远不止于对知识的吸收与同化。单纯的"形似而神不似"的简单模仿无法带来高质量的教学效果。不学习，我们就只能停留在原有经验和知识的输出上，无法培养学生独立思考的能力，也无法满足他们对不断变化的新知识的渴求。更重要的是，不学习，我们就无法为自身的教育教学知识储备带来"增量"，也无法持续提升教育教学能力。相比之下，体育教师拥有较常人更强健的体魄，更充沛的精力，以及同样聪慧的大脑。因此，只要我们勤于学习，善于思考，并持之以恒，成功之梦并不遥远，成功就在我们每一个人的身边！

　　全国政协委员、国家高端智库教育国情调查中心主任、北京师范大学教授、时任山东省教育厅副厅长张志勇说过："教师的学习是自己的事情,学习本身是为了自身的教育教学质量的提高,是为了解决自己的问题。学习的最终目的是使常态化的课堂教学、教育生活发生改变,这始终是我们的一个追求……"作为新时代的体育教师,我们应该在平凡的岗位上勤奋工作,认认真真准备每一节课,扎扎实实上好每一堂课。我们要多读书、读好书,虚心学习,用心揣摩,用心感悟。只有这样,我们的课堂教学质量才会获得显著提升,教育教学工作才会开出绚丽的花朵,教学成果才会硕果累累,最终让我们的孩子受益终身。

外面的世界很精彩

2014 年 10 月，根据教育部《关于组织实施 2014 年"国培计划"——示范性集中培训项目的通知》和"国培计划"项目执行办公室的有关工作要求，经由山东省教育厅推荐，我成了一名"国培计划(2014)——体育美育骨干教师培训"项目的学员，并在北京首都体育学院参加了为期 9 天的培训。本次培训内容丰富，形式多样，既有学术讲座、专题报告与专题研讨与交流，又有理论和实践相结合的实践探究活动等。培训过程中充分重视学员的参与和体验，如鼓励学员与专家进行互动交流，促进学员间的思想碰撞，提供机会让学员在课堂教学现场进行观摩与评析，以及安排外堂实践探究。这些环节极大地激发了学员参与培训的积极性，让学员的视野得到了极大的开阔，思想境界也在深入思考中得到了极大的提升。

2016 年 3 月，我报名参加了华东师范大学举办的国家社科基金(教育学)重点项目(ALA150010)"聚焦深化教育领域综合改革中的青少年体育问题及对策研究"课题培训会议，同时申报了"农村小学体育与健康室内优质课程开发与研究"子课题。2016 年 6 月，我在曲阜师范大学参加了课题开题答辩并顺利通过，但后来因为种种原因没有坚持到底。这两次经历不仅开阔了我的眼界，还让我初次尝试走进了课题研究的大门，消除了我对课题研究的神秘感。在华东师范大学，我有幸第一次近距离接触到由季浏教授和汪晓赞教授领导的体育科研团队，并聆听了国内外知名专家的讲座，感受到了外面世界的精彩，接触到了室内"微运动"等新概念。这些经历为我的室内体育课教学研究带来了巨大的启发，也为 2018 年参与青岛西海岸新区教研员张老师主持的青岛市"十三五"课题"小学体育与健康室内课体能、技能教学研究"奠定了坚实的基础。新冠疫情暴发后，在开展居家网课期间的体育教学中，这些经历同样发挥了"未雨绸缪"的积极作用。

　　2017年1月，我报名参加了国家体育总局社会体育指导中心在淄博举办的"跳绳初级教练员培训班"，取得了"跳绳初级教练员资格证书"。2017年7月，我报名参加了中国教育科学研究院培训中心在江苏无锡举办的"2017年中国青少年健康体能教学与训练培训暨中国青少年健康体能研究课题研讨会"，取得了"中国青少年健康体能C级讲师证书"。2017年12月，我参加了由山东省教师培训中心委托山东体育学院在济南举办的山东省农村义务教育体育学科志愿者培训。在这次培训中，我有幸聆听了国内知名专家潘绍伟、山东体育学院张志勇教授的讲座，见到了我在历年远程研修中仰慕已久的省内专家，如俞文东、彭荣建、于文忠等老师，与他们进行了面对面的交流和学习，同时结识了来自全省的优秀体育教师朋友。2018年9月，我参加了中国足球协会在河北省香河县国家足球训练基地举办的"全国红军小学建设工程理事会中华全国体育基金会中国足球协会D级教练员培训"，有幸得到了国家队孙继海等知名教练的指导，并取得了"足球D级教练员证书"。

　　每一次培训都是一次宝贵的学习机会，每一次培训都是一次成长的经历。这些培训让我大开眼界，不仅进一步提升了我的专业水平，还让我广交朋友，受益多多，收获满满。虽然我已经步入了知天命的年龄阶段，但是我仍然取得了一系列优异的成绩。我希望我的经历能够激发广大一线体育教师，特别是引起中老年体育教师的共鸣，激励大家不断地学习和成长。

开阔视野，"国培计划"引领提升境界

2014年10月20日，来自全国18个省份的155名小学体育教师，怀着激动又期盼的心情，齐聚首都体育学院，参加了为期9天的教育部"国培计划(2014)——体育美育骨干教师培训"。我和来自江苏、安徽、新疆、福建、黑龙江和山东的另外53名学员被编在同一个班级。学习期间，通过聆听专家和老师们的讲课，我们深化了理解，增长了知识，提高了理论水平；通过与专家们的互动及与其他学员的交流，我们发现了自己的缺点和不足，从而促进了自身的发展。这次培训也为我开启了体育教学的崭新篇章。

一、开班仪式，奏响"国培计划"序曲

报到时，学员们被分成了3个班级。2014年11月21日清晨，在陈志江、郭尚林、宋青3位班主任的带领下，我们参观了学院。这次活动也快速拉近了学员之间的距离。8点30分，155名学员齐聚首都体育学院第三阶梯教室。首都体育学院副院长、国际象棋世界冠军谢军代表学校发表了热情洋溢的讲话，详细阐述了此次"国培计划"的重大意义和实践价值。随后，来自江苏省南京市的杨老师作为学员代表发表了讲话。首都体育学院"国培计划"培训部主任刘沛详细介绍了"国培计划"、首都体育学院概况、学员情况、培训主题和目标定位、小学体育课程资源的利用与开发、培训师资等内容。简短而庄重的开班仪式，正式奏响了教育部"国培计划(2014)——体育美育骨干教师培训"的序曲。

二、身临其境，领略名校的底蕴

首都体育学院创办于1956年。60多年来，学校各项事业均取得了令人瞩目的成就，在办学规模、办学层次、专业设置、师资队伍、教学质量、科研成

果、场馆设施等方面的综合办学实力已跻身于全国同类体育院校前列。这里西临中关村科技园区,东临著名的"蓟门烟树"景区,地理位置优越,校园环境幽雅,人文底蕴深厚,特别是体育文化的底蕴非常丰富。学院设有游泳馆、田径馆、体育馆、排球馆、羽毛球馆、乒乓球馆、教学楼、图书馆、学生宿舍等设施,并配备有高标准、高规格的体育设施,一应俱全。在参观的过程中,郭尚林老师向我们介绍了首都体育学院的办学历史、办学理念、办学特色,着重介绍了学院近年来取得的优异成绩、项目优势等,让我们对首都体院有了更深的了解。在接下来的几天里,学院为我们提供了良好的学习环境,专家教授们为我们的学习和交流提供了很多宝贵的机会。特别是班主任陈志江老师对我们照顾得无微不至,让我们进一步感受到了首都体育学院深切的人文关怀。

三、零距接近,感受大师的风采

开班仪式结束后,国家体育总局体育科学研究所青少年体育研究与发展中心郭建军教授,为我们作了以"我国学校体育面临的问题及解决路径探讨"为题的讲座。郭教授在讲座中阐述了学校体育的最终目的:一是培养健康的能力,让孩子掌握能够预防慢性疾病的运动知识和技能,并养成运动的习惯;二是培养享受体育快乐的能力,要让孩子拥有能够从体育中获得快乐的能力,而不仅仅将其作为磨炼意志的手段,从而促使孩子更加坚定地坚持终身体育;三是享受体育、快乐体育是青少年主动锻炼的前提,而且只有主动锻炼,才能养成锻炼的好习惯。现在回想起来,郭教授的讲座中似乎蕴含了新课程标准下体育与健康学科核心素养的精髓。每次培训,我都坐在第一排,紧挨着专家老师们,这种近距离的接触使我能够更加认真、仔细地聆听他们的教诲并做好记录。这里有来自北京体育大学、首都体育学院等国内知名体育院校的资深教授和专家,如郭建军、周登嵩、于素梅、李京成、周军、颜天民、陈雁飞等,以及来自重庆市教育科学研究院体育教研员牛晓、浙江省体育教研员余立峰,他们为我们进行理论培训。此外,还有王澜沧、张磊、周林清、齐景龙、吕青、冯晓东、周之华等来自北京化工大学、中国人民大学、北京体育大学等北京知名院校的著名教授为我们进行理论与实践相结合的体育技能培训。在互动中,专家们的授课呈现出太多的精彩,也让我感受到了大师们高尚的师德修养,以及他们的敬业精神。专家的教育教学理念、人格魅力和治学精神深深地印在我的心中。他们讲授的内容深刻独到,旁征博引,既通俗易懂、生动有趣,又发人深省,使我深切地领悟到"学高为师,身正为范,学无止境"的真谛。这些经历给我这个一线的体育教师留下了终生挥之不去的印象,成了我今后人生的指南、事业的航标,深深地影响着我、激励着我。

四、认真聆听,领悟先进的理念

在这几天的学习过程中,我有幸聆听了 10 多位专家教授的学术讲座、专题报告。例如,郭建军老师的"学校体育肩负的责任及实现途径"、周登嵩老师的"小学体育热点问题探讨"、李京成老师的"小学生运动兴趣培养"、周军老师的"小学生体育锻炼安全与损伤防护知识"、颜天民老师的"运动技术的理论与研究"、霍建新老师的"体育绘图"、陈雁飞老师的"小学教师专业标准与体育教师专业发展"、王文生老师的"体育教师科研素养提升"学术讲座,还有来自课改前沿重庆的牛晓老师关于"遵循小学生体育学习规律,实施有效课堂教学"及余立峰老师关于"浙江省小学体育教学内容标准和表现标准的研究"的专题报告。这些国内资深教授、专家的学术讲座,处处体现了先进的教学理念,极大地提升了我的理论素质。王澜沧、张磊、周林清、齐景龙、吕青、冯晓东、周之华等老师的理论与实践相结合的体育技能培训,以及史家胡同小学、宣武师范学校附属第一小学的优质体育课、大课间活动,都极大地丰富了我的学校体育实践思路。这些讲座内容非常具有借鉴意义,我回去后一定会静下心来仔细琢磨,认真总结,对专家的讲座进行全面而系统的梳理,理清思路,并将所学应用于自己的教学实践,同时将自己所学分享给其他教师。

五、总结反思,提升自己的境界

这次培训让我能以更宽广的视野看待教育工作,让我学到了更多提升自身素养和提高教育教学水平的方法。我深刻地体会到教育大家的博大胸怀和认真严谨的工作态度。作为被寄予厚望的小学体育骨干教师,要学会不断探寻小学体育教学的规律,通过在教学实践中不断学习、反思和研究,以厚实自己的底蕴,适应社会发展的需要,促进学生健康发展。在今后的教育教学实践中,我将静下心来,学习他人的优点,融合百家之长,在小学体育这片热土上,展现出自己的风采,实现师生的共同发展。我相信,有耕耘就有收获。"实践＋反思",这是我深信不疑的原则。在专家的引领下,我将脚踏实地,继续坚定地走下去。虽然时间短暂,但是我们且歌且行,一路辛勤耕耘,一路快乐收获,一路携手并肩,张扬着我们的充实与愉悦。在小学体育教学的这条道路上,我们迸发出的激情,蕴蓄着前进的锐气。这次"国培计划"的经历,将成为我的体育教学的新起点。

厚积薄发,远程研修助力提能增智

2011 年,山东省教育厅启动了山东省中小学远程研修,但那一年并未开设"体育与健康"学科。由于学校数学教师编制不足,我在承担体育学科教学的同时,也兼任了一个班级的数学学科教学。为了提高学校的参与率,我报名参加了数学学科的远程研修。那一年,我怀着认真和虔诚的学习态度,凭借多篇优秀感言和认真完成的每一项作业,被评为优秀学员。"体育与健康"学科的远程研修是自 2012 年开始的,以教育部修订后的《义务教育体育与健康课程标准(2011 年版)》为框架,以全面落实新课标为主。研修课程围绕课程标准设置专题,并以研修组为单位打磨一节课。磨课的目标指向新课标的修改点,旨在将课标学习与实践紧密结合起来。多年来,远程研修不仅丰富了我的体育教学专业知识,提升了我在磨课、评课等教学研究方面的实践技能,还深化了我的思想理论层次。在历年来的远程研修中,2013 年、2014 年和 2015 年的远程研修给我留下了深刻的印象,也让我受益匪浅。

一、2013 年远程研修

2013 年的研修内容以新课标的课例研究为主题,着重于新课程标准的落实,聚焦于教师协同的课例研究和问题研究。通过嵌入真实教学课例的问题研究,研修内容既对接教学目标,又对接教学研究目标。这种教师协同的课例研究借助网络平台,嵌入实际教学过程,采用混合式研究方式,旨在解决教师自身在新课标实施中遇到的教学问题。省专家将这种研修形式称为"双对接混合式研修"。围绕新课程标准的贯彻和落实,远程研修通过引导教师学习和运用学科理论,增强教师面向学习设计、教学实施和教学研究的意识,并培养具体能力。研修内容主要包括学科教学的最新动态与发展趋势、教学中的学生研究、基于课标贯彻和学生学习的教学设计与研究、学科教学问题与对策。远程研修通过"三次备课、两次打磨"的流程，即"原始备课—网上修改（第一次磨课）—二次备课—上课呈现—建设性修改（第二次磨课）—三次备课"，贯彻新课程标准的混合式课、例协同研究，实现课例研究的常态化和变式应用研究。这体现了协作、奉献和分享的精神，强化了问题意识和反思能力，与新课程标准的要求相契合，进而促进课程标准的贯彻和落实。每位小学体育老师都应该将新的课程标准融入教学的实际操作中，确保新课程标准得以落地实施，并通过具体的操作实践来体现其与新课标的契合。

二、2014年远程研修

2014年是山东教师培训的"转型之年"。为了落实教育部"全国中小学教师信息技术应用能力提升工程"的有关要求，省项目办和华东师范大学课程团队对本次培训进行了精心的设计和安排。随着暑假的到来，山东省小学教师全员研修活动正式启动，以"技术改变教学"为主题，秉承"为用而学、学以致用"的宗旨，借助研修平台和网络课程，通过"集中研修"与"校本研修"相结合的方式，强调"自主选学"的特点。研修形式为学校"选主题"与教师"选专题"相结合，即学校依据自身发展需求和校本研修内容确定研修主题，教师则从"研修任务单"出发，根据自身技术基础和学科需求选择相应的课程，需从40多门课程中选满36学时的相关课程。暑期，全体人员将集中进行远程研修，完成相关专题的网络课程学习并提交作业。新学期开学后，全体人员以校本研修为主要阵地，进一步深化对所学内容的理解、反思与内化，并将集中研修时的作业设计与校本研修阶段的课堂教学相结合，实现研修与课堂的对接。

本次培训内容涵盖"信息技术支持的教学环节优化"和"微课程的设计与应用"两大主题，我选择了"信息技术支持的教学环节优化"专题。我精心制订了个人"远程研修任务单"，与其他老师一同深入学习，深入思考，细致研究每个专题的内容，认真探究技术与学科教学的融合方式。通过"做中学""研中学"和"例中学"的方式，我结合课堂教学实际选择技术、打磨案例，并认真完成每一项过程性作业，以深化对课程的理解和掌握。在研修作业中,我深入探讨了"如何将信息技术支持融入学校体育教学"这一课题,并在当时条件下尽了自己最大的努力。虽然在体育教学中全面实施信息技术支持还需要时间,但是这次研修已经在我心中埋下了信息技术与体育教学相结合的种子。本次研修有效地缩小了我与其他学科教师在课堂教学中信息技术运用方面的差距。虽然所学的一些技术可能并不直接适用于室外体育课,但是为我后续改进体育课堂教学、参与各类课堂教学展示和优质课比赛奠定了基础,并助力我取得了一系列的优异成绩(详细内容将在第九章进行具体展示)。

三、2015 年远程研修

2015 年远程研修仍然以"用技术改变教学"为主题,探讨在体育与健康教学中是否应该运用信息技术,以及如何运用信息技术,这一直是广大体育教师和专家关注和思考的问题。研修开始,华东师范大学开放教育学院特聘专家、英特尔未来教育全国专家组成员薄全峰教授,作为本次远程研修的特邀专家,就信息技术如何支持和优化体育教学及教学策略进行了阐述和分析。薄教授还结合中小学体育教学案例进行了深入阐述和分析,帮助教师们明确了信息技术在体育教学中的关键应用点,并使他们初步掌握了在信息技术支持下的体育教学策略及相关的技术工具和资源。本次研修,我被西海岸新区教育和体育局安排为区级指导教师,参与了本年度的研修工作。在完成本人作为学员的全部作业的同时,我也成功地完成了指导教师的全部任务。在研修过程中发生的一些感人瞬间,至今仍深深烙印在我的脑海中。

伴随着淅淅沥沥的小雨,2015 年远程研修的集中研修阶段开始了。一大早,我们就来到了学校微机室里,开始了集中研修。作为研修组长,我对我们组的 9 名学员进行点名……哈哈,一个不落,全部到齐!望着大伙"埋头苦研"的身影,一个念头突然出现在我的脑海里。我"掐指一算",惊讶地发现全组有 8 位成员是"六零后",其中更有 6 位已经步入了 50 岁,全组的平均年龄达到了 48.5 岁。然而,他们对待学习的热情和毅力却丝毫不逊色于年轻教师,这种精神让我深感敬佩。

瞧!朱优珍老师生于 1965 年,是我们的"大姐大"。她在教育战线上辛勤耕耘了30多年,如今依然坚守在语文教学的第一线上,还是我们学校的优秀班主任。她无论面对何种挑战,都展现出一股不服输的韧劲。此刻,她正全神贯注地盯着电脑屏幕,聚精会神地投入远程研修中。

穆克森老师,作为我们语文第一研修组的"大哥大",已经在教育领域辛勤耕耘了36年。他是一位多才多艺的"能人",不仅在学术上造诣深厚,还在文艺领域有着卓越的成就。前几天,他刚刚整理好了自己的诗集。穆老师不仅能出口成诗,即兴创作,还提笔能写,那一手草书,龙飞凤舞,每一个字都充满了灵性和生命力。

唯一一位非"六零后"成员是我们充满活力的年轻教师陈海霞老师,她在我们组里可是个"香饽饽"。除了出色地完成自己的研修任务外,她还经常被其他几位"六零后"老师"呼来唤去"。她一会儿指导这个老师的操作技巧,一会儿帮助那个老师解决学习中的难题,成了我们组名副其实的编外"指导教师"。

远程研修的目的旨在"为用而学,为用选学,承前启后,走向实践应用和校本研究"。在这个过程中,"用技术支持教学"就如同及时雨,更是我们前进的催化剂,使我们这群"六零后"的教育工作者能够抖擞精神,酣畅淋漓地"研",得心应手地"用",聚精会神地"教",幸福喜悦地品尝远程研修的"果"。我坚信,远程研修所带来的宝贵经验和知识,必将迁移并运用到今后的教研工作中,进一步渗透到课堂教学中,更好地促进信息技术与课堂教学的融合,大幅度提高教学质量。在每一年的山东省远程研修中,我总是认真观看课堂教学实录,并认真撰写观课报告作业。每一个课例都会给我带来不同视角下的启发,丰富了我的课堂教学经验,并对我的体育教学产生了很大的帮助。

克服职业倦怠，实现人生价值

当前，在部分教师群体中流行着一个词语叫作"躺平"，这实际上是一种典型的职业倦怠表现。有关报告显示，教师群体是职业倦怠的高危人群之一。而体育教师作为其中的特殊群体，不仅面临繁杂的工作任务，还因社会、学校、学生对体育教师的偏见而承受巨大的心理压力，因此他们容易产生职业倦怠。职业倦怠是制约体育教师专业发展的重要因素。针对这一现状，结合多年的体育教学经历，我对体育教师产生职业倦怠的问题进行了研究。

一、体育教师职业倦怠的主要表现

（1）情绪低落型。每天就那么几节体育课，周而复始，又得不到领导的重视，导致一些体育教师对工作失去兴趣，缺乏主动性和热情。此外，长年累月的机械性、重复性工作使他们缺乏创新力，最终陷入了习惯性"躺平"的状态。

（2）情绪衰竭型。随着岁月流逝和年龄增长，一线体育教师每天面对的都是一群孩子，他们可能感受不到应有的尊重。这导致他们对工作缺乏冲劲，甚至开始害怕工作。同时，由于对物质条件和工作环境感到厌烦，一些体育教师陷入了厌倦性的"躺平"状态。

（3）成就低落型。在经历多次挫折后，一些体育教师的工作积极性受到严重挫伤，或者因盲目与他人攀比而深感失落，开始灰心丧气，贬低自我价值，从而在工作中缺乏主动性，陷入挫败性的"躺平"状态。

（4）自暴自弃型。业务考核始终落后，职称晋升屡屡受阻，评优树先的名单上从未出现本人的名字……由于"心想"总是无法"事成"，一些体育教师最终选择放弃努力，甚至产生了"破罐子破摔"的心理，无奈选择了"躺平"。

（5）玩世不恭型。在遭遇某种挫折后，由于未能得到及时的宣泄和引导，体育教师内心的矛盾逐渐加剧。学校对这些矛盾的处理不当,也会导致体育教师产生叛逆心理,无端猜疑,甚至在言行上直接与领导对立,形成了逆反性的"躺平"态度。

二、体育教师职业倦怠的成因

(一)现实工作压力

(1)工作强度大,如教学、训练、竞赛、课外体育活动等,体育教师基本处于长时间超负荷工作状态。

(2)工作"风险性"高,如学校场地、器材等条件受限,加上学生组织纪律性差,难以管理,导致体育课上存在一定的伤害事故风险。这让体育教师时刻提心吊胆,唯恐学生出现任何差错。

(3)工作环境艰苦。体育教师常年在室外经受风吹日晒,一些操场更是灰尘弥漫。此外,随着年龄的增长,体育教师的体能逐渐下降,无法像以前那样轻松地进行动作示范,而个人工伤事故的风险也随之增加。

(二)学科地位弱势

虽然社会各界呼吁重视体育教育,但是由于体育并非"统考学科",一些错误偏见仍然存在。人们往往想当然地认为主科教师比副科教师地位高,并将体育视为"小三门"。此外,由于没有升学压力,体育课常常遭到挤占,而体育教师在"评优树先"及绩效工资方面往往不能受到同等待遇。这使体育教师在学校中的地位下降,成为教师中的"弱势群体"。

(三)社会环境影响

受传统的"以考定胜负"的升学观念影响,人们普遍存在重"智"轻"体"的应试教育思想,而这种思想较为严重。同时,社会上子女娇生惯养的现象及青春期的"问题少年"增多等情况,导致体育教师的工作热情下降,进而引发职业倦怠。

(四)付出与回报失衡

体育教师在工作中付出了很多的时间、精力和感情,课时量多,但报酬少;即使取得了较好的成绩也往往得不到学校的认可,甚至在评优树先活动中常被视为"二等公民"。据调查,在很多学校的绩效工资中,体育课的课时系数均低于平均水平,甚至最低。这导致体育教师个人利益受损,如评优树先难以获得名额,职称晋升无法获得积分,福利待遇也受到不公平对待。

(五)不合理的考评制度

受传统应试教育的影响,学校对于体育教师的考评相对简化和弱化。体育教师要想获得成绩认可,往往只能依赖带领队员在各类竞赛中取得名次。而对于大量的日常体育工作,学校却缺乏有效的评价机制。这导致这些工作不被认可,进而降低了体育教师的成就感。

三、提升体育教师的职业幸福感,促进教师专业化发展

山东省教育厅原副厅长张志勇曾经说过:"老师和学生都是一粒粒渴望破土的种子,老师渴望在教育教学中绽放美丽、吐露芬芳。"个人一旦在工作中感受到了莫大的幸福,就会激发工作激情,职业倦怠也就无从产生。体育教师职业幸福感的产生同样需要学校领导的鼓励,家长的支持与配合,以及学生的认可,同时更需要体育教师进行自我反省,深化对体育事业的理解与热爱。

(一)学校层面

1.重视学校体育工作,提升体育教师的工作地位

党的二十大报告明确了到2035年建成教育强国和体育强国的目标任务,并提出了"加强青少年体育工作"。因此,我们要树立健康第一的教育理念,加强学校体育工作,完善青少年体育赛事体系,深化体教融合,促进青少年健康发展,培养德智体美劳全面发展的社会主义建设者和接班人。

2.改善体育教师的发展困境,保证专业自主权

改善体育教师的发展和生存环境,一是要落实工资等待遇保障,二是要切实保障体育教师在教学、教育改革中重组教学内容与方法的专业自主权,以及在专业发展上按需选择培训内容、方式和途径等的自主权。

3.创造条件,促进体育教师的专业化发展

教师的专业化发展取决于很多条件,主要包括外部条件和内部条件。农村学校应平等对待体育教师,积极创造条件,为体育教师提供与同行学习、参观和交流的机会,并推荐体育教师参加各类进修、培训和教研等活动。

(二)教师本人

1.加强工作的创造性

青少年是国家的未来、民族的希望,少年强则国强。习近平总书记高度重视青少年体育工作,强调"要坚持健康第一的教育理念,加强学校体育工作,推动青少年文化学习和体育锻炼协调发展,帮助学生在体育锻炼中享受乐趣、增强体质、健全人格、锻炼意志"。为了学生的全面发展,体育教师应创造性地开展学校体育工作,将育人之道与教学之术有机结合,让体育真正触达学生的心灵,融入学生生活,从而在创造性工作中享受体育带来的独特职业成就感。

2.加强心理调适,摆正自我心态

干一行就要爱一行。体育教师应立足岗位,保持良好的自我意识,努力做到自知自觉,保持自尊自信,坦然面对现实;培养自己较强的情绪控制能力,保持情绪稳定和心理平衡,冷静处理问题;处世乐观,学会心理放松和情绪转移,始终保持积极向上的进取状态。

3.开阔视野,加强交流,不断学习

体育教师应该积极主动地与同行进行交流,参加各种参观、进修、培训和教研等活动。体育老师还可以自行订阅专业报刊,或通过网络来浏览专业网站、论坛和博客圈等,广泛掌握行业动态,学习先进经验,取长补短,促进专业发展。

总之,体育教师应该为学校体育工作不断作出贡献,实现自己的价值。

第二篇　思——教学反思

专家睿语

"学而不思则罔。"2017年暑期，我与罗老师相识在中国教育科学研究院培训中心于无锡举办的中国青少年健康体能教学培训中。年近50的他自费参加本次培训，练习认真、一丝不苟，给我留下了深刻的印象。后来在山东省农村义务教育体育学科志愿者培训中，我们再次相遇。在后续的交往中，我们对体育问题的深入探究，使彼此的认知更加深化。罗老师热爱体育、勤于思考，对新课标课堂教学与全面育人深入反思，热心帮助体育教师专业成长，尤其是积极参与并组织其他体育老师向《中国学校体育》杂志中《草根争鸣》栏目投稿，并主持《中国学校体育》杂志中《群英荟萃》栏目的网络研讨活动。罗老师是青岛地区小学一线体育教师中小有名气的一线"草根"专家。

体育教学的特性使体育教师成为学生最喜爱的教师之一，但体育活动的安全则需要依靠体育教师的威望与严格管理来保障。体育教师如何走出"树威"的误区，以及体育教学中批评的"良药"如何更"可口"等，是罗老师在一线教学中总结出来的构建师生和谐关系的妙方。同时，他关注教学细节，把握"十度"，让有效设问贯穿整个课堂，这是提高教学质量的有效策略。此外，"大米原则"、重视体育档案整理等体现了罗老师处理特殊问题的智慧。罗老师让我深刻认识到一线名师的成长路径。

"实践出真知。"我希望借助罗老师的"真知灼见"，在实践中深入思考，于教学中不断反思，并激励更多一线教师善于反思，取得更多成果。

（俞文东：潍坊市教育科学研究院艺体科科长，全国优秀教研员，山东省教学能手，山东省基础教育教学成果一等奖，教育部"全国学校体育教学、训练、竞赛及条件保障体系建设优秀改革成果"获得者。）

第三章
构建良好和谐的师生关系

名师导言

在教育的漫长历程中,师生关系一直是影响教学品质的重要因素。尤其在体育教学中,由于课程的特性,师生互动更加频繁,情感交流更加直接。因此,构建良好和谐的师生关系对提升教学效率和促进学生的多维成长具有至关重要的作用。构建良好和谐的师生关系是一项多方面的工作。罗老师从树立威信、探索批评艺术、转化后进生及关心体育特长生等方面,通过真实的教学案例,结合自身实践,阐述了自己的看法与做法,值得借鉴。

美国教育家约翰·杜威说过:"给学生一种什么样的教育,就意味着给学生一种什么样的生活。"我们应该跳出"师道尊严"的圈子,使我们的体育课堂充满生机、自主和灵性,像一缕春风,吹开一树树的花朵,带来万紫千红的满园春色,最终收获累累的硕果。

(姜军:辽宁省营口市鲅鱼圈区新城学校体育教师,辽宁省营口市初中体育姜军名师工作室主持人,先后被评为辽宁省优秀教师、辽宁省"兴辽英才计划"教学名师、辽宁省体育教学名师、辽宁省骨干教师、教育部"国培计划"授课专家等。)

真正的教育从和谐的师生关系开始

陶行知先生说:"真教育是心心相印的活动。"在从事多年的体育教学工作中,我深切地感受到和谐的师生关系对教师的教学和学生的学习都是至关重要的。正所谓"亲其师,信其道",体育教学中师生关系和谐融洽,不仅能提升课堂教学质量,还有助于学生养成良好的体育锻炼习惯,从而促进学生身心健康成长。同时,和谐的师生关系还能使双方保持身心愉悦,产生积极向上的动力。因此,构建和谐的师生关系,无论是对教师,还是对学生,都是十分有益的。可以说,要想成为一名优秀的教师,就需要从处理好师生之间的关系开始。

对于体育教师而言,良好的师生关系能使他们感受到体育教育工作的价值,从而激发工作的热情和责任心,激励他们全身心地投入课堂教学实践中。对于学生而言,良好的师生关系会使体育课更具吸引力,从而让他们喜欢上体育课,并在体育课上表现出良好的、积极向上的心理状态。可以说,任何一堂好的体育课都是建立在和谐师生关系的基础上。体育教师要想顺利地完成教学任务,使学生能够在教学过程中愉快地学习,就需要构建和谐的师生关系。

新时代体育教学倡导建立人格平等、道德上互相促进的师生关系。为了构建和谐的师生关系,体育教师必须树立正确的学生观,对学生要有正确的认识和态度,关注学生的全面发展,理解、尊重、热爱学生,并倾听学生的心声。运用科学的方法教育学生,这不仅是新时代体育教师应该做到的,还是必备的专业技能。

体育教师走出"树威"的几个误区

一、勿以"压服"树威信——上好每一节体育课

只有学生喜欢你的课,你的威信才能逐渐建立起来。学生对体育课的喜爱程度会直接影响他们对教师的喜爱。因此,作为体育教师,从第一节体育课开始就应该从学生兴趣出发,选择学生喜欢、感兴趣的教材,选择灵活多样的教学方法,而不能仅仅依赖体育教师特有的"强硬"手段来"压服"学生。教师威信的建立,是基于师生之间的平等交流。只有师生之间建立彼此尊重、彼此信任的关系,才能形成民主的氛围,从而让民主真正走进课堂。

二、勿以"刚愎"立威信——正确处理好学生之间的矛盾

学生之间的矛盾处理得公平且得当,会迅速提升你在学生中的威信。然而,许多老师都存在护短的倾向,对学习好的学生表现出特别的偏爱,这是受传统心理影响的结果。当这种偏爱演变为一种"偏袒"时,会呈现出刚愎自用,这不仅容易挫伤其他学生的积极性,还会降低你在学生中的威信。体育教师在教学中往往会碰到调皮捣蛋的学生。在处理学生之间的矛盾时,体育教师要言而有信、赏罚分明、公平公正。

三、勿以"说教"树威信——善于发挥自己的特长

干净利落、轻松自如地做好示范动作,往往能让学生从心底里佩服你,为你在学生面前树立威信奠定良好的心理基础。体育教学内容的丰富性恰恰迎合了青少年活泼好动、兴趣广泛的特点。因此,他们在一定程度上会希望教师能和他们拥有共同的语言,和他们一样热爱体育活动并参与其中。教师不仅要有熟练的体育专业知识,还应具备广博的课外知识及多样的爱好

和特长。当教师在合适的时机向学生"露一手"时,学生的仰慕之情便会油然而生。这通常是师生心灵沟通的重要桥梁和纽带。

四、勿以"清高"树威信——真诚对待每一个学生

俗语说:"亲其师,信其道。"教师对学生的爱犹如一把钥匙,能够打开学生心灵的大门,是促进学生健康成长的催化剂,还是建立融洽的师生关系、教好学生和赢得威信的前提。教师在教育工作中为学生付出得越多,他们的教育威信就越高,因此教师的威信与其对事业的贡献是成正比的。尊重、信任和理解是走进学生心灵的基本要求。作为学生的良师益友,教师应该给予学生最基本的理解、尊重和关爱,并与学生保持在人格上的平等。

五、勿以"好感"立威信——正确处理学生的错误

有些体育教师喜欢扮演"老好人"的角色,除了与体育相关的事务外,他们不愿干涉学生的其他事务,为了不得罪人而对学生的其他错误采取姑息迁就的态度。有的体育教师一旦发现学生违反纪律或与自己产生"矛盾",往往倾向于将问题转交给班主任、校长或家长处理。然而,这种"告状"的方式不仅无法达到教育的目的,还容易伤害学生的感情,进而降低体育教师在学生心中的威信。体育教师要以身作则,为学生树立榜样。例如,体育教师可以主动拿起扫帚,清扫操场上的垃圾。

六、勿以"神秘"树威信——经常走进学生当中

有的体育教师认为威信来自距离感,因此故意不告诉学生下一节体育课的内容。有的体育教师经常以神秘的面貌出现在学生面前,故弄玄虚。那些原先在学生中威信不高的体育教师,应端正与学生的交往态度,平等对待学生,威信会随着师生交往的深入而提高。反之,如果体育教师为了维护自己的威严而不恰当地运用威信,与学生的关系就会变得疏远,其威信就会下降,甚至丧失。

"良药"更需"可口"

——谈体育教学中的批评艺术

一、和风细雨——赞美式批评

有些学生自控能力较弱,行为习惯欠佳,经常会犯些错误。其实,他们犯了错误之后,也会惴惴不安、后悔不已。有经验的教师一般采取"赞赏—批评—激励"的方式来教育学生,先肯定其优点,然后指出其不足,再进行激励。通过这种方式,学生不但容易接受,而且会增添前进的信心和勇气。正如卡耐基所说:"听到别人对我们的某些长处表示赞赏后,再听到批评,心里往往好受得多。"这就要求教师深入且细致地进行调查研究,一分为二地分析问题,从学生身上找到闪光点,然后批评那些应该批评的缺点和错误,表扬那些应该表扬的闪光之处。学生只有感到教师的批评是公正的、恰如其分的,才会心服口服地接受批评。

二、如沐春风——书信式批评

赞可夫说:"教育一旦触及学生的精神需要,就能发挥有效的作用。"有些学生性格内向、不善言辞,面对老师批评时显得拘束不安,要么一言不发,要么消极对抗,使师生之间难以沟通。书信式批评就很好地解决了这个矛盾,避免了一些尴尬场面,既给学生以冷静反思的机会,又不伤害他们的面子。例如,女生高某身高臂长,反应能力、爆发力和节奏感都很好,但脾气古怪。经了解得知,她的母亲因病去世,父亲违法坐牢。目前,她跟爷爷奶奶住在一起,终日郁郁寡欢,在班内无一个朋友,是一个"独行侠"。于是,我给她写了一封短信:"生活并不是一帆风顺的,只有勇于克服困难的人,才能做生活的强者……"不久，我就收到了她的回信。她在信中谈了心中的苦恼和困难。后来，我和她经常通过书信来交流。在信中，她向我敞开了心扉，我也恰当地指出了她的不足……笑容重新回到了她的脸上，她的性格也逐渐开朗起来，能够愉快地参加学校田径队。后来，她一举获得了全市小学女子跳高第一名，学习成绩也提高了。

通过书信式批评，教师能够让学生产生一种被重视、被关心的良好心理效应，同时也给予学生思考的空间，让学生从容地作出正确的选择。教师将自己的看法和殷切期望通过书信的形式来传递给学生，使学生扬起风帆、充满信心地驶向成功的彼岸，从而收到"此时无声胜有声"的良好效果。

三、秋风飒爽——幽默式批评

有关调查表明，在学生列举的他们所喜爱的教师特征中，幽默始终位居前列。一些优秀的教育工作者常常运用幽默的方式对学生进行批评。在批评的过程中，教师使用富有哲理的故事、有趣的双关语、形象的比喻、诙谐的言辞等恰如其分的批评语言，能够为犯错的学生营造宽松、和谐、愉悦的心理氛围，使批评在轻松愉快的气氛中进行。例如，当学生迟到并试图编造各种理由时，教师一句："老师今天又比你早到了，真是不好意思呢。"这样的回应会让学生感到更加不好意思，留下更深刻的印象，收到事半功倍的效果。

教师需要具备风趣幽默的语言风格。这就要求教师不仅要以事实为基础，还要精准把握运用的恰当时机。这种风格应既妙趣横生，令人发笑，又能使问题点而不破，引人深思，鞭辟入里，令人回味，易于被学生接受，从而有助于问题的解决。幽默式批评有效缩短了师生之间的情感距离，营造了学生接受批评的良好氛围。

（本文前两个观点发表在《中国学校体育》2012年第12期，在本书中有改动。）

让"错误"进行下去……

这是一节小学二年级的体育课。课一开始,我就询问学生们:"今天体育课,我们一起来玩个游戏怎么样?"学生们听后,情绪立刻高涨起来,齐声回道:"好!什么游戏?老师快告诉我们吧!"我回答:"我们玩《大渔网》。"话音刚落,已有几位学生迫不及待地拉起了"渔网",作出"捕鱼"的动作。紧接着,游戏开始了。调皮的强强为了成为一条难以捕捉的"鱼儿",一会儿"鲤鱼跳龙门"般跳过拉网同学的手臂,逃到"岸边",一会儿又低头用力钻出渔网"重获自由"。他屡屡犯规,俨然成了一条名副其实的"漏网之鱼",还为此而喜形于色。

强强无视规则的"屡建奇功",使其他"漏网之鱼"也纷纷效仿,这让扮演"渔网"的同学非常不满。领头的学生与同伴商量后,向这些"漏网之鱼"发出严重警告:"谁再赖皮就请他退出游戏!"听到这样的警告,强强等"调皮的鱼儿"开始收敛,并遵守游戏规则。然而好景不长,所有的"鱼儿"很快被"渔网"捕获,包括强强。但强强挣脱了"渔网",兴奋地叫喊:"来抓我呀,你们抓不住我!"这一行为激怒了其他同学,几个男生联手将这条"漏网之鱼"扭送到我面前。我看到强强满头大汗、神情沮丧,便对他说:"你玩得太累了,先休息一下吧。"强强本以为我会严厉地批评他,但听到我的话时,他愣住了,不再辩解,默默地退到一旁做观众,神情也变得低落起来。

我就这样晾了强强一会儿。下一轮游戏开始时,我请强强等几个调皮的学生作"渔夫",他们高兴得飞奔而去。我悄悄地让两位同学模仿强强的犯规行为进行游戏。作为"渔夫总指挥"的强强喊起来:"你们怎么可以这样赖皮?"那两人对他说:"你刚才也是这样的,为什么我们不可以?"强强求助的目光投向我,我装着没看见。强强委屈地说:"但你们已经告诉老师了呀,我……"我看强强虽然很郁闷,但是继续努力地扮演着"渔夫"。我知道他对自己的犯规行为有了新的认识。游戏继续进行着，除了强强，学生们都玩得很开心！

课后，我请大家分享对游戏中犯规行为的看法。强强率先举手说："因为是我先开始犯规的，所以我'捕鱼'时，他们也模仿我犯规。以后玩游戏时，我会遵守规则的。"其他同学也积极发表了自己的观点，大家都认识到了规则的重要性。在以后的游戏与比赛中，违规违纪的学生越来越少了。

上课时，我巧妙地运用语言和表情，逐步调动学生们参与游戏的热情。我故意省略了游戏规则和注意事项的讲解，而是利用低年级学生活泼好动、爱模仿的特性，鼓励他们相互学习，先尝试做游戏。当学生经历"失败"后，我注意到强强的表现，但我故意"无动于衷"，因为我深知活泼好动是孩子的天性，不宜轻易发火。我以平和的心态面对像强强这样调皮又违纪的学生。我认为有时让他们犯一次错，体验众怒，反而能让他们印象更深刻，体验更真切，从而促使他们自行解决问题。当两位学生"以其人之道，还治其人之身"时，强强清醒地认识到自己的错误。如果教师一味地提出教学要求，而学生内心并不接受，甚至产生反感，那么教学效果必然大打折扣。

现在的学生往往以自我为中心，规则意识相对薄弱，在游戏中过于争强好胜，这常常导致他们因不遵守游戏规则而与他人产生矛盾。作为教师，我们应尊重学生，信任学生，并适时创造一些教育契机，让他们在面对矛盾时自己寻找解决方案，这也是一种有效的教育策略。当学生出现违规行为时，教师不应板着脸训斥或体罚，这样的做法会伤害学生的自尊心，引发对立情绪，同时也不利于培养学生的合作意识和交往能力。通过这堂游戏课，我成功地使学生体验到了规则的重要性，促使他们自我反思，真切地感受到规则是不可或缺的，是每个人都必须遵守的。

体育后进生转化要有"七心"

一、以诚相待，平等相处，化解抵触心

苏霍姆林斯基曾经说："教育技巧的全部奥秘也就在于如何爱护儿童。"这是一股强大的力量，能在人身上树立起一切美好的东西。其实，与其他学生相比，后进生的自尊心更为敏感，但他们经常遭受教师严厉的批评和同学们的冷淡。这种"心理惩罚"使他们在体育课上对老师敬而远之，在体育活动中感到自卑，并在同学面前回避。这种"心理惩罚"极易引发对立情绪，导致他们对任何人和事都持有强烈的抵触态度。有些学生会因此感到绝望，自暴自弃；有些学生则表现出对抗和顶撞，甚至产生"既然你不尊重我，我也不会尊重你"的想法，从而走向极端。这种抵触情绪长期累积，成为他们沉重的心理负担，最终导致他们失去了对体育锻炼的兴趣。

后进生是每位教师心中抹不去的痛，但教师应将这种痛转化为深沉的关爱。在教育过程中，教师要特别注意方式和方法，以朋友般的平等态度对待他们，帮助他们克服心理障碍，消除对抗心理。教师应该对他们一视同仁，尊重他们的人格，用集体的温暖和教师的信任来化解他们的抵触心理，引导他们朝着教师期望的方向发展。

二、坦诚面对，动之以情，消除戒备心

由于体质较弱、学习不佳或纪律问题，后进生长期受到冷落和歧视，导致他们的内心较为脆弱，对外界极为敏感，怀着深深的戒备心理。但在内心深处，他们仍然渴望得到老师和同学的理解、包容和信任。因此，当他们犯错时，体育教师应保持平和的心态，以真诚的态度对待他们，切忌当众批评、挖苦或变相体罚。否则，这些行为很可能触及他们敏感的神经，导致他们产

生对立情绪,甚至变得更加叛逆。他们可能因压力而表面顺从,内心却不服。他们还可能选择逃避,通过欺骗和说谎来"蒙混过关"。一旦他们的性格中植入了这种戒备心理,无疑会大大增加转化工作的难度。

三、真诚宽容,倾注爱心,克服自卑心

有这样一位女生,刚进入五年级时,她的身形瘦弱,平时衣着不整,在班级中尤为显眼。学习体操时,她反应稍慢,显得较为懒惰,对体育活动兴趣不大。因此,大部分同学不太愿意与她交往,还有少数调皮的男生喜欢捉弄和欺负她,使她变得更加孤僻、不合群。经过了解,我得知她刚上小学时就经历了父母离异的变故,此后一直与外婆生活在一起。父母离异、周围人的不良行为及自身瘦弱的体质,都加剧了她的自卑感。我尝试使用常规的谈话、批评和表扬等方法,但效果并不显著。经过分析,我发现她的体育成绩在班级中并非最差。于是在每次分组比赛时,我特意将她分配到稍微有优势的一组。在学习技术动作时,我安排优秀的学生引导并帮助她练习,同时降低一开始的目标要求,并给予她单独的指导。在成绩测试时,我为她制订了较低的目标,并在她取得进步时及时给予充分的表扬,以增强她的自信心。后来,我引导她逐渐提升目标,学会正确面对挫折,增强抗挫能力。笑容渐渐地出现在她的脸上,操场上也时常能听见她欢快的笑声。

通过她的转变,我深刻感受到在"后进生"的转化工作中,需要倾注更多的爱心与真诚,并注重方式和方法,精心营造平等、和谐、友爱的氛围,让后进生感受到自己在班级中的归属感和价值,克服自卑心理。只要我们坚定信心,因材施教,就能够让这些迟开的花朵绽放得更加绚丽。

四、真诚理解,尊重信任,唤起自尊心

后进生往往会找一个"自以为是"的理由,通过各种捣乱行为来吸引他人的关注。实际上,这恰是他们内心残存着一点自尊心的体现,反映了他们内心深处渴望得到人们认可其存在价值的强烈愿望。在教六年级时,有一次上课,我班的一位学生欺负了二年级的学生,抢了他们的足球来玩。被二年级的学生告到老师那里后,该学生与相邻上课的二年级体育老师发生了激

烈的争执。该学生态度蛮横，还骂骂咧咧，并且不听从任何人的劝阻。在发现这个情况后，我没有直接指责或批评那位学生，而是先将他劝退回本班。随后，我以个人的名义向那位二年级的老师道歉，并解释了该学生的情况。我说："他的本性不坏，因为父亲早逝，从小缺乏家庭温暖，所以性格有些固执和偏激。其实他的足球踢得不错，抢了你班同学的足球，只是因为他太喜欢踢球了。他做得不对，但他并非故意与您作对，这都怪我教育不当，请您多多包涵，并请您原谅！"

事后，这些话被其他同学转告给了那位学生。第二天课间操时，他怯怯地向我喊了一声："老师，谢谢！"然后，他迅速地跑开了。不出所料，第二节课下课后，他主动向那位二年级的老师认了错。在征得他的同意后，我趁此机会，在第二个周再次与那个班同时上课时，安排他当着全班的面道歉。之后，我隆重地推荐他担任这个班的足球教练，此举赢得了热烈的掌声。自那以后，这位学生仿佛变了一个人，他变得懂礼貌、守纪律，在训练中认真负责。在全校足球联赛上，他带领的班级一举夺得了全年级第一名，他本人也因此被选拔进校足球队，并作为主力队员参加了全区小学生足球比赛。

教师的尊重意味着对学生的理解、信任和期望。当你尊重学生时，你就能理解并接纳他们存在的缺点和弱点。当你信任学生时，你就会对他们抱有期望，这是推动学生转变和发展的动力。教师应该维护学生的自尊，否则会导致他们的学习和人生之路变得艰难。因此，在转化后进生时，我们必须真诚地理解他们，尊重并信任他们，帮助他们找回自尊，从而形成他们自我转化的内在动力。

五、捕捉亮点，激发兴趣，培植自信心

我教六年级时，有一个叫徐杰的男生，他在文化课上的成绩位居中等偏上。然而，由于身体素质较差，对体育缺乏兴趣，再加上自尊心较强，他对待体育课的态度非常不积极，这令班主任老师和家长感到担忧。在一次篮球课上，我注意到他投篮很准，于是在每次下课前都例行表扬他。当时，我并没有特别的意图。随后的一段时间里，我发现徐杰上课的态度有了显著的转变。他开始认真听讲，练习时很投入，遇到不明白的地方会主动向老师或同

学请教。他的这一转变引起了我的注意。经过观察和分析,我意识到这种转变很可能与我的表扬有关。因此在之后的教学中,我有意识地在全班同学面前对他的良好表现给予表扬和肯定,并在私下里经常与他沟通与交流。我告诉他体育锻炼的重要性,并在行动上给予他体育锻炼方面的指导。我还用情感去触动他,让他知道班主任和家长对他的期望。在我的鼓励和支持下,徐杰开始自觉地参与体育锻炼,他的身体素质有了明显的改善,在原来的一些弱势项目上也有了显著的进步。在后来的体质健康测试中,他取得了良好的成绩。

这个案例让我深刻地体会到,学生的教育和成长应以鼓励、表扬为主。我们不能低估表扬的力量,有时一句表扬的话语就足以改变一个学生对学习、对老师及对自我认知的态度,并产生积极的影响。一句表扬的话语也许就是学生转变的起点,一个鼓励的眼神也许就是他们持续进步的动力。在日常的课堂练习中,我们应结合后进生的特点,发掘他们的"闪光点",科学地安排适合他们的运动项目,循序渐进地降低运动的难度和强度,多给他们提供成功的机会,用成功培养他们的自信,并充分调动他们的积极性。

六、循循善诱,晓之以理,激发进取心

503班有一名男生,他的体育很好。但他上课期间纪律性差、行为散漫、脾气暴躁,经常与同学发生冲突。因此,同学们不愿与他一起玩。经过深入了解,我发现他个性鲜明、好胜心强,特别喜欢打篮球。于是,我在跟他聊天时,不仅引导他聊起篮球的话题,还指导他提升篮球技术。利用学校举办班级篮球赛的机会,我激发他的好胜心,鼓励他为班级荣誉贡献自己的力量。最终,他作为主力队员,帮助班级在篮球赛中取得了冠军。这次成功的体验让他获得了自信,他的努力和汗水也赢得了同学们的尊重。之后,我将与他的聊天正式转为谈话,与他深入交流人生哲理,分析他之前的行为表现和现在的转变。我鼓励他将精力投入学习中,通过循循善诱的方式来激发他的上进心。他的学习成绩逐步提升,他也因此体验到了努力带来的快乐。这种体验又促使他继续努力,从而形成了良性循环。当时,据他的班主任老师说,他考取重点高中已经不成问题。

正所谓"一把钥匙开一把锁",每位后进生的具体情况都各不相同。因此,教师需要深入了解他们,弄清他们的行为、爱好及后进的原因,从而制定行之有效的对策,进行正确引导,构建师生间心灵相通的桥梁。通过循循善诱、以理服人的方式,教师可以与他们深入谈心、建立友谊,帮助他们认识并改正错误。教师应该用关爱激发他们的进取心,用师爱温暖他们,用理说服他们,促使他们主动认识并改正缺点。

七、持之以恒,付出耐心,锻炼其恒心

意志力薄弱是不少后进生的一个显著特点。他们缺乏独立性和目标性,意志力不强,自控力较差,因此无论干什么事情都缺乏耐心。我们在工作中必须保持耐心,深入分析不良行为反复出现的原因,及时发现、捕捉、引导,以做到防微杜渐,从而在多次反复中逐步取得进展。后进生的转化是一个循序渐进的过程,通常要经历醒悟、转变、反复、稳定四个阶段。因此在转化的过程中,出现故态复萌是正常现象。这是一项艰巨的工作,教师需要以满腔热情投入其中,并树立"转化一个后进生与培养一个优秀生同等重要"的观念。教师应遵循教育规律,因势利导,反复抓、抓反复,多宽容、少责备,使他们能够保持前进的势头。

面向全体学生,因材施教,我们需要以诚心、爱心和耐心,消除学生的自卑、戒备和抵触心理,激发他们的自尊、自信和上进精神,进而培养他们的责任心,以及克服困难的恒心和毅力。让全体学生能够生动、活泼、健康地成长,这是每一位体育工作者孜孜不倦的追求。

冬训，要从"心"开始

一、利用好胜心——抓住学生的好胜心理,选拔冬训的好苗子

秋季运动会结束后,我们开始选才工作,这正式拉开了冬训的序幕。除秋季运动会,学校还可以开展一些切合实际的小型竞赛活动,如跳短绳、跳长绳、田径单项对抗赛、班级篮球与足球对抗赛,以及结合《国家学生体质健康测试》项目开展的各项比赛等。赛前,我们将根据比赛项目在体育课上加强指导,并强调安全问题和注意事项。同时,我们还会在各班进行相应项目的成绩测试,为班级选拔合适的参赛选手。这样不仅可以在今后开展冬训时取得班主任的支持,还可以使各班中的体育特长生各展特长。最终,我们通过比赛来发现、挑选出冬训的好苗子。

二、培养自信心——通过发挥队员在体育方面的优势,培养队员提高学习成绩的自信心

怕耽误学习是家长和班主任不支持学生参加训练的"最大理由"。如果通过训练,学生的学习成绩没有下降,甚至有所提高,那么他们肯定会获得更多的支持和理解。对于许多参加训练的学生来说,体育成绩优秀是他们唯一的"闪光点"。因此,我们要做好学生的思想工作,抓住"闪光点"来鼓励学生,帮助学生树立自信心,将他们的体育优势转化成其他方面的优势,尤其是在文化课学习方面的动力,从而促进学生文化课成绩的提高。

三、要有细心和耐心——忌急于求成,揠苗助长

训练是一个长期的过程,体育教师要做到细心和耐心。针对不同队员的身体素质和特点,体育教师应认真制订冬季训练计划,做到有的放矢,切忌为了一时的成绩控制不好训练的量和强度,急于求成,揠苗助长。同时,体

育教师要有科学且系统的训练规划,认真做好训练笔记和训练总结,及时调整和完善训练思路。

四、倾注爱心和责任心——让队员在训练中健康成长,让家长更放心

开展冬季训练,体育教师要有爱心和高度的责任心。体育教师要用爱心对待每一位学生,让他们享受运动的快乐。体育教师还要具有高度的责任心,把学生的安全和健康放在第一位。

例如,每年冬训开始,体育教师都会在办公室为学生准备好脸盆、毛巾和几个暖瓶,再买上几斤红糖等。每次训练,体育教师都身体力行,带领学生进行充分的准备活动。训练中,体育教师和学生一起活动,并密切注意学生情况;越野跑时总是处在学生的左侧,时刻关注学生的安全;训练完后,让学生到办公室洗洗手和脸,喝一杯淡淡的红糖水,穿好衣服,等适应好周围环境后再离开。

(原文发表在《中国学校体育》2011年第12期,在本书中有改动。)

第四章
提高课堂质量的策略探究

■■名师导言

新课标颁布以来，全国范围内掀起了从"学、练、赛"到核心素养，再到大单元、跨学科融合的新专题研究，一线体育人在探索与解决课堂实际问题时有了新的方向。罗老师从关注教学细节开始，对课堂开始部分、有效教学、课堂设问、室内体能教学和跨学科教学等多个方面进行了阐述，列举了诸多可实施的策略。例如，他把课堂有效设问总结为"十度"：教学进度、知识技能难度、学生认知深度等，言简意赅；将体育教师在教学中时常面临且容易忽视的问题进行提炼总结，回答了作为体育教师如何使学生"健全身体"，从而拥有"健全精神"，为提升教学质量提供了许多值得借鉴与参考的有效策略。

同为一线体育人，我深深折服于罗老师对体育科研的执着追求。他在西海岸新区小学体育教师中举办写作讲座，为体育教师的写作指点迷津；他在办公室挑灯夜读，为青年教师树立职业典范；他伏案执笔，深耕教研，30多年如一日坚守在绿茵场上，成为最踏实的体育教学实践者。每一分默默地耕耘，均有回报。

（李艳芳：山东省青岛西海岸新区珠江路小学副校长、体育教师，青岛市体育名师、青岛市优秀教师、青岛市教学能手、青岛市青年优秀专业人才、青岛西海岸新区优秀教育工作者、青岛西海岸新区优秀教师、青岛西海岸新区李艳芳名师工作室主持人。）

关注教学细节　提高课堂教学质量

柏拉图曾这样说过:"身体教育和知识教育之间必须保持平衡。体育应造就体格健壮的勇士,并且使健全的精神寓于健全的体格。"体育是学校教育的重要组成部分,其重要性不言而喻。义务教育体育与健康课程标准历经三轮修订,从 2001 年的实验版,到 2011 年的修订版,再到 2022 年 4 月教育部正式颁布的《义务教育体育与健康课程标准(2022 年版)》,可以说与时俱进,更加适应新时代高质量发展的体育教学需求,确保了体育教学的先进性和实用性。

一、课堂是学校教育教学的主阵地,学生是学习的主体

体育教师要在课堂上采用灵活多样的课堂教学方式,制订合适的教学计划,选择恰当的教学方法,建立良好的师生关系,创设良好的课堂氛围,激发学生的兴趣和积极性。同时,体育教师应该关注学生的个体差异,及时进行反思,更好地了解学生的学习状态和需求,从而不断提高课堂教学质量。"体育与健康"课程的特殊性决定了体育教师必须抓住课堂教学环节。可以说,激发学生兴趣是提升教学质量的关键,创设良好的师生关系是提升教学质量的基础,教学反思是提升教学质量的必要环节,而体育课堂的教学效果主要是通过教师的有效组织和学生积极参与体育锻炼来实现的。新课标引领下的体育课堂教学强调营造轻松且高效的课堂氛围,因此体育教师必须关注课堂中的每一个教学细节。如果体育教师能在课前有意识地、创造性地预设好每一个教学细节,在课堂中对这些细节进行具体、有效的实施,并运用自身积累的教学经验和教学机智巧妙地处理好每一个动态生成的教学细节,将新课标教学理念融入课堂教学的每一个环节之中,那么课堂的教学将更具活力。只有做到这些,我们的课堂才能更加生机勃勃,这样的课堂才是

真正有质量的课堂。

二、细节决定成败

教师的教学行为是由每一个教学细节构成的。科学合理的教学细节能够有效地启发学生的思维，进而产生良好的教学效果；而不科学、不合理、不规范的细节则会限制学生的思维，制约教学目标的达成。教师要善于关注细节、捕捉细节，让细节为课堂增添色彩，使课堂更具魅力，从而赢得学生的喜爱。教学细节虽然看似平常，但是在促进学生发展、提升课堂教学质量方面扮演着至关重要的角色。

作为一名体育教师，需要不断提升自身素养，不断深入研究教材、教法和学法，加强对课堂教学中每处细节的研究，以便在积累教学经验的过程中创造出多彩且互动的课堂。

未成曲调先有情

——体育课开始部分激发学生积极参与的"六法"

俗语说:"良好的开始是成功的一半。"一节优质的体育课要展现"引人入胜"的艺术魅力,激发学生参与运动的热情,就必须从开始部分导入教学。虽然开始部分在一节体育课中所占时间较少,但是一个巧妙的导入能迅速引领学生进入状态,从而达到事半功倍的效果。

一、精心设计导语

语言是人类最重要的交际工具,人们通过语言来表达自己的思想、情感,并通过语言来影响和感染他人。而教师的语言则具有向学生传授知识、解决疑难,以及进行思想品德教育的作用。如果体育教师能够熟练掌握并运用语言技巧,那么这将有助于吸引学生的注意力和提高课堂教学效果。在练习短跑时,体育教师可以设置一些学生感兴趣的问题,如"你知道当今世界上男女'百米飞人'分别是谁吗?他们的最高纪录是多少?"或者"为什么各类短跑比赛会采用蹲踞式起跑而不是站立式起跑?"等问题。这些问题可以吸引学生的注意力。如果说一节精彩的体育课是"响鼓",那么导语是"重槌的第一槌",一定要浑厚激越,一锤定音。导语必须"引人入胜",不仅要使"第一槌就敲在学生的心上",消除其他课程或心理杂念的干扰,激起学生主动参与的热情,还要体现出针对性、启发性、新颖性、趣味性与简洁性等特点。

二、巧妙设计悬念

运用巧设悬念的方式导入新课,往往能出奇制胜,唤起学生的好奇心,引发他们的期待心理,使教学达到高潮。一位体育教师在讲授滑步推铅球动作前说道:"今天我们学习铅球的滑步技术。它包含两种滑步方法,现在我们先研究一下侧向滑步技术,至于另一种滑步动作,请同学们自行思考。"于是,学生在了解了侧向滑步技术后,自然会产生一种悬念:另一种滑步方法是什么呢?这为学生学习背向滑步技术做了铺垫,使侧向滑步与背向滑步两种技术在知识架构上前后呼应、横向沟通。但应用悬念导入法时,我们应该注意知识点的难易适中,过深则学生难以理解,过浅则无法激发学生的好奇心。

三、完美示范表演

在武术课的开始部分,当体育教师干净利落、一气呵成地打完少年拳后,同学们立即爆发出热烈的掌声。接着,老师问道:"你们想不想学会这套拳法?"同学们异口同声地回答:"想!"在新课开始时,体育教师以正确且优美的动作示范将新教材的内容展示在学生面前,这是一种有效的导课方法,能够调动学生的积极性,使动作技能以直观、形象的方式进入学生的头脑。体育教师以舒展大方、快速有力、节奏鲜明的动作进行示范,然后再进行教学。这样的教学方式给求知欲和模仿力强的学生以美的感染,激发他们对美的追求,形成摩拳擦掌、跃跃欲试的热烈氛围,使这堂课从一开始就进入了高潮,从而必将取得良好的教学效果。如果有条件,体育教师就可以在开始部分播放一段录像,通过现代化的教学手段,为学生创设一个直观的教学环境,以此导入新的教学内容。此时,再结合教师完美的示范表演,不仅能够吸引学生的注意力,激发他们的学习兴趣,还能帮助他们加深对所学内容的理解,形成清晰的运动表象,促进他们对新知识形成正确的学习心理定式和心理准备。当然,运用此种导入法要求体育教师具备扎实的动作技术基础。

四、精心布置场地

考虑到小学生的注意力易分散、有意注意力较差,但同时又活泼好动、表现欲强的特点,在课的开始部分,体育教师应确保内容新颖有趣,同时紧密结合主教材,确保两者间的紧密联系。例如,在前滚翻的教学中,体育教师可以巧妙地利用小垫子这一主教材所需的器材来组织准备活动。具体而言，体育教师可以将慢跑改为绕垫子进行蛇形跑，以增强学生的协调性和动态注意力；将徒手操改为垫子操，使学生在与器材的互动中熟悉器材的使用。此外，体育教师还可以在垫子上进行一些发挥想象力的即兴动态拉伸动作，以激发学生的创造力和参与热情。这样的设计既符合小学生的身心特点，又能有效地为接下来的主教材教学做好铺垫；既提高了学生的兴趣，又为主教材教学做好了身体、队形等方面的准备。

五、积极创设情境

情境导入是一种通过语言、设备、环境、活动、音乐等手段来创设生动形象的情境，使学生在情景交融的教学气氛中进行学习的教学方法。对于小学生而言，这种教学方法的效果尤为显著。例如，在进行立定跳远教学的新课导入时，体育教师可以将学生带到画满荷叶的操场，并说："同学们，你们见过青蛙跳吗？你们知道它们是怎么跳的吗？现在，我们想象自己就是一群小青蛙，肚子饿了需要去找食物吃。"随后，老师扮演青蛙妈妈，带领一群小青蛙（学生）进入边长 15 米的方形区域（模拟池塘），在预先标记好的"荷叶"上跳跃。这样的导入方式能够轻易地激发学生参与运动的热情。

六、灵活安排游戏

体育游戏导入法不仅能激发学生的兴趣，还能为将要学习的内容做好充分的准备。例如，在学习弯道跑时，体育教师可以让学生以"贴烧饼"的形式感受弯道跑的特点。通过这种方式，学生可以在玩乐中学会弯道跑的动作要领。但在运用此种导入法时，体育教师要注意根据学生的年龄特点选择适当的游戏。

体育课教学的游戏导入犹如乐曲中的引子、戏剧中的序幕，体育教师要当好导演，充分利用学生的生活经验及各种教学资源，为学生提供生动有趣、丰富多彩的教学内容和方式。同时，体育教师应该鼓励学生进行体验性、探索性和反思性的学习，以培养他们顽强拼搏的精神，并激发他们参与运动的热情。

体育课实施有效教学的"四策略"

一、问题策略——创设问题情境,确立目标和方向

现代教育心理学研究表明,学生在学习中的情绪与教学效果有直接关系,而教学情境是影响情绪的一个重要因素。探究性学习方式强调学生参与教学活动,激发他们强烈的学习动机和浓厚的学习兴趣。因此,从上课开始,教师就应该深入了解学生的心理,创设问题情境,通过趣味性和好奇心来点燃学生的探究热情,激发学生的学习兴趣,使他们在脑海中产生多种疑问,并进行深入探究。

在教花样跳短绳时,我先进行了自我展示。一套节奏明快的动作使学生在惊奇、感叹中感受到动作的魅力,使他们产生强烈的尝试欲望。接着,我让学生自由练习。然而在练习的过程中,学生们遇到了许多问题,如"我怎么跳得这么累?""他怎么比我好?"等。这些疑问促使他们开始主动思考问题的原因和解决办法。在这种积极的思维状态下,我再次进行了慢动作示范,并邀请动作较为标准的学生进行展示。同时,我引导学生共同寻找动作规律,最终大家一致认为,"手脚不协调,脚快手慢"是动作不好的主要原因。在理解到"手脚要协调"的重要性后,学生在后续的练习中,动作的成功率得到了显著提升。

二、实践策略——猜想、假设、实践,自主参与探究

体育活动要进行实践,只有让学生实践,让他们在实践中互相交流,才能展示其思维的准确性和有效性。

在二年级跑成直线的教学过程中,我先让学生尝试在直线上跑,然后向同学们提问:"一根直线与一根弯弯曲曲的线相比,哪根线更长?"学生给出

的答案是曲线更长。接着,我又问:"那么直线跑与曲线跑,哪一种方法更快呢?让我们一起来试试看吧。"这时,学生开始从猜测转向实践。经过练习,学生很容易得出"直线跑,速度更快"的结论。随后,我进一步询问:"你们是如何跑成直线的呢?能否尝试并分享一下你们的方法?"我鼓励学生自由组成小组进行探究。在练习过程中和练习后,学生们积极地相互讨论,交流心得。当练习结束后,学生们迫不及待地围到我的身边,争相分享他们的发现。有的认为,跑的时候眼睛要看着前方;有的认为,身体要保持稳定,不要摇晃;有的认为,适当控制速度有助于保持直线跑。此时,学生们投入探究性的学习中,热情高涨。最终,通过小组实践、探讨、辨析和判断,我们得出了正确的答案。在教学过程中,我充分保护了学生勇于探究的积极性,并确保每位学生经历了多次"实践-反馈-实践"的过程,让他们真正掌握了直线跑的动作要领。

三、归纳策略——交流、梳理、归纳,概括结论

"体育与健康"作为一门以身体练习为主要手段的学科,具有灵活、多变、延续的多样性特点。在教学中,学生需要利用已学过的知识对新知识进行整合,并通过多角度、多方位的积极思考来正确掌握所学的新知识。同时,学生需要通过自主探究和实践练习,将所学的知识技能、练习方法从感性认知深化到理性理解,从而形成正确的认识。例如,在学习400米跑与一分钟跳短绳两个项目后,学生通过相互交流、体会和思维整理,很容易归纳出它们的共同点:虽然练习内容不同,但是对体力要求都较高。教师可以让学生选择单人或多人在不同场地进行练习。对于耐力训练,教师可以布置家庭作业,让学生在家中进行课外练习。在没有具体条件约束的情况下,学生的思维得到了极大的解放,他们提出了各种耐力练习的形式和方法,花样繁多。最后,在教师的适度引导下,学生通过相互交流,并在师生的共同整理下,进一步归纳出耐力练习的有效方法,以及一分钟跳绳的正确动作。这种轮流进行的多样化综合性练习,使课堂气氛达到了高潮。

以上教学实例充分体现了归纳策略对学生开展探究性学习的重要性。学生通过交流、梳理和归纳能够使所学知识更加条理化、系统化,形成一条

完整的知识链,从而促进体育学科素养的全面提高。

四、创新策略——解决实际问题,巩固、拓展、创新

学生通过提出问题、实践、归纳,不仅获得了知识技能,还养成了锻炼身体的良好习惯。在此基础上,教师应进一步引导学生灵活地、创造性地解决一些实际问题,鼓励他们将所学知识应用于实际,进行"再实践—再认识"的活动,以激发他们深入探究的兴趣。以各种跳跃方法为例,在学习后期,教师可以鼓励学生将自创的跳跃动作和方法进行组合并再实践、再创造。这样既巩固了先前的练习成果,又进一步拓展了练习方式,从而充分培养学生的创造性思维,并养成勇于探索的良好习惯。这正是体育教学中开展探究性学习的核心意义所在。

"四策略"充分展示了体育教学中开展探究性学习的实践过程,深刻体现了"从实践中来、到实践中去"的探究精神,使学生始终主动参与,并保持主动学习的状态,从而充分体现了"让学生唱主角"的新课程理念。

把握"十度",让有效设问贯穿整个课堂

语言是师生间交流与沟通的主要方式。在体育教学中,教师往往会通过设问来活跃课堂气氛,吸引学生的注意力,并了解他们对知识、技能的掌握情况。恰当的提问不仅能够促进师生之间的情感交流,还能启发学生的思维,进而提升教学质量。

一、进度

进度是某项教学内容按照体育教学计划进展的程度。课前,体育教师需要通过提问学生,了解他们学习进度的快慢及对之前所学内容的掌握情况,从而做到心中有数,为确定本节课的教学目标提供依据。教师在深入钻研教材,准确把握教材的重点和难点后,应全面研究学情,根据学生的知识水平和心理特点,找到能够激发学生兴趣的点,并据此准确把握教学进度,恰当地设计教学流程,精心设问。这样的教学设计不仅可以帮助学生复习旧知识,还能顺利导入新知识,确保教学过程有的放矢。

二、难度

难度是知识和技能与学生实际认知水平之间的差距,差距越大,难度就越大。在教学中,面对本节课所要传授的知识与技能,教师应该关注大多数学生的认知水平和接受能力。难度不宜过高,以免让学生感到无从下手,否则既会打击他们的积极性,又会限制他们的思维发展。同时,知识和技能也不宜过于简单,避免让学生觉得毫无挑战,从而失去思考的乐趣。难度应适中,让学生能够"跳一跳就摘到桃子",即他们能够通过积极的思维活动和实践来获得成功。

三、深度

深度是某一项体育知识与技能在内容上的复杂程度,应当与学生的认知活动相匹配。在体育课上设计问题时,教师需要遵循学生的认知规律,确保本节课传授的知识与技能能够涵盖记忆、理解、应用和发展等多个层面,以准确把握学生的认知水平,判断学生是否真正掌握了知识,并引导他们在此基础上取得进一步的发展。为了引导学生深入思考,教师可以将复杂的问题分解成易于理解、更有趣味性的小问题,以便学生逐步深入探索。同时,教师还应具备高于学生当前认知规律的问题设计能力,以引导学生进一步探究。但在此过程中,教师不能错误地将所有问题都抛给学生,而是要结合教师的主导性和学生的主体性,使二者有机结合,从而提高课堂教学的有效性。

四、态度

当前网络上有一句流行语:"元芳,你怎么看?"这启发了我对体育课堂教学中师生互动的思考。一句简单的"同学们,你们怎么看?"不仅可以作为教师征询学生意见的提问,还能引导他们主动思考问题,表达各自的见解,积极参与课堂互动,从而营造出愉悦且高效的课堂。在提问时,教师应充分了解学生的学情,尊重学生,保持和蔼可亲的态度,与学生进行平等的交流。教师应该将和谐氛围留给课堂,让学生成为课堂的主人。师生之间应该相互讨论、彼此补充,共同构建多元互动的教学模式。教师在适时提问时,应该通过抛砖引玉的方式来引导学生,巩固并加深他们对本节课内容的理解。在课堂上,教师展现出的积极态度能够让学生感受到成功的欣喜和收获的满足。

五、角度

在体育课上设置问题时,教师要选择学生易于接受的问题,并根据学生的思维特点,精准把握问题切入的角度,从而引导学生进行深入思考。良好的设问角度是学生积极思维的催化剂。例如,在"各种方式跳短绳"的练习中,我先引导学生进行持绳双脚跳、单脚跳,并提问:"为什么我们需要练习多种跳跃方式,而不是仅练习并脚跳呢?每种跳法完成后,你们的感受有什么不同？"这样不仅能有效避免学生因单调的持绳练习而失去兴趣，还能使设问更具效果。精准的问题切入角度能够提高课堂设问的质量，提升教学的实效性，从而充分调动学生的积极性。

六、坡度

在体育教学中，任何一项知识与技能的获得都需要解决一系列相互关联的问题，即"问题串"。因此，教师在提问时需注重"问题串"的层次设计，确保这些问题能够循序渐进地引导学生思考，从简单到复杂，由浅入深地展开，形成一个适当的"坡度"，从而符合学生的认知规律。这个"坡度"应避免过于陡峭或过于平缓，确保问题之间具有连贯性和逻辑性。通过这样的设计，教师可以引导学生通过自己的理解和努力，最终掌握所需的知识与技能。在每个教学环节中，恰当的设问将引导学生顺利前进，达成学习目标。

七、适度

"满堂灌"的教学方式已经过时，因此教师应根据教学内容和学生的实际水平，精心设计富有逻辑性和系统性的问题，确保问题具有针对性，避免使用"有信心吗？""听明白了吗？"等低质和无效的问题，从而陷入"满堂问"的误区。教师应善于把握时机，根据学生的实际水平，巧妙地提出问题，凸显学生的主体性和教师的主导作用。问题设计既要具有价值，又要适时、适量，以有计划、有步骤的方式，将大问题分解成若干个小问题，形成层层递进的问题链。

八、亮度

一节成功的体育课要有亮点，这个亮点在于全面培养学生的创新能力。亮点越显著，其影响力也就越大。在体育课上，回答问题是学生参与教学互动、展示学习成果的重要途径。师生之间的一问一答，有时能激发出创新思维的火花。传统体育课以预设答案为唯一标准，这不仅使学生产生思考的惰性，还剥夺了学生主动探究问题的积极性，限制了他们的创新思维能力。因此，教师应通过课堂上的有效设问，激发学生的创新思维，鼓励他们积极参与教学互动。

九、尺度

要想让体育课堂充满活力，教师就需要围绕学生的全面发展来精心设问。通过这些设问，师生之间能够建立起高效的互动。教师在评价学生的回答时，既要注重语言的艺术性，又要准确把握评价尺度。师生互动要立足于促进学生体育与健康知识的增长，增强他们掌握体育锻炼技能的能力，从而实现他们的全面发展。同时，评价应着重激发学生的学习兴趣和参与锻炼的热情，引导他们形成主动参与、积极克服困难的意愿。在评价过程中，教师应避免漫无目的地拉近师生距离，而是应确保评价与目标紧密相关。

十、风度

在体育教学中，面对学生的错误，甚至是无理要求时，作为体育教师，应坚守人民教师的职责，时刻注重个人修养，保持良好的风度，切忌简单粗暴。我们应该彻底打破人们对体育教师"四肢发达、头脑简单"的刻板印象，树立体魄强健、阳光开朗、果断刚毅、积极向上、坚强勇敢、心胸宽广的体育教师形象。

室内体能教学的有效实施策略

基于前段时间疫情防控和近几年恶劣天气的影响，一些原本安排在室外的体育课被迫转移到室内进行。那么在室内体育课中，我们该如何有效发展学生的体能呢？

一、遵循学生的身心特点，合理选择练习内容

体能是人体的基本运动能力，通过力量、速度、耐力、柔韧、灵敏、协调等运动素质表现出来。由于场地限制，体能练习往往受到一定客观条件的制约。小学中低年级应以发展学生的感知能力和平衡能力等支撑类练习为主，同时配合徒手上下肢和腰腹动作练习。小学高年级应以手持器械练习为主，如手持矿泉水瓶、徒手自重、俯卧撑、仰卧起坐、跳绳等，以提高肌群力量和各运动器官协调做功的能力。需要注意的是，练习后应注重拉伸练习，以提高学生的柔韧性。初中阶段可以丰富素质练习的内容和形式，如各种柔韧性练习，可以结合中考体能项目，使体能训练与中考体育项目紧密结合。高中阶段可以加大力量和耐力素质的练习，如俯卧撑、仰卧起坐、举重物、健美操和搏击操等。学生可以根据自己的喜好选择项目，如健美练习和慢跑等。

室内体能练习的主要目的是改善身体形态，提高身体机能，以及增强身体素质。在室内体育课上，教师不仅要教授学生技能，还需着重发展学生的体能。因此，设计练习内容时，教师必须提前备课。

二、把握安全适宜原则，有效组织练习活动

在室内进行体育活动时，首先需关注的是安全问题。由于教室内活动空间有限，并且存在如桌椅等物品构成的安全隐患，因此应尽量避免磕碰。其次，需从实际出发。受室内活动空间所限，教师应充分考虑不同阶段学生的

年龄、性别、体育基础和身体状况,并结合现有教学条件,在选择教学内容时做到简单易组织。在遵循学生身心发展规律的基础上,教师应让学生做好充分的热身活动,进而逐步提高动作难度和练习数量,由易到难、由简到繁。同时,教师还要确保教学内容具有实用价值,避免形式化,以全面发展学生的身体素质和基本活动能力。再次,应注重活动形式的多样性和趣味性,特别是针对低年级学生。结合地方特色,教师应该推广一些特色项目,使学生乐于参与,全面提高他们的身体素质。

室内体能练习应该以原地或小范围活动为主,因地制宜。例如,在进行上肢的支撑练习时,教师可以充分利用桌椅等室内道具,同时结合多媒体素材,穿插一些室内小游戏,以锻炼体能并丰富学生的情感体验。

三、灵活组织练习形式,科学规避不利因素

室外体育教学的组织形式灵活多样,而室内体育课由于场地因素的限制,较为单一。因此在室内体育课中,不需要强求各项体能素质的全面发展,而是应当合理控制学生的活动范围、幅度和运动负荷,以避免相互碰撞等意外情况。教学内容可以围绕肌力与肌耐力、柔韧性、心肺耐力等方面适当安排,如单人双臂支撑桌面、双人直臂支撑悬空、单人站姿压腿、两人合作压肩等小范围的力量与柔韧性相结合的组合练习,以及学生之间相互配合的力量与柔韧性练习等。在室内进行体能练习时,学生受外界干扰较小,注意力更为集中,教师可以全程监控学生的练习情况。为了充分利用空间,教师可以适当改变教室的布局,将课桌往两侧放,增大教室中间的空间,以便于一部分学生在两侧利用桌椅进行静态练习,另一部分学生在中间进行小范围的活动练习。此外,教师可以在一节课中设置两项以上的运动项目,并通过科学分组和利用有限空间进行轮换,以增加练习密度和提高运动强度。

在室内体能教学中,教师应该提前制订计划。教师应全面考虑学生的实际情况,并结合室内环境状况来设计教学内容,对学生进行严格的安全教育,并全程参与指导。同时,教师应该制订安全防范措施,引导学生安全、文明、有序地参加锻炼。此外,教师应该适当控制学生的情绪,确保学生的声音不会太大,避免干扰其他班级上课。教师还需要注意减少桌椅挪动,避免

噪声和安全隐患,有效预防混乱和伤害事故的发生。无论进行何种练习,教师都应确保安全、安静和适宜的环境。

四、掌握练习方法,培养良好的锻炼习惯

室内体能教学可以灵活地运用场地设施与器材,如借助电子白板等辅助教学,在不影响相邻班级的前提下,适当配上音乐以提升教学效果。教师应该指导学生充分利用教室的桌椅等设施,以身体自重为主,开展一些静力性动作或者平衡练习,如双臂支撑、直臂支撑、支撑悬空、支撑悬空提膝、下肢深蹲及各种核心力量练习;开展一些身体的柔韧性练习,如压肩、压腿和下腰等;利用班级现有的"物品"进行练习,如手持书包锻炼、高位俯卧撑、举凳练习等;开展从上到下的练习内容,如简单的搏击操、室内操、手指操、柔力拉伸操等;采用低强度高密度的练习方式,达到足够的运动量。

(原文发表在《中国学校体育》2020年第9期,在本书中有改动。)

课程育人视域下"跨学科主题学习"教学实施

一、梳理内在联系,优化跨学科实施路径

体育学科跨学科主题学习在《义务教育体育与健康课程标准(2022 年版)》[以下简称《课程标准(2022 年版)》] 中首次被单独提出。实施这一新的课程内容时,我们应该先厘清其他学科和体育与健康学科之间的联系,注重学科之间的关联性。以耐久跑为例,教师通过创设红军长征情境,如设置四渡赤水、飞夺泸定桥、爬雪山、过草地等情境,与历史、地理、道德与法治学科进行融合,进行爱国主义教育;水平一中"队列队形小游戏"与数学学科的"认识序数"进行融合;让学生在搬运和制作器材中动手动脑,使体育学科与劳动教育进行融合。

实施跨学科教学时,我们应更加注重各学科之间知识的关联与渗透,确保形式与内容的有机契合。在继承、发扬和创新的基础上,我们需要与时俱进,努力追求有效且适合的体育教育。

二、厘清遵循原则,有效开发跨学科资源

体育课堂教学在实施跨学科主题学习时,应创设更具有参与性、体验性和互动性的教学情境,其最终目的在于充分发挥体育教育的功能,全面落实课程核心素养。首先,要凸显体育学科的属性,确保体育与健康学科的要素得以彰显。我们既要关注体育与健康学科自身的特点,又要将其他学科的知识和技能合理有效地融入体育教育教学之中,以实现"1+1 > 2"的效果。其次,应遵循适宜性原则,根据教学目标和不同年龄段学生的认知能力,确保教学情境和内容既符合教学实际,又便于教学实施,同时能在学生原有认知基础上有所提升。再次,应注重知识结构的系统化,确保跨学科主题学习

能够形成完整、有序的知识体系。主题学习需要具备明确的目标和内容,对跨学科中分散的知识、技能进行梳理和论证。在共同的主题下,我们应以结构化、系统化的形式,将跨学科的知识和技能呈现给学生,便于学生系统地学习和掌握。

生动形象的语文资源可以使课堂焕发活力。例如,在教授一年级语文《雪地里的小画家》时,我们可以设计一堂生动的"动物模仿秀"课程,让学生模仿各种动物的行走、奔跑动作,甚至组织接力赛。在《课程标准(2022年版)》所列举的跨学科主题学习案例中,我们可以看到道德与法治、国防教育、历史、地理、语文、音乐、美术、信息科技、英语、劳动、科学等多个学科的融合。体育与健康学科本身具有较强的交叉性,其研究领域涵盖了自然、人文和社会科学等多个学科,因此具有明显的综合性。体育教师应当敏锐地捕捉各学科之间的内在联系,并根据教学实际,有效地将其他学科中对体育教育教学有益的内容引入课堂,让学生在轻松愉快的氛围中实现"学、练、赛、评"的全面发展。

三、把握学科要素,精心设计跨学科策略

体育与健康学科实施跨学科主题学习时,应以全面发展学生的运动能力、健康行为和体育品德为核心目标。在与其他学科的交叉融合过程中,我们需要明确主次关系,将原本分散的知识技能进行整合,并系统地应用于体育情境中,同时合理开发和利用各学科中对体育课堂教学有益的内容。

(一)深入挖掘跨学科育人价值

新课标明确提出需要培养有理想、有本领、有担当的接班人。跨学科不仅是一种教学组织方式,还是一种教学意识。我们需要挖掘各学科核心素养之间的内在联系,使学生既能获取和内化知识技能,又能反思、升华,从而发展体育学科核心素养。

(二)全面整合跨学科教学内容

跨学科不是随便拿来,简单地将其他学科要素加入体育课堂,而是要寻

找体育教材中蕴含的跨学科融合点,抓住相关联学科的特点,坚持以身体活动为主,巧妙地运用其他学科的知识来丰富体育教学内容。这样的教学方式旨在帮助学生理解学科之间的紧密联系,认识到体育运动背后所需的多学科知识积累与拓展,从而避免主次不分、本末倒置的情况。

(三)精心设计跨学科教学过程

在共同主题的引领下,我们应该基于学生的认知范围,合理融合所跨学科的核心属性,通过结构化、大单元教学的方式来整合教学内容,循序渐进地培养学生的发散性思维和综合能力。同时,我们应该引导学生自主学习,持续激发他们的"学、练"兴趣和积极性,逐步提升他们在跨学科情境中解决体育问题的能力。

(四)改进和创新跨学科教学方法

在跨学科主题学习中,我们应该先转变教学方式,创新"学、练"形式,采用项目化学习及自主、合作和探究学习等方式,贴近学生实际。我们还应该通过情境模拟、游戏互动和竞赛挑战等手段来优化教学方法,使学生能够综合运用多学科知识解决体育问题。

(五)合理实施跨学科教学评价

随着学习方式的变革,我们应充分考虑学生实际与各学科特点,从单一的体育知识技能评价转向多学科、多角度的综合评价,以点带面;通过采用更为丰富和多元化的评价方式来激发学生的积极性,增强学生的自信心,从而达到以体育人的教育效果。

(原文发表在《中国学校体育》2022年第10期,在本书中有改动。)

第五章
工作中特殊问题的处理智慧

　　因为一个师范同学和罗老师在一所学校的关系,我刚参加工作就与罗老师相识了。罗老师作为小学体育领域的前辈和学校体育教育教学的引路人,为我能迅速成长为一名体育骨干教师提供了帮助与支持。曾记得,他为了帮我修改论文过午夜而不休息。他虽然事务繁忙,但是仍会抽出时间为我参加区市优质课评选出谋划策,助力我取得好成绩。在日常工作中遇到难题向他请教时,他总是不厌其烦地为我答疑解惑。罗老师乐于助人、无私奉献的精神深深地感染着我。一晃20多年过去了,他依然坚守在体育教学一线,在操场上挥洒汗水,为学校体育事业发光发热。他身体力行地践行着作为人民教师"不忘从教初心　牢记育人使命"的神圣职责。

　　"躬耕杏坛踏歌行,丹心一片育桃李。"罗老师从个人素养、专业技能、教育科研能力等几个方面阐述了我们如何才能成长为一名业务精湛、学生喜欢、同行敬佩的体育老师,几句简明扼要的话语为青年教师的成长指明了方向。我们作为新时代的小学体育教师,肩负着培养学生体育兴趣、促进他们身心健康和全面发展的使命。我们只有具备精湛的业务能力和高尚的道德品质,才能实现这一使命。

　　(李世海:山东省青岛西海岸新区铁山学校德育主任、体育教师,青岛市中小学学科带头人、青岛市教学能手、青岛西海岸新区优秀青年人才、青岛西海岸名师。)

做一名业务精湛的体育教师

我的师傅高老师是一位多面手,既会木工,又会缝补。无论是跳高架、沙坑扒、踏跳板和器材架,都是他亲手制作的。垫子破了、篮球坏了,经他"拾掇一番",都能恢复如初。我记得当时的操场是土质的。开运动会时,高老师画场地从不依赖书本,对各种场地数据都烂熟于心。体育课上,他总能设计出各种新颖的小游戏,深受学生的喜爱,也让我对他佩服得五体投地。可以说,在那个年代,高老师的体育教学业务能力和敬业精神堪称典范。

我印象最深的是刚参加工作的第一年,那时学校刚刚迁到新校址,还没有操场。在师傅的带领下,我俩硬是用种菜的钉耙,将 200 米环形跑道的操场平整出来,接着丈量、刨沟并埋上红砖作为跑道内沿,建成了当时大珠山乡中心小学的第一块 200 米标准环形跑道操场,并成功地举办了全乡第一届小学生田径运动会。

精湛的业务水平是成为一名优秀教师的关键。在新课程标准下的体育课堂上,教师应以现代教育理念为指导,将教学重点转移到促进学生全面发展上,并推动师生之间、学生之间的合作学习与自主探究学习。教师应该通过更为灵活和开放的教学形式,充分调动学生的学习积极性,培养他们的独立人格、健康心理和创造才能。从教师专业成长的角度看,教师的专业知识拓展、专业能力提高及专业水平提升,都离不开研究。因此,体育教师需要具备良好的科研素质。教育科研是教师成长的必备条件,教师应不断探索与研究出更好的教育手段与方法,让学生在锻炼身体的同时也能体验到体育活动的乐趣,喜欢上体育课,并主动参与到体育活动中来。

社会在不断发展,学生也在不断变化。与其他学科的教师相比,体育教师除了需要具备健康的身体素质、良好的心理素质和熟练的课堂教学能力,还需要掌握体育的基本理论和技术,熟悉必要的体育比赛规则和战术,有效组织课堂教学和业余训练,锻炼学生的运动素质。同时,体育教师还需负责校园体育工作的各项管理,科学安排校园体育活动,管理好体育器材,组织好校园体育竞赛活动,以丰富校园体育生活。此外,体育教师还应具备一定的管理能力,能正确处理工作中的特殊问题。他们还应具备爱心、责任心和强烈的事业心,自觉拓宽知识领域,了解体育学科的发展动态和各学科之间的相互联系,将最新的、最实用的知识和技能传授给学生。这也是每位体育教师都应具备的教师素养。我们要成为学生喜欢的体育教师,就要成为业务精湛的体育教师。

有效管理学校体育器材的策略

一、器材管理方面存在的问题

我利用当地体育教研活动的机会做过调查，也曾经利用到外校参观学习的机会专门到体育器材室考察过，发现当前不少学校在体育器材管理方面存在以下问题。

（一）不够借

随着各级各类规范化学校或示范校达标创建的推进，以及义务教育均衡发展验收的加强，器材不达标的现象逐渐减少。然而，这些验收检查虽然对体育器材的种数和件数有明确规定，但是与学校的实际应用存在一定矛盾。大多数学校按照器材配备目录标准配备了器材后，便不再进行增配。例如，在《小学体育设施器材配备目录》中对短绳的规定是"24个班级以上配备100根"，但按照这个数目，要达到人手1根的目标，每天连3个班级都满足不了。按照体育器材室传统的"先来先借"的惯例，有些班恐怕一个学期也借不到，难以满足学生的实际需求。

（二）不好借

让学生每天锻炼一小时是对学校体育工作的一项重要要求。如果当天没有体育课，就必须安排一节体育活动课。以我所在学校为例，全校共有28个教学班，一天最多安排18节体育课，这样就有10个班需要在下午第三节课上体育活动课。于是，在下午第三节课的体育器材室门口，等待借体育器材的学生排起了长队。等到管理员逐一分发完毕，时间已经溜走三分之一了。即便如此，有些班级还是借不到器材。下课后归还器材时，管理员又是一阵忙乎。周一到周五，天天都这样，既浪费时间，又不利于器材的规范管理。

（三）不愿借

学生喜欢的体育项目器材(如篮球)很抢手,是大多数学校普遍存在的现象。但器材室内这些器材有限,于是那些借到自己喜欢器材的学生高兴而去,借不到的学生则一脸丧气。那些学生不喜欢的器材(如实心球)往往被摆放在角落里,没有学生愿意借。这些器材大半个学期无人问津,只有迎接上级检查的时候才会被注意到。

（四）不让借

大多数学校没有专门的器材管理员,通常由体育教师兼任。由于借器材的过程烦琐,班主任在组织体育活动课时觉得麻烦,甚至体育教师也觉得费事,因此他们有时不愿让学生去借器材。这导致许多体育器材被长期闲置,利用率大大降低。于是除了球类、体操垫、呼啦圈、跳绳等几种经常用的体育器材外,其他器材往往崭新地摆放在器材室,而借用记录上也主要记录着那几件常用器材的借用情况。

针对体育器材管理问题,部分学校结合校内实际,探索出了不少好方法。这些方法值得借鉴,我将其整理出来与大家分享。

二、解决对策

（一）菜单式

"菜单式"管理借鉴了学校科学仪器室的管理经验。课前,科学教师将实验课题和所需器材以"菜单"形式提前发送给器材管理员。器材管理员根据"菜单",提前准备好相应的器材,并按照学校班级数准备好相应的容具,如大纸箱或编织袋,并标明班级。对于借用频繁的"紧俏"器材,管理员可根据班级使用次数在种数和件数上作出灵活、均匀的调配。课程结束后,各班级需要将器材"打包"送回,由管理员统一验收。这样能有效避免器材分配的随意性和盲目性,减少管理员在分配和回收时的忙乱。

（二）流转式

"流转式"管理借鉴了学校图书室"图书流转"的办法。根据学校实际情况,我们预先留出满足正常上课和校队训练所需的器材,对于剩余的器材则根据学段(水平一、水平二、水平三)分为三部分,并明确每部分由哪个学段使用。接着,我们根据班级数量将每部分的器材进行分类,确保器材尽可能集中搭配,以便每个班级都能获得一定数量的器材。然后,我们根据器材的统筹安排来确定活动项目。各班级需要对器材进行登记,并任命体育委员和骨干学生作为保管员。在级部内部,我们每周进行"小流转",而在级部之间则定期进行"大流转"。体育教师会定期进行巡检,以确保器材的合理利用。若遇到体育课器材预留不足的情况,体育组将随时进行调度,从而极大地促进了器材的有效利用,基本满足了每个班级开展体育活动的需求。

(三)建立室内健身角

为了有效促进学生的体育锻炼,弥补学校体育器材种类、数量不足的问题,许多学校鼓励学生自带器材到校,从而大大缓解了学校体育器材室的压力。然而,这也带来了一些班级内的体育器材管理问题。学生们自带的体育器材加上从学校"流转"或借用的器材,若管理不规范,便可能出现教室内抢跳绳、扔毽子等现象,甚至有的学生会在教室内打羽毛球。这些情况不仅造成混乱,还存在安全隐患。虽然学校已明确规定教室内禁止进行体育活动,任何器械都不能在教室内使用,但是仍有部分学生不自觉地违反规定。借鉴学校班级图书角的管理经验,我们可以在教室的某个角落设立一个健身角,统一存放体育器材,在体育课或体育活动时统一带到操场使用,以确保教室内的秩序和安全。

(原文发表在《中国学校体育》2015年第7期《装备与器材》栏目中,在本书中有改动。)

巧改沙坑形　安全更适用

由于学校场地所限,操场的实际面积并不大,特别是操场上的沙坑,其宽约 2 米、长约 5 米。在一次体育课上,学生进行跳远练习时,由于踏跳点稍偏且起跳的方向不够正,一名学生落地时身体重重地磕在了沙坑的边上,幸亏是沙土地。他爬起来后,揉着磕痛的部位,苦笑着对我说:"老师,如果沙坑能设计成扇形,越来越宽,那么该多好啊!"在后面的练习中,他再也不敢大胆地全力助跑和起跳了。课后,通过与学生交流,我了解到不少学生都有类似的担忧。回想起上课时的情景,那位学生的建议给了我灵感,我思考着是否可以将跳远的沙坑设计成扇形。

我设计并构思出草图后,与其他老师进行了商讨,随后对我校的沙坑进行了重新设计。在保持沙坑面积基本不变的前提下,我将原本的长方形沙坑改为了梯形。为了提升使用效果,我又将梯形的长底设计成了圆弧形状,使其呈现扇形外观。这样的改动不仅增加了落地区域的距离,还使沙坑既美观又实用。

经过设计,扇形沙坑的面积虽然基本未变,但是其安全系数显著提升。在后续的跳远教学与训练中,学生落地时磕碰沙坑两侧边缘的情况再也没有发生过。学生们对这种扇形沙坑非常认可,从心理上克服了之前的畏惧感,从而更快地掌握了跳远技术。后来,教师进一步提升了跳远教学的质量,使学生的跳远成绩也有了明显的提高。

(原文发表在《体育教学》2010 年第 2 期,是我第一次在《体育教学》杂志投稿并发表的小短文,在本书中有改动。

虽然只是占据了半页纸的"豆腐块"篇幅,但这依然体现了编辑部审稿专家对我的认可与肯定,极大地激发了我在体育教学中开展小问题、小妙招、小课题研究的信心。)

如何教学生运用"大米原则"对一般性关节扭伤进行处理?

一、案例描述

大鹏是一名体育爱好者,经常和同学们去操场锻炼。无论是打篮球、踢足球,他都十分热衷。这天在踢足球时,他不慎扭伤了脚,到医院一检查,发现是踝关节扭伤。大鹏的家长从医院出来后,郁闷地说:"加上这次,今年已经是他第三次受伤了。"

二、案例分析

中小学生通常是关节扭伤的主要群体,这是因为他们的关节、韧带等部位尚未完全发育成熟。像大鹏这样的关节损伤,在中学生参与体育锻炼时经常会遇到。这种伤害多发生在踝关节、手腕部、手指和腰部。常见的症状包括疼痛、肿胀、关节活动受限等,其中疼痛是每个关节扭伤患者都会有的症状,而肿胀、皮肤发绀、关节活动受限则是扭伤的常见表现。

针对中小学生在体育锻炼中的安全问题,体育教师一方面应指导学生做好相应的预防工作,另一方面还需教授学生对突发的运动损伤进行及时处理的方法。本文着重于后者,即体育教师应向学生传授一些常见的自救和预防措施,以便学生在体育活动中发生损伤时能够作出正确的紧急处理,从而有助于尽快康复。

在近几年的体育教学中,我尝试将"大米原则"教授给学生,取得了显著的效果,并得到了学生和家长的广泛认可。在处理运动损伤时,我们应遵循"大米原则"。若学生在运动中受伤且伤势较轻,体育教师可以指导他们适当运用"大米原则"进行初步处理。若伤势严重,则应立即就医,并由专业医生进行治疗。

三、方法描述

"大米原则"在运动医学中是一种针对运动损伤的处理方法,特别适用于急救处理。它具体包括 4 个步骤,由于每个步骤的首字母组合起来为RICE,可译为"大米",因此更易于记忆。

第一个字母 R 代表 rest(休息)。这要求运动员停止受伤部位的活动。受伤后,运动员需要充分休息,从而促进恢复。对于一般损伤来说,大约一个月就可以恢复。

第二个字母 I 代表 ice(冰敷)。受伤后的 48 小时内,应将冰敷袋置于受伤部位,每隔 2 ~ 3 小时冰敷 20 ~ 30 分钟。冰敷时皮肤会经历 4 个阶段:冷→疼痛→灼热→麻木,当感觉到皮肤麻木时,即可移开冰敷袋。冰敷20 ~ 30 分钟后,移开冰敷袋,然后在受伤部位用弹性绷带进行压迫包扎,并抬高受伤部位。

第三个字母 C 代表 compression(压迫)。压迫可以减小受伤区域的肿胀。此时可以使用弹性绷带包扎受伤部位,如足、踝、膝、大腿、手或手腕等,以减少内部出血。

第四个字母 E 代表 elevation(抬高)。抬高伤部并结合冰敷与压迫,能够减少流向伤部的血液循环,从而避免肿胀。伤处应被置于高于心脏的位置,并在伤后 24 小时内持续抬高伤部。当疑似骨折时,应先使用夹板固定后再抬高,但某些骨折不宜抬高。

四、具体应用

对于不同的关节扭伤,其治疗原则各不相同。以下是我总结的,运用"大米原则"对一些常见受伤部位的处理方法。

(1)手指。当手指受伤时,应立即停止相关活动,并对受伤的手指进行冷敷,首选冰水,也可以使用干净的湿毛巾代替。具体做法是:将手指浸入冷水中约 15 分钟,然后用冷湿布包扎,再用胶布将手指固定在伸直位置。此时务必检查手指的活动度。如果发现手指伸直与弯曲均受限制,或末节手指呈下垂状,那么可能是撕脱性骨折,应立即前往医院接受治疗。

（2）踝关节扭伤。若是踝关节扭伤，先要将小腿垫高，以利于静脉血回流，促使淤血消散。同时应保护脚部，切勿用力揉搓受伤部位。随后，用毛巾包裹冰块外敷在受伤处，每次敷约 20 分钟，每隔 2～3 小时敷一次。待 48 小时后方可改用热毛巾外敷，以促进局部血液循环，加快组织间隙渗出液的吸收，从而减轻疼痛。另外，可以用茶水、黄酒或蛋清等将云南白药或七厘散调和成糊状，外敷于受伤处并进行包扎，每日换药 2～3 次，这同样有助于促进淤血消散。

（3）腰部扭伤。当腰部扭伤时，最重要的一点是保持镇静，一定不要过度活动。此时应对受伤部位进行冷敷，24 小时后，可以改用热毛巾进行热敷。

五、实践建议

在运用"大米原则"处理一些常见受伤部位时，我们需要注意以下 4 个问题。

（1）停止运动并保持静止，并限制受伤部位的活动，以便观察和了解受伤的程度。

（2）在患部敷上冰袋，并用弹力绷带将冰袋固定好。根据损伤的程度，每隔 1～1.5 小时用冰袋冷敷 1 次，待感觉疼痛减轻或消失后，再过 20 分钟将冰袋移除。重复此过程，直到患部的疼痛得到缓解为止。

（3）使用海绵垫子和橡胶弹力绷带进行加压包扎，但睡觉时建议将弹力绷带松开或拆去，以保持舒适。

（4）最好把患部抬高到比心脏高的位置，即使在睡觉时也应尽量将患部垫高至超过心脏的位置。

此外，我们要告诫学生，无论发生哪种关节扭伤，在扭伤的急性期，受伤部位都不可以随意活动，一旦随意活动，就可能导致软组织无法得到及时修复，进而发展为陈旧性扭伤。要避免伤未痊愈便带伤运动，这会导致伤病反复发作，最终转变为陈旧性劳损，难以痊愈。预防至关重要，运动前必须充分热身，以放松关节并拉伸韧带，增强柔韧性。运动时最好穿软底、弹性好的胶鞋或加厚鞋垫的布鞋，以减少意外事故的发生。

如何化解体育训练与文化课学习之间的矛盾?

长期以来,平衡体育训练与文化课学习之间的关系,一直是体育教师面临的难题。家长不支持学生参加体育训练,除了安全因素外,最大的担忧就是怕影响文化课学习。一位刚从体育院校毕业并参加工作的老师来向我请教关于如何处理好体育训练与文化课学习之间的关系的问题,我结合长期以来的工作经验,给他提供了 4 个方面的建议。

一、创造有利时机,打开局面

家长们最担忧的是文化课学习被耽误,进而影响孩子的升学,这同样是学校领导们所顾虑的。特别是班主任老师,有时会明里暗里阻挠,甚至怂恿学生退出训练队。这是中学体育教师经常遇到的现象。因此,要化解这一矛盾,就需要取得学校的支持。对此,我建议他和体育组对全校初三学生进行摸底,客观地分析当前状况。经过筛选,体育组确定了这一届学生中身体素质好的 8 名学生,并将他们作为"重点培养对象"。在获取这些第一手资料后,体育组制定了切实可行的目标,并决心抓住机会,打一场漂亮的翻身仗。

第一个目标是利用全区运动会的机会打一次翻身仗。体育组与学校签订了"军令状",他们一方面加强了校队训练,另一方面注重提高体育课的质量,并加强对全体学生的锻炼指导。冬训过后,在第二年的全区运动会上,学校团体总分首次进入全区前 8 名,取得了历史性的突破,并为学校赢得了荣誉。校长在全区中学生运动会领奖台上笑得合不拢嘴。第二个目标是利用中考机会实现新的突破。中考结束后,初三的 8 名体育生中有 6 名被高中录取,其中 2 名还因为比赛成绩突出被破格录取进重点高中。全校体育中考测试也取得了实质性的突破,满分率大大提高,及格率接近 100%。体育组抓住了全区运动会和中考的有利时机,用事实说话,赢得了学校的支持和家长的认可,打开了局面。

二、加强沟通与交流,消除心结

除了家长、文化课老师和班主任的疑虑外,学生自身也是阻碍他们参与体育训练的因素之一。他们担心参加体育训练会耽误文化课学习,影响成绩,从而受到家长和老师的批评,并可能影响到未来的升学。由于这些顾虑,他们犹豫不决,以各种理由和借口回避训练,甚至有些学生直接向体育老师递交退出校队训练的申请,这给体育训练带来了极大的困难。

体育训练确实占用了学生一定的学习时间和精力,这是一个不争的事实。在升学压力下,为了提高学习成绩,文化课大量占用学生的课余时间,忽略了学生身体锻炼的重要性。虽然将体育纳入中考后,这种情况得到了一定程度的改善,但是对具有体育特长的学生来说,他们往往能轻松地应对中考体育项目,因此缺乏对体育训练的足够重视。体育教师应加强沟通与交流。一方面,体育教师需要与班主任和任课教师密切交流,关注体育生的学习情况,防止他们的学习成绩下滑,必要时提供额外辅导。另一方面,体育教师应时刻关注学生的心理动态,积极做好思想工作,向他们讲解体育锻炼对智力发展的积极影响,如提高记忆力,以及对学生心理和生理成长的诸多益处,从而鼓励他们刻苦学习,并学会科学地安排训练与学习时间。体育教师还需时刻关注学生的学习状态和考试成绩,及时进行对比分析,并对取得的进步给予表扬。随着时间的推移,队员的体育成绩与学习成绩将逐步提高,达到理想的状态。

三、利用典型事例,增强信心

目标不明确是导致学生在参与体育训练和文化课学习之间感到困惑和矛盾的一个关键原因。参加体育训练有可能影响升学,不仅令学生举棋不定,还困扰着相当一部分家长。这不仅影响了训练效果,还让一些有天赋的学生在体育方面失去了进一步发展的机会。此时,搜集一些优秀运动员的典型事例并讲给学生听是非常有益的,如清华大学的"眼镜侠"胡凯、"800米

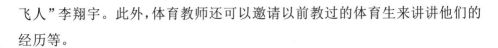

飞人"李翔宇。此外,体育教师还可以邀请以前教过的体育生来讲讲他们的经历等。

四、科学的系统训练,有的放矢

在平日的训练中,体育教师应注重激发体育生的学习兴趣,采用科学的训练方法加以鼓励和引导。根据学生的身体素质特点和心理需求,体育教师应该精心设计训练计划,并确保运动量适中和方法得当,从而实现科学训练的目的。在不影响正常上课的前提下,为了实现体育训练与文化学习的双重提升,体育教师应该从各个方面科学地调配好训练与学习的时间,从而确保体育与文化成绩双丰收。

实践证明,体育训练和文化学习可以相互促进、相互影响,体育与智育不是矛盾的对立面。体育教师应科学地规划学习与训练计划,在提高学生体育专业成绩的同时,增强他们的学习信心,鼓励他们合理分配学习时间。体育教师应时刻提醒学生,只有文化课和体育专业成绩均达标,才能考上理想的学校,将来进入心仪的大学。为了实现这一目标,保持对文化课学习和体育训练的热情与动力是关键。做到以上这些,体育训练与文化课学习之间的矛盾将得到有效解决,从而不再是难题。

照片、音像、实物体育档案资料的整理

学校在组织校内体育活动,或师生外出参加上级举办的各类比赛和活动时,会产生不少非纸质的材料,如照片、音像、荣誉奖励证书和奖杯等实物。这些实物不仅是学校体育发展的见证,反映了学校体育发展的水平,还是学校体育发展过程中的珍贵资料。因此,学校规范管理这些特殊载体的档案材料就显得尤为重要。

一、照片

校内在开展体育教研、竞赛活动,师生外出参加上级教研、比赛活动,以及上级领导视察学校体育工作时的照片等均可列为归档资料,我们应该注意妥善保存。具体步骤包括以下几个方面。

(1)收集。每次活动后,我们应该及时将照片收集齐全,选取具有代表性的照片进行冲洗并归档。

(2)分类。体育类照片一般可分为:① 校内教研活动;② 校内竞赛活动;③ 外出参加上级教研活动;④ 外出参加体育比赛;⑤ 其他类。在归档时,我们应将同一类照片按照活动的时间进行分类、整理和归档。

(3)分组。每次活动的照片为一组,一组照片可以包含一张,也可以包括多张,但必须确保选取的照片具有代表性。

(4)编号。在整理照片时,我们可以按照"分类＋年度＋组号＋张号"的编号方法对照片进行编号。具体来说,每个年度的组号均从"001"开始编,而每组的张号也都从"001"开始编。例如,如果学校2012年开展的第2个校内体育活动是体育节,那么该活动所形成的照片(即2012年的第2组)中第一张照片的编号可表示为:02-2012-002-001。

(5)归档。我们可以将整理好的照片档案,按照分类和编号的顺序依次装入照片档案册。

（6）标签。在每组照片前，我们可以用白纸制作一个标签，并在标签上填写该组照片的简要说明（见表5-1-1）。

表5-1-1　照片标签

题　名	该组照片所反映的活动名称
编　号	该组照片的档号，如02-2012-002-001
拍摄日期	照片拍摄时间
拍摄人	照片的拍摄人
照片张数	照片归档张数
保管期限	照片档案全部暂定为长期
备　注	可填写照片所反映的具体内容（单张照片）

（7）登记。我们可以按照编号分别进行入档前的目录登记。

（8）数码照片的整理。数码相机在拍摄时随意性较大，因此在电脑中存储照片时要筛选并删除那些无意义的照片。整理照片时，我们可以为每个活动建一个文件夹，并在文件夹内另建说明文档，对活动的简要情况和重要的单张照片进行说明，最好每隔一段时间就将照片刻录成光盘进行脱机保存。

二、音像

学校在开展各项与体育有关的活动时，往往会录制一些具有保存价值的影音文件，制作成录音带、录像带和DVD等，这些均可归档保存。具体步骤包括以下几个方面。

（1）收集。我们可以将每次活动结束后所形成的音像资料收集起来，选取有代表性的存入电脑。有条件的学校可以将其进行剪辑和压缩处理，并分别刻录在独立的光盘上进行归档保存。

（2）分类。参照照片的分类方法，我们再将同一类音像资料按年度进行分类。在刻录和分类光盘时，我们应该尽量将影像文件、声音文件、数码照片、数据备份文件等分别刻录在独立的光盘上。如果光盘内仅存储声音文件，那么将其归入录音类，其他以影像为主的光盘则归入录像类，并根据光盘的主要内容确定具体类目号，如上级领导视察学校的录像归入"录像—

行政事务"类目,教学录像归入"录像—教育教学"类目,体育活动录像归入"录像—体育活动"类目;数码照片和其他数据备份光盘则分别归入"照片—其他"和"数据备份—其他"类目。

（3）编号。我们可以按照"分类＋年度＋件号"的编号方法对档案进行编号,每个保管单位仅编一个档号。一张光盘即使存储了多个活动内容,也只有一个档号。

（4）标签。我们可以参考照片档案的制作方式,为光盘制作标签并贴在包装上。如果无包装盒,那么我们可以按编号顺序装入专用的光盘档案册,填好标签后入档保存。

（5）登记。我们可以按照编号分别进行入档前的目录登记。

（6）保存。我们可以将音像档案直接装入铁皮档案柜保存,若有条件,也可装入专门的防潮防磁柜保存。

三、实物

学校师生每学年参加上级举办的体育活动时,会获得各种奖状、证书、锦旗、牌匾、奖杯等荣誉性、纪念性的实物材料,这些均应收集并归档。

（1）收集。每一次活动结束后,我们都应该留心收集、整理、归档保存这些实物材料。

（2）分类。我们可以将这些实物材料分为教学教研和运动竞赛两类,并将同一类实物材料按照获得年度进行编号排列（此处指的是实物材料的编号顺序,而非实物材料本身）。

（3）编号。我们可以按照"分类＋年度＋件号"的方法对实物档案进行编号登记。例如,学校 2012 年在上级举办的体育比赛中获得的第一面锦旗,其档案号可标示为"运动竞赛 -2012-001"。

（4）标签。我们应该给每件实物档案制作一个标签,标签内容包括实物档案的编号、名称、来源、时间等相关信息,并将标签贴在实物材料的背面、侧面或右下角等不显眼的位置,以确保不影响实物的美观。

（5）登记。我们可以按照分类和编号的顺序,在实物档案目录上依次登记各项信息。与照片档案目录有所不同的是,实物档案目录应包括:① 编号

（实物档案的完整编号）；② 实物名称（实物档案的具体内容）；③ 来源（赠与或授予单位或个人）；④ 日期（获得该实物档案的具体时间，如实物本身有时间则照实抄录）；⑤ 存放点（实物档案的具体存放地点）；⑥ 备注（其他需要特别说明的事项，若无则留空）。

（6）拍照。所有实物均应拍摄数码照片，但不需要将实物照片冲洗出来保存，只需要将相关信息清晰说明，整理后刻录至光盘进行保存。

（7）存放。实物档案是学校体育荣誉的见证，既可以集中存放于学校荣誉室，又可以分散存放于领导办公室或体育组办公室。无论采取哪种存放方式，都要进行集中登记，并在实物档案目录的"存放点"一栏中详细注明存放位置。如果选择集中存放，那么我们建议按类别分开摆放，并将较重要的和新获得的实物档案摆放在显眼的位置，而较次要的及时间较久的实物档案则可直接收藏起来。

（原文发表在《中国学校体育》2012 年第 9 期，在本书中有改动。）

第三篇　研——教育科研

专家睿语

超市,也称为自选商场,是现代人在日常生活中进行购物的综合性场所,其主要特点是商品琳琅满目,购物方式自由。顾客在超市内可以根据个人的喜好,选择满足各自需要的商品。而课程"超市"是市场经济中"超市"运营概念在教育领域衍生的一个新概念,通常作为学校学生社团活动的一种形象且生动的组织形式出现。

丰富的课程内容是课程"超市"的最大特色之一。如果把众多学科中不同的课程项目比作不同种类的商品,那么在"商品"众多的学科课程中,体育学科的众多项目就如同一个大型超市中琳琅满目的一种商品。学生可以不限年级和班级,自由选择各自喜欢的课程,以走班形式参与活动,这就如同在"自助餐厅"里一样。教师可以根据学生的特点和需求进行"配餐",让学生在家长的帮助下自由"选餐"(选课),这极大地激发了学生对体育的兴趣,并满足了学生自身发展的活动需求。罗老师历经多年的研究与实践,构建了体育课堂教学中的课程"超市"模式。该模式遵循全员参与、"自选+推荐"的原则,注重课程的综合性和实践性,尊重学生个性发展,旨在激发学生的兴趣,促进学生全面发展。

体育课程"超市"是深受学生们欢迎的特色"超市"。愿我们的学生在体育课程"超市"中尽情地享受乐趣、增强体质、健全人格、锤炼意志;祝愿我们的学生能够得到全面锻炼,健康成长。

(王彬:山东省教育科学研究院体育与健康教研员)

第六章
构建体育课程"超市"的实践研究

　　罗老师与我因共同的志趣爱好相识于网络。2014年10月,在北京首都体育学院参加教育部"国培计划"小学体育教师培训期间,我俩在北京会面。那晚,我俩相约去了《中国学校体育》杂志社,受到了李兵、种青老师的热情款待,尽兴而归。从此,我们结下了更加深厚的友谊。我们虽然后来未再次见面,但是经常通过微信交流,无所不谈,成了至交。

　　诚如罗老师所言,一线体育教师做课题确实困难重重,尤其是农村体育教师。教育科研是促进教师专业发展的有效途径。一线体育教师拥有丰富的教学经验和教学技能,但往往缺乏将这些实践经验提升到理论高度的方法和能力。

　　"苔花如米小,也学牡丹开。"罗老师主持的青岛市教育学会"雁阵项目"课题"小学校园体育课程'超市'构建的实践研究",虽然级别上并非最高,但是经过大量的实践研究和资料的积累,得以顺利结题。这对学校的体育教学工作有着独特的意义,值得大家借鉴与学习,期待"让教育科研走近每一位一线体育教师"。

　　(于殿民:辽宁省本溪满族自治县高官镇九年一贯制学校研训主任、体育教师,辽宁省体育教学名师、省级中小学体育骨干教师、省级中小学体育优秀课一等奖获得者、省级教育学会课题主持人,本溪市小学体育名师工作室主持人、市级中小学体育学科带头人。)

基层体育教师开展课题研究面临的问题

基层体育教师开展课题研究面临诸多困难：一是由于基层体育教师思想认识不足，二是受限于学校资源和教师水平等条件。此外，一些较高级别的教育主管部门的课题，往往名额有限，并且需要经过层层推荐。而面向基层学校的名额更是少得可怜，加上大部分普通一线体育教师水平有限，使得课题很难"落户"到普通基层学校。这导致基层学校在高级别的课题申报上感到"上天无路，入地无门"。

对于基层学校体育学科而言，体育教师做课题更难。长期以来，受传统思想观念及中考、高考导向的影响，体育在一些地方一直扮演着"说起来重要，做起来次要，忙起来不要"的角色，得不到社会各界的真正重视。体育课上的安全问题也让体育教师在教学上变得小心翼翼。在这样的环境下，一些年轻体育教师可能会迷失方向，遇到困难就畏缩不前，甚至对基本的体育教学都缺乏深入思考，依然沿用传统的教学方法，缺乏创新和进步的动力。

俗语说："万丈高楼平地起。"很多人把教科研课题研究想象得高深莫测，他们不知道教科研的内涵，不明白为何要投入时间进行课题研究，不清楚如何选择或设计课题，以及如何进行申请、立项……威海市文登区葛家中学的吕兵文是一位普通的农村一线体育教师，被人们称为农村操场上的"领跑者"。他坚守在农村体育教学一线，专注于一线体育教学研究，主持了多项市级以上教育规划课题，一步步成为全省乃至全国的体育名师，成为全省体育教师中为数不多的正高级教师。他发表的论文数量之多，被人们形象地比喻为"用麻袋装"。他的成长历程，值得一线体育教师，特别是年轻体育教师学习。只要心中有目标，就会有前进的动力；只要不懈努力，就一定会离心中的目标越来越近。

结合在课题研究方面"从无到有"的实践经验，在教学活动中，我逐步学会和掌握了一些课题研究的理论、方法、途径和过程。我将自身开展课题研究的经历分享给大家，并将"小学校园体育课程'超市'构建的实践研究"课题中的"课题申报书""项目终评表""结题报告"等重要材料一并分享，抛砖引玉，希望能引起体育同行的共鸣，给年轻体育教师们带来一些启发，帮助他们逐步了解如何选题，如何申报课题，如何开题，如何开展实验研究，如何结题，以及如何推广应用等。由于水平有限，以上内容仅供参考。

总之，只要我们一线体育教师广泛阅读、勤于思考，多动脑、勤动笔，躬身实践，历经一段时间的磨炼与积淀，就能逐步具备一定的课题研究素养与能力，并在专业发展的道路上越走越宽，越走越远。

萌发于一线教学实践中的课题研究

　　作为一名普通的中等师范学校毕业生,我从未上过大学,也从未接触过课题研究。偶尔在一些教育教学杂志上瞥见"课题、研究"的字样,我总以为课题研究是一门极其深奥的学问,只有大学教授或科研院所的专家才有能力和资格去做。后来,大约在 1997 年,我在《中国学校体育》杂志上看到了关于全国重点科研课题"21 世纪中国学校体育发展研究"的征集通知,得知不少基层学校都可以参与。于是,我带着杂志上的征集通知去请教了高老师。他也和我有同样的想法,认为课题研究是教育专家们的工作,基层体育教师难以胜任,因此我们错过了这次参与课题研究的机会。在当时网络尚不发达的情况下,这或许是我离课题研究最近的一次。遗憾的是,那时我一门心思跟着高老师学习,把全部的精力放在了体育教学、组织运动会与训练运动队参加上级比赛上。

　　2001 年,第一轮义务教育课程改革开始实施,教科研工作受到了前所未有的重视。省教育厅、市教育局等教育主管部门纷纷成立了教科所,县(区)教育局和学校也相应设立了教科室。我们学校专门成立了教科室,为教师订阅了大量的教育教学杂志,并经常邀请上级主管部门的领导和专家对教师进行培训。当时,我们学校通过徐校长的努力,成功争取了一项关于研究性学习的省级课题。课题研究再次引起了我的关注,"课题申请、立项、开题、结题"等关于如何开展课题研究的专用名词也逐渐进入我的视野。当时,虽然课题研究在上级教育主管部门对学校工作的考核中有所体现,但由于它与教师的职称晋升、评优树先等切身利益并未直接紧密相关,加之小学教师晋升职称的最高级别仅为小学高级教师,导致学校和大部分教师对课题研究的思想认识不足。因此,真正的课题研究工作在基层学校中并未得到教师们的充分重视。

2009 年,学校安排我负责教科室工作。我向徐校长请教了开展教科室工作的一些思路,逐渐在脑海中明确了目标:一是加强教学方面的研究工作,努力多发表一些论文,以提升在教科室工作方面的说服力;二是强化课题研究工作,积极争取各级课题的立项,努力为学校争取教科研方面的荣誉和成果。于是,我根据上级教育科研部门发布的申报通知,开始尝试进行课题立项的申请。我一边向徐校长等经验丰富的专家请教,一边从网络上搜集与课题研究相关的资料,初步学习了如何填写课题申报书,如何进行课题申报等。2012 年 2 月,我校申报的区级课题"城乡接合部学校班集体建设与学生自主管理研究"成功获得了西海岸新区教育科学研究工作领导小组办公室的立项批准,我作为主持人,得到极大的鼓励。

我记得徐校长曾告诉我,在日常教学中应经常思考如何解决教育教学中的突出问题,提升教学质量。随着时间的推移,我脑海中积累了越来越多这样的问题,并逐渐成了课题研究的素材。我想,一个人的能力和知识总是有限的,为何不深入研究自己最擅长的体育学科呢?于是,我开始阅读更多关于课题研究的图书和杂志,并专注于思考如何提高体育学科的教学质量。经过不懈的努力,2018 年 8 月,在区教研员张老师的带领下,我作为课题组骨干成员,参与了市级课题"小学体育与健康室内课体能、技能教学研究",该课题获得了青岛市教育科学研究工作领导小组办公室的立项批准,并于2020 年 10 月顺利结题,这标志着我在课题研究方面取得了新的进展。

2018 年 10 月,我作为课题主持人并组织学校体育组教师申报的"小学校园体育课程'超市'构建的实践研究"课题获得青岛市教育学会的核准立项,该课题于 2020 年 10 月顺利结题,并获评良好等级。这标志着我在课题研究领域取得了显著突破。

后来统计发现,在 2018 年青岛市教育学会初评通过的 400 多个项目名单中,本项课题是仅有的两项关于体育教学方面的课题之一。一项是当时担任青岛市体育教研员的卢众老师的"'互联网 + 体育'智慧体育课堂实施研究",另一项便是我们申报的"小学校园体育课程'超市'构建的实践研究"。在一些专家、名师看来,青岛市教育学会级别的结项课题可能并不特别显眼,研究成果或许尚待完善,研究材料也存在一些瑕疵。然而,本课题的研究经过了时间和实践的检验,对我校体育教学工作的改进产生了积极的影响,获得了其他兄弟学校的认可,并赢得了一致好评。对于我们这些来自基层的一线体育教师而言,这无疑可以推动学校体育工作的开展。因此,我们期望本课题能起到抛砖引玉的作用,为没有经历过课题研究的一线体育教师提供启示,促进他们的专业发展。同时,我们也期待更多的体育同行提出宝贵的意见和建议。

准备阶段，认真选题，进行课题申报

2018 年 6 月 28 日，青岛市教育学会根据办会宗旨和教育的实践性、和可操作性特点，决定实行学会项目与规划课题的协同合作、错位立项，并下发了《青岛市教育学会关于组织申报 2018 年度教育研究项目的通知》（青教学字〔2018〕10 号）。项目分为"旗帜项目""雁阵项目""田野项目""领军项目"和"青蓝项目" 5 大类，其中"雁阵项目"特别要求项目的承担者为齐鲁、青岛名师（名班主任、名校长）工作室成员，并允许进一步扩大为学校教研组、年级组或跨校教师团队；本年度计划立项 100 个项目。鉴于当时学校体育工作的实际条件，我决定参与本次课题申报，争取立项。我首先认真研读了通知要求，根据课题类别中承担者"扩大为学校教研组、年级组或跨校教师团队"的新要求，深入研究和分析了当前学校体育方面的政策文件，并结合我校的实际情况，与体育组同人及与学校分管领导进行广泛讨论与论证。最后，我们确定了以"小学校园体育课程'超市'构建的实践研究"为课题名称，并填写了课题申报书，确定了研究周期为两年，计划于 2020 年 8 月完成。以下是最终上报的课题申报书。

附：青岛市教育学会"雁阵项目"申报书

项目名称	小学校园体育课程"超市"构建的实践研究
1. 项目背景（项目选择的因由、意义等，1 500～2 000 字）	
一、课题选择的因由 （一）背景形势 　　1. 为认真贯彻落实青岛西海岸新区教育事业发展"十三五"规划，全面提高学校体育工作水平，争创青岛市学校体育工作强区，2018 年 1 月，西海岸新区教育体育局制定了《学校体育工作三年行动计划》。该计划提出"建立科学衔接的体育课程体系，全面提高体育教学质量，加强体育特色学校建设，加强体育社团建设，全面形成学校体育'一校多特'的格局，促进学生养成体育锻炼的习惯，人人掌握两项体育技能、班班组织体育活动、校校举办体育文化节，学校体育工作居全市领先地位"的总体目标。加强课程建设、提高教学水平、强化课外锻炼是主要的具体推进措施。	

2. 为深入贯彻党的十九大和习近平总书记关于体育工作的系列重要讲话精神,落实《山东省人民政府办公厅关于贯彻国办发〔2016〕27号文件强化学校体育促进学生身心健康全面发展的实施意见》(鲁政办发〔2016〕53号),进一步加强和改进学校体育工作,促进学生身心健康全面发展,2018年6月,省教育厅、省编办、省财政厅、省人力资源和社会保障厅、省体育局五部门联合制定并印发了《山东省学校体育三年行动计划(2018—2020年)》(鲁教体发〔2018〕2号文件)。该计划共提出了八项主要任务,第一项主要任务是实施体育课程提质计划,共有两项主要内容:一是开齐开足体育课程,二是构建体育课程"超市"。

3. 随着学校体育教育教学改革的不断深入,以全面促进学生"每天锻炼一小时"为主线,学校体育教育逐渐体现了多样性和互补性的综合特征。在打破传统的体育教学模式的同时,强化学生课外锻炼的能力,全面培养学生的体育核心素养,让他们形成良好的体育能力、健康行为和体育品德,从而促进终身体育的形成。积极倡导自主开放的新形式已成为学校体育教育改革的主流趋势。

(二)学校实际

近年来,为了切实推进我校新课程改革,促进学生全面和主动发展,在确保国家规定课程开齐、上足、教好的前提下,结合我校的具体特点和传统优势,我校积极创设生动活泼的育人环境,以"选课走班"方式组织学生开展了丰富多彩的文化艺术、体育、科技等活动,以扩大学生视野、激发学习兴趣、发展个性特长,促进学生身心健康和谐发展,受到了各方面的一致好评。尤其在体育方面,我校开展了棋类、乒乓球、篮球、足球、跳绳、踢毽子、跳皮筋、校园集体舞、啦啦操、呼啦圈等多种项目,为学生提供了一道道体育"大餐"。学生们不限年级和班级,可以自由选择喜欢的体育项目,并在此找到适合自己的项目。

二、课题选择的意义

1. 教育部《基础教育课程改革纲要》指出,以学生的发展为中心,重视学生的主体地位,关注个体差异,确保每个学生都受益。构建体育课程"超市"符合西海岸新区教育体育局三年行动计划的总体要求,加强课程建设、提高教学水平、强化课外锻炼是的主要的具体推进措施。构建体育课程"超市"能够打破传统的学校体育模式,从深化学校体育改革的视角出发,把市场化中的"超市"运作模式运用到学校体育中,突出学生的主体地位,打破班级限制,改变传统的师生行为。这既能激发学生的学习兴趣,提高学习效果,又能激发教师不断学习的积极性,提高学校体育质量。

2. 构建体育课程"超市"是《山东省学校体育三年行动计划(2018—2020年)》中体育课程提质计划的重点内容之一。我们把超市的经营理念引进体育课堂,让学生在和谐轻松的氛围中,根据自己的发展需要选择有兴趣的"项目(商品)",主动、创新地去学习。这真正落实了"把课堂还给学生,让课堂充满生命活力;把创造还给教师,让教育充满智慧挑战;把精神生命发展的主动权还给师生,让学校充满勃勃生机"的教育理念,符合全面促进发展学生核心素养的总体要求,更好地贯彻了学校体育"健康第一"的指导思想。

3. 构建体育课程"超市",能够立足学校实际,不仅有利于学生主体意识的发挥,最大程度地兼顾了学生共性和个性的差异,着眼于激发学生的兴趣、满足学生的需要并发展学生的特长,更好地促进学生的个性发展,还有利于广大学校体育工作者扬长避短,充分发挥自身特长;充分体现现代学校体育教育以人为本的理念,更符合新时代学校教育"人尽其才"的特点。促进学生当前与未来生活质量的提高,促进学生的进步和可持续发展;丰富校园文化生活,扩大学生视野,激发学习兴趣,发展个性特长,促进学生身心健康、全面、和谐发展,成了学校体育工作者面临的一个新课题。

2. 主题界定(项目研究的目标、内容等,2 000～2 500 字)

一、研究的目标

全面实施体育课程提质计划。《山东省学校体育三年行动计划(2018—2020 年)》提出,学校应以培养学生的体育意识、体育兴趣、运动技能和习惯为目标,根据学生的体质差异、身心发育规律,构建学生自主选择的体育课程和课外活动项目"超市",让每个学生都能拥有自己喜欢的体育课程和体育活动项目;到2020 年,使每一个在校学生均能熟练掌握1～2 项运动技能。基于以上内容,我们确定如下研究目标。

1. 构建学生自主选择的体育课程"超市"。根据师资、场地、器材等情况,让每个学生都能拥有自己喜欢的体育课程,并逐步掌握一定的运动能力。

2. 构建学生自主选择的课外活动项目"超市"。根据学校场地、器材和辅导教师(体育教师、班主任、有爱好与特长的学科教师、家长与外聘人员)的实际情况,使每个学生都能选择和参与自己喜欢的体育活动项目并得到锻炼,逐步帮助他们养成良好的健康行为。

3. 根据学生的身心发展需要,积极创新,努力做到以体励德、以体促智、以活动健体、以活动塑美、以活动促劳,促进学生身心得到全面发展,培养他们形成良好的体育品德。

4. 根据学生体质差异、身心发育规律,使每一个在校学生均能熟练掌握1～2 项运动技能,使他们逐步形成自己的爱好与特长及养成良好的体育锻炼习惯,为终身体育奠定坚实的基础。

二、研究的内容

牢固树立"健康第一"的思想,发展学生的体育核心素养。以学生发展为中心,全面提高学生体质;满足学生的生理需求,顺应他们的身心发展变化规律,帮助他们调整心态、放松精神、陶冶情操,促进学生身体各部分功能健康发展;帮助学生养成勇于克服困难的顽强毅力,培养他们的集体主义观念和团队精神;鼓励学生坚持参加体育锻炼,帮助他们养成良好的锻炼习惯,逐步培养他们终身参与体育锻炼的意识。

1. 加强体育学科课程建设。

构建"必选＋主选＋兴趣"形式的教学内容。在遵循教学规律的前提下,以新课标为依据,结合学生实际和本校传统特色项目,把《国家学生体质健康测试》项目设置为必选项目,提高学生的基础素质;把学生喜欢、学校场馆设施支持且教师指导能力允许的项目作为"超市"的"主选项目",供学生自主选择;依托各体育兴趣小组,作为课堂教学的延伸,在特定时间组织学生集中练习,如组织各项目校代表队和训练队;组织师生共同创造、改进、利用各类体育活动器具,开发适合师生健身需求的各类器材,开发校本体育课程。

2. 提高体育学科教学水平。

打破传统的"包班级、包级部"体育教学排课模式，遵循"健康第一"的指导思想，发挥教师的个人特长，人尽其才，以人为本，将超市的经营理念引进体育课堂，以促进学生身体、心理、技能、情感和社会适应能力的全面发展为目标；提倡自主开放的新形式，发挥学生主体意识，最大程度上兼顾学生共性和个性的差异，让学生在和谐轻松的氛围中根据自己的发展需要选择有兴趣的"体育项目"，并主动去学习、创新去学习。

3. 强化课外体育活动锻炼。

把超市的经营模式引进班级。打破班级、级部之间的界限，使课外体育活动内容多样化，让学生能够根据自己的特点、兴趣、爱好去选择感兴趣的项目；改进学校大课间体育活动，优化时间、空间、形式、内容和结构；通过大课间体育活动，丰富校园文化生活，促进学生健康成长，并鼓励广大教职工敢于参加、积极参与，进一步推动教职工校园文体活动的开展，营造积极向上的教风和学风；在广大师生中形成健康意识和终身体育观，确保全校"健康第一"思想落到实处；优化学校体育场地设施设备及管理，开放场地设施设备，提高其使用率；组织各类竞技、趣味和群体活动，全面提高学校师生的综合素质，最大限度地发挥其育人功能。

4. 养成良好的体育锻炼习惯。

把超市的经营理念引进班级，组织丰富多彩的课外体育活动，巩固体育课堂的学习效果，充分调动学生参与体育锻炼的主动性；激发学生的运动兴趣，促使学生能够在锻炼中得到乐趣，发挥潜能，熟练掌握 $1\sim2$ 项运动技能；优化学校大课间体育活动的参与形式，有效提高家长在学生课外体育活动中的参与度；让学生有选择地参与、学习、享受体育，主动掌握健身的方法，并养成自觉锻炼的习惯。

5. 培育体育学科核心素养。

构建体育课程"超市"，使学生掌握和运用健身知识技能，掌握自主锻炼的科学方法，并在健身知识技能的学习过程中获得运动乐趣和成功的体验，从而主动参与体育活动，不断增强体质（运动能力）；在健身知识技能的学习过程中获得自尊、自信，形成意志力，充满自信地从事体育活动（健康行为）；调整学生的心理平衡，提高学生的心理健康水平，增强学生的社会适应能力，锻炼学生的大胆开拓精神和团队意识（体育品德）；建立适应学校体育发展需求的评价体系，确保"健康第一"的思想落到实处。

6. 形成终身体育锻炼思想。

构建体育课程"超市"，给学生更多的自主交流与选择的机会，使学生拥有自由选择兴趣爱好的权利，使学生充分认识自我，有效发掘自己擅长的体育项目；认真落实学校"快乐参与 健康发展"的健身理念，通过体育课和大课间体育活动，把课堂教学内容延续到课外，有效缓解一部分学生盲目追随、对体育课缺乏兴趣等问题，将体育与健康贯穿学校体育的全过程，促进学生健康成长，形成终身体育意识和健康观，为学生养成良好的体育锻炼习惯和健康的生活方式奠定基础。

3. 技术路线（项目研究的方法与步骤、进度与计划、组织与分工等，2 500～3 000字）

一、课题研究的方法

1. 比较研究法。通过校内与校外、时间前后的比较，研究学校构建体育课程"超市"的有效办法。

2. 文献研究法。通过学习各类与构建体育课程"超市"相关的理论原理，参考不同学段构建体育课程"超市"应用的文章、论文等，进一步研究如何合理构建体育课程"超市"。

3. 教学实验法。遵循"健康第一"的指导思想，打破传统的"包班级、包级部"体育排课模式，在教学过程中充分发挥教师的个人特长，对构建体育课程"超市"进行深入研究和实验。

4. 调查研究法。通过调查，比较以往传统的学校体育教学和课外体育活动与构建体育课程"超市"之后的情况，发现对提高学生身体素质及优化学校体育组织安排带来的变化。

5. 个体访谈法。通过选择个体学生进行深入访谈，全面了解构建体育课程"超市"对学生产生的影响。

6. 问卷调查法。选择调研人群，发放问卷，有针对性地进行调研，进一步统计得出目前学生参加体育课程"超市"的心理现状、趋向，有针对性地开展体育教学和课外体育活动。

7. 经验总结法。不断总结，争取把体育课程"超市"变得更为贴近学生，使每个在校学生逐步形成自己的爱好与特长，养成自己的体育锻炼习惯，熟练掌握1～2项运动技能，为终身体育奠定坚实的基础。

二、课题研究的步骤

1. 准备阶段：

（1）积累和甄选与本课题有关的材料、论文、经验总结，以供借鉴研究之用；

（2）提出课题实验的假设，制定研究方案；

（3）成立课题组，确定实验人员，并组织有关培训，以提高课题组成员的理论素养和科研能力。

2. 实验阶段：

（1）按实施方案，对学生的学习状况进行跟踪调查，做好数据的统计、分析、整理工作；

（2）定期组织课题组成员进行课题研究活动，对实验结果作出合理的评价，并根据实际情况不断调整研究方式；

（3）定期做好工作总结，及时反思实验中存在的问题，并作出合理的分析与调整。

3. 总结阶段：

（1）整理有关研究过程中的资料；

（2）归纳并总结研究成果；

（3）撰写结题报告，提出结题申请。

三、课题研究的进度与计划

（一）申报阶段（2018年7—8月）

结合实际，广泛研究，认真选题，申报研究课题，制定研究办法及具体实施方案。

（二）实施阶段（2018 年 9 月—2020 年 2 月）

1. 制订研究计划，分类设计调研问卷；

2. 通过个体访谈、问卷调查、教学实验比对及多范围、多角度比较进行个案研究；

3. 总结经验，提炼、汇总研究成果；

4. 撰写研究成果论文。

（三）评估阶段（2020 年 3 月—2020 年 6 月）

把研究成果逐步落实到教学实践中，在实践中评估、总结、提升。

（四）总结阶段（2020 年 7 月）

1. 搜集并整理课题研究的过程性资料和评估实践资料；

2. 撰写研究报告，申请成果鉴定。

四、课题研究的组织分工（略）

五、课题研究的保障措施

1. 课题小组明确职责分工，责任到人。

2. 课题小组成员为一线教师，有较强的科研意识和较高的业务水平，素质高。

3. 高度重视，在资金上给予全力支持，确保研究资金到位。

4. 制订详细的工作计划和实施方案，有组织、有步骤。

5. 精心制定活动方案，完善相应的管理制度，注重过程指导。

6. 认真组织、体现特色、确保安全，完善活动场地和器械。

7. 及时评价鼓励，调动研究教师的积极性。

六、预期研究成果（略）

七、项目申报人所在单位意见（略）

核准立项，核定标题，组建研究团队

2018年9月27日，青岛市教育学会下发了《关于2018年度教育研究项目终评的预备通知》（青教学会函〔2018〕20号），公布了初评通过的项目名单。经过初评，全市教育系统申报的584项研究项目中共有492项进入终评。我们上报的"小学校园体育课程'超市'构建的实践研究"课题榜上有名。在进入终评的全部项目名单中，关于体育学科的课题仅有2项，我们的课题是其中之一。根据本年度项目研究要求，凡进入终评的项目要进一步核定标题、明确研究目标和内容、组织好项目团队，由主持人填报统一的"项目终评表"，并于2018年10月12日前报送青岛市教育学会，逾期视为弃权。我们根据申报书的内容，进一步提炼、完善，并按时提报了"项目终评表"。

附：青岛市教育学会2018年度教育研究项目终评表

项目名称	小学校园体育课程"超市"构建的实践研究			项目类别	雁阵项目
核心概念	小学校园体育/课程"超市"			初评编号	B022
主持人姓名	罗兆杰	性别 男	出生年月 1968.04	是否会员	是
所在单位	青岛西海岸新区红军小学	职务		专业职称	
通信地址		手机		E-mail	
项目组成员	（略）				

1. 选题意义（理论和实践价值，不超过1 000字）

　　2018年6月，省教育厅、省体育局等5部门联合制定并印发的《山东省学校体育三年行动计划（2018—2020年）》中，第一项主要任务是实施体育课程提质计划，其中构建体育课程"超市"是主要内容之一。西海岸新区教育体育局《学校体育工作三年行动计划》提出了"建立科学衔接的体育课程体系，全面提高体育教学质量，加强体育特色学校建设，加强体育社团建设，全面形成学校体育'一校多特'的格局，促进学生养成体育锻炼的习惯，人人掌握两项体育技能、班班组织体育活动、校校举办体育文化节，学校体育工作居全市领先地位"一系列具体措施，全面培养学生的体育核心素养，提升他们的体育能力，帮助他们养成健康行为和体育品德，从而促进终身体育的形成。目前，积极倡导自主开放的新形式已成为学校体育改革的主流趋势。

（1）构建体育课程"超市"是《山东省学校体育三年行动计划（2018—2020年）》中体育课程提质计的重点内容之一。把超市的经营理念引进体育课堂，让学生在轻松和谐的氛围中，根据自己的发展需要选择有兴趣的"项目"，主动、创新地去学习，真正实现了"把课堂还给学生，让课堂充满生命活力；把创造还给教师，让教育充满智慧挑战；把精神生命发展主动权还给师生，让学校充满勃勃生机"的教育理念，符合全面发展学生核心素养的总体要求，更好地贯彻了学校体育"健康第一"的指导思想。

（2）构建体育课程"超市"符合青岛西海岸新区教育体育局《学校体育工作三年行动计划》的总体要求，加强课程建设、提高教学水平、强化课外锻炼，能够打破传统的学校体育模式，从深化学校体育改革的视角出发，把市场化中的"超市"运作模式运用到学校体育中，突出学生的主体地位，打破班级限制，改变传统的师生行为。这既能激发学生的学习兴趣，提高学习效果，又能激发教师不断学习的积极性，从而提高学校体育质量。

（3）构建体育课程"超市"能够立足学校实际，为学生提供可以自由选择的体育项目，使每一个学生都能在此找到适合自己的项目，着眼于激发学生的兴趣，发展学生的特长，最大程度地兼顾了学生共性和个性的差异，有利于学生主体意识的发挥，更好地促进学生的个性发展，使广大学校体育工作者可以扬长避短，充分发挥自身的特长。这符合新时代学校教育"人尽其才"的特点。促进学生身心健康、全面、和谐发展，成了学校体育工作者面临的一个新课题。

2. 研究目标（本项目要解决的问题，500字）

全面落实《山东省学校体育三年行动计划（2018—2020年）》中体育课程提质计划，以培养学生的体育意识、体育兴趣、运动技能和习惯为目标，根据学生的体质差异、身心发育规律，构建学生自主选择的体育课程和课外活动项目"超市"，让每个学生都能拥有自己喜欢的体育课程和体育活动项目。到2020年，使每一个在校学生均能熟练掌握1～2项运动技能。

（1）根据师资、场地、器材等情况，构建学生自主选择的体育课程"超市"，让每个学生都能拥有自己喜欢的体育课程，逐步具有良好的运动能力。

（2）根据学校场地、器材和辅导教师的安排情况（体育教师、班主任、有爱好与特长的学科教师、家长与外聘），使每个学生都能拥有自己喜欢的体育活动项目并得到锻炼，构建学生自主选择的课外活动项目"超市"，逐步帮助学生养成良好的健康行为。

（3）根据学生的身心发展需要，积极创新，努力做到以体励德、以体促智、以活动健体、以活动塑美、以活动促劳，促进学生身心得到全面和谐的发展，养成良好的体育品德。

（4）根据学生体质差异、身心发育规律，使每一个在校学生均能熟练掌握1～2项运动技能，逐步形成自己的爱好与特长，养成良好的体育锻炼习惯，为终身体育奠定坚实的基础。

3. 研究内容（对应目标分解的研究任务，1 000字）

牢固树立"健康第一"的思想，发展学生的体育核心素养。以学生发展为中心，全面提高学生体质；满足学生的生理需求，顺应他们的身心变化规律，帮助他们调整心态、放松精神、陶冶情操；促进身体各部分功能健康发展；养成勇于克服困难的顽强毅力和集体主义观念的团队精神；坚持参加体育锻炼，养成良好的锻炼习惯，逐步形成终身参加体育锻炼的意识。

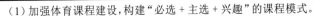

（1）加强体育课程建设，构建"必选＋主选＋兴趣"的课程模式。

以新课标为依据，结合学生实际和本校传统特色项目，把《国家学生体质健康测试》项目作为重点，设置为必选项目，提高学生的基础素质；把学生喜欢、学校场馆设施和教师指导能力允许的项目作为"超市"的"主选项目"供学生选择；把兴趣小组作为课堂教学的延续，在特定时间组织学生集中练习；创造、改进、利用各类体育活动器具，积极开发校本体育课程。

（2）提高体育学科教学水平。

打破传统的"包班级、包级部"体育教学排课模式，把超市的经营理念引进体育课堂，发挥教师的个人特长，人尽其才；以人为本，以促进学生身体、心理、技能、情感和社会适应能力为目标，发挥学生主体意识，提倡自主开放的新形式，兼顾学生共性和个性的差异，让学生根据自己的兴趣和发展需要选择"体育项目"，在和谐轻松的氛围中主动地、创新地去学习。

（3）强化课外体育活动锻炼。

把超市的经营模式引进班级，让学生能够根据自己的特点、兴趣、爱好去选择自己感兴趣的项目；优化大课间体育活动的时间、空间、形式、内容和结构；鼓励广大教职工敢于参加，积极参与，推动教职工校园文体活动进一步开展；开放场地设施，提高其使用率，组织各类竞技、趣味、群体活动，全面提高学校师生的身体素质，最大限度地发挥学校体育的育人功能。

（4）养成良好的体育锻炼习惯。

把超市的经营理念引进班级，巩固体育课堂的学习效果，组织丰富多彩的课外体育活动，发挥学生的学习积极性和潜能，熟练掌握 1～2 项运动技能；提高学生家长在学生课外体育活动中的参与度；让学生有选择地参与、享受体育，乐于参加体育活动，主动掌握健身方法，并养成自觉锻炼的习惯。

4. 研究方法（研究范式、样式、方式，不少于 500 字）

（1）比较研究法。通过校内与校外、时间前后的比较，研究学校构建体育课程"超市"的有效办法。

（2）文献研究法。通过学习各类与构建体育课程"超市"相关的理论原理，参考不同学段构建体育课程"超市"应用的文章、论文等，进一步研究如何合理构建体育课程"超市"。

（3）教学实验法。遵循教育规律，在教学过程中有效发挥教师的个人特长，打破传统的"包班级、包级部"体育排课模式，对构建体育课程"超市"进行深入研究和实验。

（4）调查研究法。在调查以往传统的学校体育与构建体育课程"超市"之后，了解对提高学生身体素质及优化学校体育组织安排带来的变化。

（5）个体访谈法。通过选择个体班级、学生进行深入访谈，了解构建体育课程"超市"对学生产生的影响。

（6）问卷调查法。选择调研人群，发放问卷，有针对性地进行调研，进一步统计得出目前学生参加体育课程"超市"的心理现状、趋向，有针对性地开展体育教学和课外体育活动。

（7）经验总结法。不断总结，争取把体育课程"超市"变得更为贴近学生，使每个在校学生逐步形成自己的爱好与特长，养成良好的体育锻炼习惯，熟练掌握 1～2 项运动技能，为终身体育奠定坚实的基础。

5. 研究假设（根据经验事实和科学理论对研究的问题作出的推测性论断，300字）

（1）全面培育体育学科核心素养。构建体育课程"超市"，使学生主动参与体育活动、不断增强体质（运动能力）；在健身知识技能的学习过程中获得自尊、自信，形成意志力，充满自信地从事体育活动（健康行为）；提高学生的心理健康水平，增强学生的社会适应能力，锻炼学生的大胆开拓精神和团队意识（体育品德）；使"健康第一"的思想落到实处。

（2）促进终身体育锻炼思想的形成。构建体育课程"超市"，给学生更多的自主交流与选择的机会，让学生拥有自由选择自己的兴趣爱好的权利，使学生充分地认识自我，有效地发掘自己擅长的体育项目；有效地缓解一部分学生盲目追随、对体育课缺乏兴趣等问题，促进学生健康成长，形成终身体育意识和健康观。

6. 项目的重点、创新点（500字）

《山东省学校体育三年行动计划（2018—2020年）》共提出了8项主要任务，第一项主要任务是实施体育课程提质计划，共有两项主要内容：一是开齐开足体育课程，二是构建体育课程"超市"。本课题重在建立科学衔接的体育课程体系，全面提高体育教学质量，加强体育特色学校建设，加强体育社团建设，全面形成学校体育"一校多特"的格局，促进学生养成体育锻炼的习惯，人人掌握两项体育技能、班班组织体育活动，加强课程建设，提高教学水平，强化课外锻炼。

随着学校体育教育教学改革的不断深入，以全面促进学生"每天锻炼一小时"为主线，学校体育教育逐渐体现了多样性和互补性的综合特征。本课题研究在打破传统的体育教学模式的同时，能够强化学生课外锻炼的能力和习惯，帮助学生提高体育能力，并养成健康行为和体育品德，全面培养学生的体育核心素养，从而促进终身体育的形成。目前，积极倡导自主开放的新形式已成为学校体育教育改革的主流趋势。

7. 研究基础和条件保障

（1）学校支持。成立相关的课题领导小组，在人、财、物各方面给予大力支持；工作小组明确职责分工，责任到人。

（2）人员素质强。课题小组成员来自教学一线，邀请学校教导处、教科室成员和经验丰富的优秀班主任参加，他们有较强的科研意识和较高的业务水平，素质高。

（3）资金有保障。学校高度重视，在资金上给予全力支持，确保研究资金到位。

（4）环境条件好。学校课题小组认真组织、体现特色、确保安全，并完善活动场地和器械。

（5）过程有保障。制订详细的工作计划和实施方案，做到有计划、有组织、有步骤，完善相应的管理制度；注重过程指导，及时评价鼓励，调动教师的积极性。

8. 成果预期（含中期成果）

（1）资料集：《校园体育课程"超市"》班级体育活动记录。

（2）教案集：《校园体育课程"超市"》体育教学教案汇编。

（3）论文集：《校园体育课程"超市"》教学随笔与案例。

（4）研究报告：《构建校园体育课程"超市"尝试与研究》中期研究报告。

（5）研究报告：《构建校园体育课程"超市"尝试与研究》研究报告。

（6）结题报告：《构建校园体育课程"超市"尝试与研究》结题报告。

	最终成果形式:专著□,论文集☑,研究报告☑,工具书☑,电脑软件□,数据库□,资料集☑,其他:√。

9. 参考文献举要

（1）中华人民共和国教育部. 义务教育体育与健康课程标准（2011 年版）[M]. 北京:北京师范大学出版社,2012.

（2）教育部. 基础教育课程改革纲要. 教基〔2001〕17 号.

（3）山东省教育厅. 山东省学校体育三年行动计划（2018—2020 年）（鲁教体发〔2018〕2 号）.

（4）山东省人民政府办公厅. 关于贯彻国办发〔2016〕27 号文件强化学校体育　促进学生身心健康全面发展的实施意见（鲁政办发〔2016〕53 号）.

（5）尤奇. 探析在体育教学中实施个性化教育[J]. 体育时空,2013（11）.

（6）青岛西海岸新区教育体育局. 学校体育工作三年行动计划（2018—2020 年）.

项目完成时间	2019 年 7 月
所在单位 意　见	本课题的研究内容切合实际,能够有效促进学校体育各项工作的开展;项目主持人的政治和业务素质适合承担本项目的研究工作;本单位能提供完成本项目所需的时间、资金和人员条件;本单位同意承担本项目的管理任务和信誉保证。 　　　　　　　　　　　　　　　　负责人:　　　　　　（公章） 　　　　　　　　　　　　　　　　　　　2018 年 10 月 8 日
终评意见	表决计票　赞成:　　票　反对:　　票　结果:通过□　　未通过□ 意见:　　　　　　组长（签字）:　　　　评委（签字）: 　　　　　　　　　　　　　　　　　　　　　年　　月　　日

　　2018 年 10 月份,我们收到了立项通知书,此课题获得立项批准。

试验阶段，立足实际，实施课题研究

收到立项通知书后，自 2018 年 10 月起，课题研究正式进入实施阶段。我们通过个体访谈、问卷调查等方式进行了深入分析，制订了切实可行的研究计划。在学校教科室的组织下，我们举行了开题仪式。我们立足学校实际，采取切实可行、行之有效的措施，分别从学校、教师、学生 3 个层面进行个案研究，开展教学对比实验，并有序地推进了各项研究工作。

一、学校统一协调安排

在课题研究进入实施阶段后，我们先从学校的课程表安排入手，改变了传统的排课方式（扫码可见）。在编排总课程表时，我们努力将同级部不同班级的课安排在同一天的同一时间段内，并指定 1 个班级作为主导班级（以水平三 5～6 年级为重点），以此为基础构建体育课程"超市"，为实施"选课走班"制教学创造条件。同时，我们也改革了教师的任课方式，不再让 1 名教师负责同一级部的所有班级，而是将同一级部的 4 个平行班级的体育课分配给 4 名不同的体育教师。每个级部会留出 1 个班级按照常规方式上课，不参与"选课走班"教学，作为实验对比班级。

二、重点安排教学内容

在教学内容的项目安排上，我们将《国家学生体质健康测试》中的项目作为必选项目（简称"体测项目"）。为了实施足球进课堂计划，学校外聘 1 名足球教师，并为每个班级每周安排 1 节足球课。同时，根据 4 名体育教师的个人特长，我们设立了学生自选项目：足球、篮球、跳绳和武术。在保证体测项目的练习和完成测试任务的基础上，我们每周安排 1 节课作为选项走班制实验课，打破班级界限。为了确保体测任务能够保质保量地完成，体育组的首要任务是确保体测项目的顺利进行。在此基础上决定走班制教学是否采用灵活多变的方式,避免影响体测任务的完成。待12月份体测任务完成后,我们可以安排更多的课时进行选项走班制教学。

三、灵活安排教学过程

在组织教学的过程中,我们可以提前将小学体测项目各年级标准汇总在一张表格中,并人手一份发至每位学生手中。接着,在体育课上,我们将详细讲解这份表格,使学生熟知测试内容及各项目的测试标准(扫码可见)。

开学初的几节课,各班级在体育组的协调下,统一进行一遍体测项目的测试。测试完成后,教师和学生均可对照各自成绩,做到心中有数。在进行选课走班教学时,教师可以把某一项目的优秀、良好、及格线设定为优先参与选课的标准,并根据学生情况灵活设置。这既便于控制人数,又能有效地刺激学生为了优先参加自己喜欢的项目而努力锻炼,提高体测项目成绩,从而使学生能够"跳一跳就能摘到桃子"。

四、有的放矢集体备课

体育组集体备课实施"六备",具体内容如下。

① 明确目标备内容:围绕同一内容进行逐项分析,有针对性地进行集体备课。② 集思广益备教法:在该项目的教学方法上,每位教师阐述各自的观点,并分享各自的教学经验。③ 有的放矢备学生:结合自己所主导的班级,互相介绍各班学生的特点。④ 取长补短备教材:结合教师的年龄、专项特长、教学经历等方面的差异进行交流,以完善教材准备。⑤ 因地制宜备场地:针对各自负责的项目,统筹规划,合理安排活动场所。⑥ 物尽其用备器材:根据学生选择的不同项目,合理分配器材,提高整体器材的利用率。

体育组教师针对所设项目,集中进行教学研讨,相互学习交流,取长补短,以实现集体备课的最佳效果。

五、全员参与阳光体育

2018年12月,青岛市教育局下发了《青岛市促进中小学生全面发展"十个一"项目行动计划》(简称"十个一"),其中"学会一项体育技能"被列为重点任务。"十个一"行动计划成了全市促进学生全面发展的工作指南,也为我们全面推进"构建体育课程'超市',实施选课走班"课题研究提供了强有力的支持。为此,我们制定了"红军小学推进'十个一'校园阳光体育活动实施方案",要求教师全员参与,确保学生在校"每天一小时"的体育锻炼时间得到有效落实,有效推进活动开展。

红军小学推进"十个一"校园阳光体育活动方案

为更好地贯彻党和国家的教育方针,丰富我校师生的体育生活,全面提高我校师生的身体素质,我们全面推进"十个一"阳光体育活动,调动师生积极向上的热情,并最大程度地发挥师生的主动性和创造性。为确保学生每天都能有一小时的锻炼时间,我们创造了良好的条件,以展现红军小学全校师生良好的精神风貌,推动学校教育的良性发展,为学校增添活力。同时,我们科学安排体育活动时间,确保全体师生得到锻炼,同时尽量不干扰学校其他活动的正常进行。

一、成立领导小组和工作小组(人员:略)

具体职责:组长负责总体指挥全校体育活动;副组长负责协调统筹安排全校体育活动;各级部主任负责督促各级部班级和教师参加体育活动;各班主任负责组织本班学生参加体育活动;全体体育教师负责全校体育活动的协调安排与指导,同时具体负责任教班级体育课与体育活动的指导。

二、具体措施:抓好"六个环节",全面增强师生体质

环节一:体育课。责任人:体育教师。

根据《义务教育体育与健康课程标准(2011年版)》和《国家学生体质健康测试》的要求,结合学校实际开展特色项目,体育教师可以充分利用体育课时间,教授学生运动技能和知识,让他们掌握锻炼方法,增强体质,从而更高效地完成教学任务。

环节二:课间操。责任人:体育教师、班主任、各级部主任。

责任人应该合理利用30分钟的大课间,组织全校师生开展集体体育活

动,进行体育锻炼,增强师生体质。体育教师负责统一指挥全体班级,通过口令和音乐,有序地组织学生进行课间操活动。班主任负责组织本班学生,并全程维护班级纪律。其他教师参与班级活动,协助班主任做好班级管理工作。级部主任需要统筹本级部师生,确保他们积极参加课间操体育活动。

环节三:下午第三节课的课外活动时间。责任人:班主任、体育教师、各级部主任。

班主任应充分利用下午第三节课的课外活动时间。对于当天没有体育课的班级,班主任应组织本班学生进行体育锻炼,确保学生每天至少锻炼一小时,同时与学生共同参与活动,以增强体质。班主任为当天课外体育活动的主要负责人,负责组织本班学生到操场进行体育活动,如遇恶劣天气不适合室外活动,可在室内组织。在操场上,班主任应有序地组织学生进行体育活动,并强调安全,同时做好活动记录。其他任课教师应积极加入对应班级中进行锻炼,并协助班主任开展阳光体育活动。体育教师作为班级开展体育活动的具体指导教师,在做好校队兴趣小组训练的同时,还需根据班级需求,在内容、场地等方面进行指导。级部主任应加强对本级部的督促和引导,并积极参与相应班级的体育活动,以加强锻炼,增强自身体质。

环节四:校外体育锻炼(体育家庭作业)。责任人:体育教师、班主任。

体育教师要根据课程内容,适当布置一些适合家庭锻炼的作业,如跳绳、仰卧起坐等,让学生在家中加强锻炼,增强体质。体育课上,体育教师要以适当的形式检查家庭作业,并对回家后坚持锻炼、体育成绩优秀和有进步的学生给予表扬。班主任应协助体育教师向家长宣传锻炼的重要性,鼓励家长支持学生在家进行体育锻炼,并对体育表现优秀的学生给予表扬。

环节五:学校比赛激励,以赛促练。责任人:体育教师、班主任、级部主任。

学校根据实际情况,定期举办学校运动会和多种形式的单项竞赛,以奖励在体育方面表现优秀的班级和学生,从而激发学生锻炼的热情。体育教师负责比赛的组织工作,如下发通知、安排裁判、评定成绩等。班主任负责组织本班学生参加学校的各项体育比赛。各级部主任则负责传达学校的比赛通知和各项要求,确保本级部班级能够安全、有序地参与比赛。

环节六:开展体育兴趣小组训练。责任人:体育教师、级部主任、班主任。

体育教师可以通过体育课等各个环节,鼓励有体育特长的学生组成体育兴趣小组,并利用体育课、课外活动和课后服务等时间段加强训练,以提高他们的能力,为班级培养体育骨干,从而带动班级体育活动的蓬勃发展;通过提升运动成绩,为学校将来参加各级比赛培养优秀队员。级部主任与班主任应积极支持并鼓励本班级有体育特长的学生参加体育类兴趣小组,不得无故阻碍或拖延队员的训练。

三、活动内容

(1)学生活动内容:以《义务教育体育与健康课程标准(2011年版)》和《国家学生体质健康测试》为主要内容,结合学校实际开展特色项目,如跳绳、军体拳等,激发学生兴趣,增强学生体质。

(2)教师活动内容:一是带领学生一起参与活动,二是根据个人特长和学校实际开展有特色的体育活动,如广场舞、跳绳、八段锦、太极拳等。

四、具体安排

(1)场地器材安排:各班根据活动内容,结合课间操活动场地的位置,灵活组织活动,注意以各班之间不产生干扰为宜;鼓励班级之间进行合作与交流,但要确保安全;对于所需器材,各班需要按照学校要求,提前到体育器材室找体育教师登记借用。

(2)人员安排:除了班主任组织本班活动外,学校还可以根据实际情况,为每个班级安排一名"参入教师",倡导师生共同锻炼,增强师生体质,增进师生友谊,实现共同提高。

五、具体要求

(1)明确目标。以上各个环节是顺利开展校园阳光体育、全面促进全校师生加强体育锻炼、切实增强广大师生体质的有效手段,全体教师要明确各环节的目标,保证每个环节都有"参入教师"。

(2)校园阳光体育活动是增强学生体质、满足学生每天一小时体育活动需求的重要举措。全校上下要充分认识开展校园阳光体育活动的重要性,各级部、班主任、体育组教师必须团结协作,确保活动顺利开展,以达到切实培养学生兴趣、增强学生体质的效果。

（3）履职尽责。各环节责任教师要根据活动实际，认真组织学生开展适宜的体育锻炼，确保活动质量与效果；同时积极参与体育锻炼活动，切实提升自身体质。

（4）注重评价。学校将各班级阳光体育活动的开展情况纳入班级考核，每学年以级部为单位评选阳光体育活动最佳班级，并在班级考核和班主任考核中给予加分奖励。对于辅导兴趣小组活动的体育教师和具有体育特长的教师，根据其参加上级比赛活动的成绩在教职工考核中给予奖励。

总结阶段，整理归纳，提出申请结题

2020 年 6 月 18 日，青岛市教育学会下发了《青岛市教育学会关于启动 2018 年度教育研究项目结项工作的通知》（青教学会函〔2020〕3 号），正式启动 2018 年度教育研究项目的结题工作。我们的研究项目符合条件，可以申请结题。结项需提交的材料包括：立项通知书复印件与项目结项申报书（主要内容为研究报告）。结项申报书中的基本信息表、所在单位审核意见（略）和项目研究报告详见后文。

一、研究背景

2018 年 1 月，西海岸新区教育体育局制定了《学校体育工作三年行动计划》。该计划提出"建立科学衔接的体育课程体系，全面提高体育教学质量，加强体育特色学校建设，加强体育社团建设，全面形成学校体育'一校多特'的格局，促进学生养成体育锻炼的习惯，人人掌握两项体育技能、班班组织体育活动、校校举办体育文化节，学校体育工作居全市领先地位"的总体目标，其中加强课程建设、提高教学水平、强化课外锻炼是主要的具体推进措施。为实现这一目标，我们全面贯彻落实青岛西海岸新区教育事业发展"十三五"规划，提高学校体育工作水平，争创青岛市学校体育工作强区。

2018 年 6 月，为深入贯彻党的十九大精神和习近平总书记关于体育工作的重要讲话精神，全面落实《山东省人民政府办公厅关于贯彻国办发〔2016〕27 号文件强化学校体育促进学生身心健康全面发展的实施意见》（鲁政办发〔2016〕53 号），省教育厅、省编办、省财政厅、省人力资源和社会保障厅、省体育局五部门联合制定并印发了《山东省学校体育三年行动计划（2018—2020 年）》。该计划提出八项主要任务，其中第一项主要任务为实施体育课程提质计划，其中包含两项主要内容：一是确保体育课程开齐开足，二是构建体育课程"超市",以进一步加强和改进学校体育工作,促进学生身心健康,全面提升学生的体育核心素养,培养他们良好的体育技能、健康习惯和体育精神,从而促进终身体育的形成。目前,积极倡导自主开放的新形式已成为学校体育改革的主流趋势。

近年来,学校高度重视体育工作,通过积极向上级教育主管部门争取支持、与校外俱乐部合作、聘请体育专业的实习教师等方式,尽最大努力充实学校体育师资力量。全校所有班级的体育课均由专职教师担任,全校所有班级均能达到开齐体育课程、开足课时的标准,为开展学校体育工作创造了良好条件。基于以上情况,我们适时提出了"小学校园体育课程'超市'构建的实践研究"课题,就如何构建小学校园体育课程"超市"展开实践与研究。

二、研究的目的与意义

(一)研究目的

(1)构建体育课程"超市"旨在全面落实西海岸新区教育体育局《学校体育工作三年行动计划》的总体要求,加强课程建设,提高教学水平,强化课外锻炼,打破传统的学校体育模式,从深化学校体育改革的视角出发,把市场经济中的"超市"运作模式运用到学校体育中,突出学生主体,打破班级限制,改变传统的师生行为。这既能激发学生的学习兴趣,提高学习效果,又能激发教师不断学习的积极性,从而提高学校体育教育质量。

(2)构建体育课程"超市",旨在更好地全面落实《山东省学校体育三年行动计划(2018—2020年)》中的体育课程提质计划。该计划以培养学生的体育意识、体育兴趣、运动技能和习惯为目标,根据学生的体质差异、身心发育规律,构建学生自主选择的体育课程和课外活动项目"超市",让每个学生都能拥有自己喜欢的体育课程和体育活动项目。到2020年,该计划的目标是使每一个在校学生均能熟练掌握1～2项运动技能。

(3)构建体育课程"超市"旨在立足学校实际,充分发挥学生的主体意识,最大程度地兼顾学生共性和个性的差异,着眼于学生的兴趣、需要和特长,更好地促进学生的个性发展,同时使广大学校体育工作者扬长避短,充分发挥自身的特长,从而丰富校园文化生活。

（二）研究意义

（1）教育部《基础教育课程改革纲要》指出，以学生的发展为中心，重视学生的主体地位，关注个体差异，确保每个学生都受益。构建体育课程"超市"符合西海岸新区教育体育局《学校体育工作三年行动计划》的总体要求，其中加强课程建设、提高教学水平、强化课外锻炼是主要的推进措施。构建体育课程"超市"借鉴市场经济中的"超市"运作模式，从深化学校体育改革的视角出发，突出学生的主体地位，打破班级限制，改变传统的师生行为，既能激发学生的学习兴趣，提高学习效果，又能激发教师不断学习的积极性，从而提高学校体育质量。

（2）全面落实《山东省学校体育三年行动计划（2018—2020年）》中体育课程提质计划的重点内容之一，即将超市的经营理念引入体育课堂。这可以使学生在轻松和谐的氛围中，根据个人的发展需要选择有兴趣的"项目"，主动、创新地去学习，真正实现了"把课堂还给学生，让课堂充满生命活力；把创造还给教师，让教育充满智慧挑战；把精神生命发展主动权还给师生，让学校充满勃勃生机"的教育理念。这还符合全面促进学生核心素养发展的总体要求，更好地贯彻了学校体育"健康第一"的指导思想。

（3）立足学校实际，为学生提供自由选择喜欢的体育项目的机会，确保每个学生都能找到适合自己的项目。这旨在促进学生兴趣、需求和特长的个性化发展，同时最大程度地兼顾学生共性和个性的差异，有利于发挥学生的主体意识。广大学校体育工作者可以借此机会扬长避短，充分发挥自身特长。这不仅丰富了校园文化生活，扩大了学生视野，还激发了学生的学习兴趣，促进了学生全面和谐的发展。

三、成果的主要内容和观点

在本课题研究期间，课题组通过校内外对比、时间线分析，深入剖析了小学校园体育课程的现状与发展趋势。随后，课题组广泛查阅了相关文献资料，深入教学实践进行调查研究，并通过问卷调查的方式，广泛搜集了师生对于体育课程的需求与反馈。在此过程中，课题组不断总结经验，最终完成了"小学校园体育课程'超市'构建的实践研究"课题的研究报告。

课题研究期间,课题负责人共发表论文3篇,每篇论文均对该研究课题的观点起到了一定的论证和指导作用。其中,2018年7月发表在《山东教育》上的《巧解体质健康项目测试中人多、项多、多班同测难题》一文,创造性地将课程"超市"概念应用于《国家学生体质健康测试》的组织练习与测试活动中,取得了显著效果。所发表的论文对推动学校体育教育教学的改革与发展具有积极作用。

(一)研究报告

主要内容:"小学校园体育课程'超市'构建的实践研究"课题的研究报告主要阐述了本课题研究的目的与意义、研究成果的主要内容、重要观点、研究成果的学术价值和应用价值及其所产生的社会影响与效益;同时,该报告对课题的研究过程和核心思想观点进行了深入概括与总结,能够对学校体育教育教学的改革与发展起到积极的作用。

主要观点:引进超市的经营模式,构建"必选 + 主选 + 兴趣"的课程模式,使学生能够根据自己的特点和兴趣爱好选择感兴趣的项目;全面提高学校师生的身体素质,并最大限度地发挥学校体育的育人功能。

(二)相关论文

(1)《发挥自我评价功能,促进师生共同进步》发表于《中国学校体育》2018第5期。

主要内容:在课堂教学中,师生通过"自我评价",能够发现教学中存在的问题并加以改进,进而提高教学质量。

主要观点:体育教师应积极指导、鼓励学生开展自我评价,并在课堂上加大学生自我评价的比重,把评价的主动权交给学生。

(2)《巧解体质健康项目测试中人多、项多、多班同测难题》发表于《山东教育》2018年第7、8期合刊。

主要内容:我校通过对测试前、测试中、测试后三个阶段的统筹规划、合理安排,在班多、人多、场地少的情况下,省时高效地完成了测试工作,并取得了较好的效果。

主要观点：① 测试之前细安排，统筹规划做准备；② 测试过程巧分工，省时高效巧测试；③ 测试完成细分析，关注薄弱促成绩。

（3）《创设有效情境　优化体育课堂》发表于《中国学校体育》2019 第 9 期。

主要内容：情境是课堂教学的基本要素，创设情境是每位教师都应掌握的一种教学技能。在体育教学中，创设高效、高质量的教学情境是每一位体育教师需要深入研究的重要课题。

主要观点：在体育教学中，教师应以目标为导向，深入挖掘情境资源，激发学生的情感，让学生更积极地参与体育活动，从而使他们产生积极的情感体验，更好地融入"情与境"中，使情境创设达到事半功倍的效果。

四、研究成果的价值及社会影响与效益

（一）研究报告

成果价值：《山东省学校体育三年行动计划（2018—2020 年）》中的第一项主要任务是实施体育课程提质计划，其中共有两项主要内容：一是开齐开足体育课程，二是构建体育课程"超市"。本课题重在"建立科学衔接的体育课程体系，全面提高体育教学质量，加强体育特色学校建设，加强体育社团建设，全面形成学校体育'一校多特'的格局，促进学生养成体育锻炼的习惯，人人掌握两项体育技能、班班组织体育活动、校校举办体育文化节，学校体育工作居全市领先地位"。

随着学校体育教育教学改革的不断深入，以全面促进学生"每天锻炼一小时"为主线，学校体育教育教学逐渐体现了多样性和互补性的综合特征。本课题在研究打破传统的体育教学模式的同时，能够强化学生课外锻炼能力和习惯的培养，帮助学生养成良好的体育能力、健康行为和体育品德，全面培养学生的体育核心素养，从而促进终身体育的形成。目前，积极倡导自主开放的新形式已成为学校体育教育改革的主流趋势。

"小学校园体育课程'超市'构建的实践研究"课题项目研究报告阐述了本课题研究的目的与意义、研究成果的主要内容、重要观点，以及研究成果的学术价值、应用价值、社会影响与效益，并对本课题的研究过程及思想

观点进行了概括与总结。该课题创造性地引进超市的经营模式,构建"必选+主选+兴趣"的课程模式,让学生能够根据自己的特点和兴趣爱好去选择感兴趣的项目;全面提高学校师生的身体素质,最大限度地发挥学校体育的育人功能,能够对学校体育教育教学的改革与发展起到积极的作用,具体内容如下。

（1）加强体育课程建设,构建"必选+主选+兴趣"的课程模式。本课题以新课标为依据,结合学生实际和本校传统特色项目,把《国家学生体质健康测试》项目作为重点,提高学生的基础素质;把学生喜欢、学校场馆设施和教师指导能力允许的项目作为"超市"的"主选项目"供学生选择;把兴趣小组作为课堂教学的延续,并在特定时间安排集中练习;创造、改进、利用各类体育活动器具,积极开发校本体育课程。

（2）提高体育学科教学水平。本课题旨在打破传统的"包班级、包级部"体育教学排课模式,把超市的经营理念引进体育课堂,发挥教师的个人特长;以人为本,以促进学生身心健康、技能提升、情感丰富和社会适应能力为教学目标,发挥学生主体意识,提倡自主开放的新形式,兼顾学生共性和个性的差异,让学生根据自己的兴趣和发展需要选择"体育项目",在和谐轻松的氛围中主动地、创新地去学习。

（3）强化课外体育活动锻炼。本课题旨在把超市的经营模式引进班级,让学生能够根据自己的特点和兴趣爱好去选择感兴趣的项目;优化大课间体育活动的时间、空间、形式、内容和结构;鼓励广大教职工积极参与,推动教职工校园文体活动进一步开展;开放场地设施,提高其使用率,组织各类竞技、趣味、群体活动,全面提高学校师生的身体素质,最大限度地发挥学校体育的育人功能。

（4）养成良好的体育锻炼习惯。本课题旨在将超市的个性化选择理念引入班级体育教学,巩固体育课堂的学习效果,同时组织多样化、丰富多彩的课外体育活动,以充分激发学生的学习积极性和潜能,帮助他们熟练掌握1～2项运动技能。此外,本课题还鼓励学生家长积极参与学生的课外体育活动;让学生有选择地参与、享受体育,进而乐于参加体育活动,主动掌握健身方法,并养成自觉锻炼的良好习惯。

（二）影响与效益

本课题研究使学校体育工作者进一步牢固树立"健康第一"的思想，全面发展学生的体育核心素养。通过选择特定班级、学生进行深入访谈，我们深入了解构建体育课程"超市"对学生产生的影响，以学生发展为中心，全面提高学生体质，培养他们勇于克服困难的顽强毅力和集体主义观念；鼓励学生坚持参加体育锻炼，养成良好的锻炼习惯，逐步形成终身参加体育锻炼的意识。这对今后的学校体育工作能够起到较好的推动与指导作用，具体表现在以下方面。

（1）构建体育课程"超市"可以促使学生主动参与体育活动，持续增强体质（运动能力）；在健身知识技能的学习过程中，可以让学生获得自尊、自信，积极参与体育活动（健康行为）；提高学生的心理健康水平，增强学生的社会适应能力，锻炼学生的开拓精神和团队意识（体育品德）；确保"健康第一"的指导思想贯穿于学校体育工作中，全面培育学生的体育学科核心素养。

一是指导体育教师根据师资、场地、器材等实际情况，构建学生自主选择的体育课程"超市"，使每个学生都能选择到自己喜欢的体育课程和活动项目，逐步具备良好的运动能力。

二是指导学校根据场地、器材和辅导教师（体育教师、班主任、有爱好与特长的学科教师、家长与外聘人员）的实际情况，使每个学生都可以在自己喜欢的体育课程和体育活动项目中得到锻炼，逐步形成良好的健康行为。

三是引导学生根据身心发展需要，积极创新，努力做到以体励德、以体促智、以活动健体、以活动塑美、以活动促劳，从而促进学生身心得到全面和谐的发展，培养他们良好的体育品德。

（2）构建体育课程"超市"可以为学生提供更多自主交流与选择的机会，让学生拥有自由选择自己兴趣爱好的权利，从而使他们充分认识自我，有效发掘自己擅长的体育项目。此举旨在有效解决一部分学生盲目追随、对体育课缺乏兴趣等问题，确保每一个在校学生均能熟练掌握 1～2 项运动技能，促进学生健康成长，使他们形成终身体育意识和健康观念，为终身体育奠定坚实的基础。

（三）相关论文

（1）《发挥自我评价功能，促进师生共同进步》发表于《中国学校体育》2018 第 5 期。

成果价值：自我评价是每个学科都非常关注的话题。在课堂教学中，师生通过自我评价，能够发现教学中存在的问题并加以改进，从而显著提高教学质量。

影响与效益：一线体育教师结合自身的教学实践，进行深入交流并分享心得经验，这将对广大师生在今后的体育教学中如何开展"教"和"学"起到较好的指导作用。

（2）《巧解体质健康项目测试中人多、项多、多班同测难题》发表于《山东教育》2018 年第 7、8 期合刊。

成果价值：一些规模较小的学校，存在体育教师各自为政、相互干扰、场地有限、器材冲突等问题，这不仅成为体质健康测试阶段的主要矛盾，还带来了一定的安全隐患。在近几年的实践中，我校通过测试前细心安排，统筹规划做准备；测试过程巧分工，省时高效巧测试；测试后细分析，关注薄弱促成绩，成功地完成了测试工作，取得了显著效果。

影响与效益：组织《国家学生体质健康标准》测试，是每个学校新学年体育课程的重要任务。这要求体育教师既要组织好学生的练习，又要负责每个项目的测试、统计、数据录入及上传和上报工作。在这段时间里，每位体育教师都是最为忙碌的。通过对测试前、测试中、测试后三个阶段进行统筹规划、合理安排，即便在班级多、学生多、场地有限的情况下，我们依然能够省时高效地完成测试工作，并取得了较好的效果。

（3）《创设有效情境 优化体育课堂》发表于《中国学校体育》2019 第 9 期。

成果价值：情境是课堂教学的基本要素，创设有效情境是每位教师都应掌握的教学技巧。对于体育教学而言，创设高效、高质量的教学情境成为每位体育教师需要深入研究的课题。本次研讨针对体育学科的特点，进一步明确了体育教学中创设教学情境的重要性，共同探讨了体育教学中创设教学情境可能存在的误区,并丰富了体育教学中创设教学情境的有效策略。

影响与效益:在体育教学中,教师以目标为导向,深入挖掘情境资源,激发学生的情感,充分调动学生的积极性,促使学生积极参与体育活动。这种教学方式使学生更好地融入"情与境"中,对今后体育教学中有效实施情境教学起到了积极的推动作用。

五、研究过程

(1)通过校内与校外、实践前后的比较,研究构建体育课程"超市"的有效办法。

(2)通过学习各类与构建体育课程"超市"相关的理论原理,参考不同学段构建体育课程"超市"的文章、论文等,进一步研究如何合理构建体育课程"超市"。

(3)遵循教育规律,在教学过程中有效发挥教师的个人特长,打破传统的"包班级、包级部"体育排课模式,并对构建体育课程"超市"进行研究和实验。

(4)调查传统的学校体育与构建体育课程"超市"之后的差异,分析这种差异对提高学生身体素质及学校体育安排所带来的变化。

(5)选择调研人群,发放问卷,有针对性地进行调研,进一步统计得出目前学生参加体育课程"超市"的心理现状、趋向,以便有针对性地开展体育教学和课外体育活动。

(6)经验总结:不断总结经验,争取把体育课程"超市"变得更为贴近学生,使每个在校学生逐步形成自己的爱好与特长,帮助他们养成良好的体育锻炼习惯,并熟练掌握1～2项运动技能,为终身体育奠定坚实的基础。

六、其他

(1)学校成立了相关的课题领导小组,在人力、物力和财力等各方面给予了大力支持;工作小组明确了职责分工,责任到人。

(2)课题小组成员均来自教学一线,包括学校教导处、教科室的负责人和经验丰富的优秀班主任,他们具备较强的科研意识和较高的业务水平。

（3）学校课题小组能够认真组织、体现特色、确保安全,同时完善活动场地和器械。

（4）在课题的具体实施过程中制订了详细的工作计划和实施方案,做到有计划、有组织、有步骤。课题小组精心制定了活动方案,完善了相应的管理制度,注重过程指导,及时给予评价与鼓励,以调动课题参与者的积极性。

本课题研究之所以得以顺利进行,是因为得到了青岛西海岸新区教科室和相关学校的大力支持与协助,同时全体课题组成员齐心协力,确保了研究具有坚实的基础和充分的条件。在此,我们对他们的支持和帮助表示衷心的感谢。

圆满结题，鉴定通过，获得良好等级

中国教育科学研究院的于素梅博士曾经这样说过："体育选项走班制是新时代体育课程改革的助推剂。"因此，构建体育课程"超市"，实施选项走班制教学，改变了传统体育课"人人都要学、项项都得学"的教学方法，极大程度上激发了学生的兴趣爱好，真正把课堂还给了学生，使学生由被动参与变为积极学习，从而使他们掌握了一定的运动技能，有效地促进了学生终身体育的形成。

我们仿照商品超市的经营模式，打破了班级界限，使学生在体育课上如同在超市中选择商品一般，根据自己的兴趣爱好自主选择项目，并跟随项目的教师进行练习，满足了他们的内心需求，激发了他们的求知欲。教师则根据各自的特长，分工指导不同场地的项目。这种教学模式深受学生们的欢迎。同级部之间实施选项走班制教学后，第一学期在重点加强体测项目的情况下便取得了显著效果。因此，未开展选课走班制教学的班级纷纷提出申请，要求加入选课走班制教学的行列。从第二学期开始，我们便在中高年级全面展开选课走班制教学。经过两年多的实践，老师们充分发挥特长，人尽其才；学生们自主选课，各有所得；学校排课变得更加轻松，有效化解了排课难题。实施选项走班制教学后，一方面学生们参与的积极性高涨，他们将体测项目的被动练习转化为主动练习，进一步提高了体测项目的成绩；另一方面，打破班级界限的教学模式在一定程度上缓解了专业体育教师师资力量不足的问题。在选课、集备和走班教学的过程中，这一模式有效促进了体育教师之间、不同班级学生之间及师生之间的交往与合作。

在班级课外体育活动的组织中，级部主任、班主任、任课教师和体育教师等参与"体育课程'超市'"的筹备与实施，他们合理地安排活动，通过采用"打破班级界限，实施选课走班"的方式来组织班级开展课外体育活动。

在课外活动中,他们分工有序,负责指导学生进行体育锻炼,并取得了良好的效果。

　　自2018年6月28日接到青岛市教育学会的申报通知起,历经2年4个月的深入研究与努力,我们的课题研究项目于2020年10月成功获得了青岛市教育学会颁发的结项证书,标志着项目圆满结题。此次课题研究的鉴定等级为"良好"。

让教育科研走近每位一线教师

——开展"草根课题"研究，让课题研究"远在天边，近在眼前"

不少学校承担的上级课题数量有限，导致参与课题研究的教师人数较少。在教师群体中，普遍存在"课题研究难度大"的认知，从而导致他们信心不足。教师们整日忙于课堂教学、学生管理等工作，很少有自主参与教科研的时间。因此，部分中小学一线教师对课题研究的认同感、参与热情逐渐减弱，不愿投入教科研工作，对课题研究的作用持怀疑，甚至否定态度。

众所周知，课题研究是广大中小学教师不可或缺的专业素质之一。从学校层面来看，课题研究不仅能提升学校教书育人的质量，还是促进学校科学施教和教师专业化发展的有效路径。从教师层面来看，课题研究为教师的专业化发展搭建了一个重要的平台，是青年教师快速成长的有效途径之一，对青年教师迅速成长具有重大价值和深远意义。

课题研究也是教育主管部门考核学校、评选教学能手、学科带头人及各类专业拔尖人才的重要积分条件，甚至是必要条件之一。许多学校已将课题研究作为教师考核、评优树先、职称晋升的重要依据。2023年，山东省教育厅、山东省人力资源和社会保障厅印发了《关于进一步深化中小学教师职称评聘改革的意见》，全面启动了新一轮中小学教师职称评聘改革工作，将课题研究成果列为6项代表性成果之一，这引起了广大教师的高度重视。因此，广大体育教师也应积极行动起来，切莫等到"书到用时方恨少"。

由于缺乏一线教学工作经验，青年教师最好不要一开始就正式申报课题，可以先从日常本职工作的实际出发，多思考、多研究，开展一些"草根式"的小课题研究，通过"学中做、做中学"的方式，摸索方法，不断反思，从而改进和提高。

什么是"草根式"小课题研究？简单来说，"草根式"小课题研究就是教师针对自己在教学过程中遇到的实际问题，进行的一种自我研究。这种研究以解决问题和经验总结为目标，通过吸纳和利用各种有益的经验、知识和方法来改进教育教学工作，并在此过程中不断提升教育教学水平，促进教师的专业发展。

小课题研究是与大课题研究相对而言的，"小"是指研究范围较小、内容具体、切入点细致、周期短，因此便于实际操作。"草根式"小课题研究有时甚至不需要正式立项、中期检查，也不强制要求有结题报告，更注重教师的自主性和自发性，属于校本研究的范畴，是一种重要且可行的校本教研方式。

研究目的：主要是解决教师个人在教育教学过程中遇到的问题和困惑，并总结经验，不以理论研究为主要目的，而是一种具有微观应用性质的研究，由教师本人担任研究者。

研究内容：可以是教学过程中的某个章节或特定专题，以及教育教学中出现的各种现象、案例、问题等。

研究成果：可以是总结报告、展示课、教学设计、教学论文等。

研究周期：长短皆宜，短则几个月，长则一学年或数学年等。

研究方式：可以是一人或多人共同参与研究。在进行研究时，不要求必须完整运用某种研究方法，可以根据实际情况灵活运用阅读、记录、反思和行动等方式。

总之，"草根式"小课题研究的特点是不好高骛远，可以用"小""近""实""真"来概括。

"小"就是从小事、小现象、小问题入手，以小见大。例如，"新学期如何有效记住学生的名字"或"如何教会低年级学生准确报数"等课题。

"近"就是贴近教学、贴近现实，解决身边的问题。例如，"如何培养低年级学生良好的队列习惯"或"如何激发学生对篮球的兴趣"等课题。

"实"就是实实在在，摒弃大而空的预测，更多地关注实际问题的解决。例如，"如何引导学生养成稳定的锻炼习惯"或"如何帮助一年级学生养成良好的听讲习惯"等课题。

"真"就是要真研究、真讨论，写真实反映情况的文章，并付诸实践。例如，"提高体育课堂教学中学生参与度的研究"或"体育教学中如何有效转化后进生的策略研究"等课题。

　　有条件的青年教师可以"拜师学艺"，参与学校名师或骨干教师的课题研究，并承担一定的研究任务。通过不断积累和总结经验，当具备一定的经验、方法和理论积淀后，青年教师再尝试进行正规的课题申报与研究，这样成功的概率将大大增加，效果也会更好。当然，初次进行课题研究的教师难免会遇到挫折或失败，重要的是要从失败中吸取教训，认真总结经验。只有目标明确、方法得当、思路清晰、素质齐备并坚持不懈，教师才能够成功。同时，学校应积极组织教师开展"草根式"小课题研究，使课题研究"远在天边，近在眼前"，让教育科研走近每位一线教师。

第七章
构建体育课程"超市"成果概述

名师导言

2023年8月29日,山东省教育科学研究院公示了全省中小学体育美育劳育典型案例获奖名单,其中罗兆杰老师上报的"构建体育课程'超市',实施选项教学"荣获一等奖,并位列全省第四。对于常年扎根于农村一线的罗老师获此殊荣,我并未感到意外,因为他是一位善于钻研、勤于实践、乐于分享的体育教师。我身边许多青年教师的成长都得益于罗老师的引领和指导。

在这一章中,我们能够跟随罗老师的体育课程"超市"去感受不一样的选项教学。课程"超市"在小学阶段通常用于"社团"兴趣活动中,而在体育课上构建体育课程"超市",实施选项教学是一项有益的尝试。罗老师立足学校实际,分别从学校、教师、学生三个层面进行了积极尝试,通过学校打破传统的分岗与排课模式、教师根据个人特长选项任课并实施集体备课、学生根据兴趣选项走班等尝试,全面落实"教会、勤练、常赛",实现了课堂内外结合,丰富了校园体育活动。因此在体育课中实施选项教学,值得中小学尝试与推广。

本章中,罗老师还分享了在课题研究与实践过程中提炼的多篇论文,为我们更好地学习推广这一成果提供了科学、详细的指导和引领。本章内容具有非常高的实践指导价值,值得一读。

(陈宁:山东省青岛第二十七中学体育教师,教育部"我是体育教师"奖章获得者、全国优秀名师工作室主持人、齐鲁名师、山东省教师培训省级专家、山东省"互联网＋教师专业发展"省级专家、青岛拔尖人才。)

构建体育课程"超市"案例产生的背景

我校是一所位于城乡接合部的农村小学,前身为大珠山乡中心小学。随着城市化进程的推进,学校在 2005 年 12 月更名为"滨海街道办事处中心小学",并划归城区管理。学校一直重视体育教学,在初期体育师资不足的情况下,采用了"专职＋兼职"的教学模式,即专职体育教师负责教授每班 1～2 节的专业课,而兼职体育教师则负责 1 节的体育活动课。这一模式有效弥补了体育课教学质量不高的问题。

2011 年 8 月 20 日,全国红军小学建设工程理事会在我校举行了红军小学授旗仪式,正式命名我校为"中国工农红军山东胶南革命英烈红军小学"。2014 年 6 月,随着国务院批复设立第九个国家级新区,学校更名为青岛西海岸新区红军小学。学校提出了"传承红军精神,培养红色传人 12 品"的目标。"12 品"包括:三正,即心正、言正、行正;三学,即愿学、善学、乐学;三健,即身健、志健、神健;三美,即知美、赏美、创美。其中,学校将"三健"中的身健、志健、神健设定为学校体育工作的核心目标。围绕这一目标,体育教师积极行动,上好每一节体育课,精心组织校园阳光体育活动,并定期举办校园体育竞赛活动,使得校园体育呈现出蓬勃发展的良好局面。

到 2012 年,在教育主管部门和当地滨海街道政府的大力支持下,由新分配与外聘的具有教师资格的体育专业毕业生担任体育教师,体育师资力量逐步得到充实。为激发学生对不同体育项目的兴趣,在师资力量较为充足的情况下,我们结合课外体育活动,对不同兴趣项目的社团小组进行分类指导,在高年级体育课上尝试了"同级部同时上课,根据学生爱好不同,教师教授不同项目"的形式,受到了学生的欢迎。这也是体育课上对"体育超市"模式的初步探索。

我有幸在这所拥有深厚红色教育文化底蕴的学校分管体育工作,同时连续多年担任西海岸新区小学体育学科中心组成员。在工作中,我注重认真开展课堂体育教学、组织体育大课间活动和体育竞赛等方面的实践与探究,积极探索能够促进学校体育工作开展、适合学生成长与发展的路径,并取得了一些成绩。我先后在各级各类教育教学刊物上发表了多篇论文,并多次荣获区优质课一等奖和青岛市优质课一等奖,还多次开设区级、市级公开课。此次荣获省级典型案例一等奖,对一名身处农村最基层的小学体育教师而言,这也是我在学校体育工作研究领域内取得的一次新突破。

构建体育课程"超市"案例成果概述

一、案例名称

构建体育课程"超市",实施选项教学。

二、研究过程

（一）落实行动计划,争取课题立项

2018年6月,山东省教育厅、省体育局等五部门联合制定并印发了《山东省学校体育三年行动计划（2018—2020年）》,提出了实施体育课程提质计划,其中构建体育课程"超市"是两项计划之一。为落实该计划,学校开始就如何构建小学校园体育课程"超市"展开实践与研究。

2018年10月,我们成功申报了青岛市教育学会2018年度教育研究"雁阵项目"的"小学校园体育课程'超市'构建的实践研究"课题,并获得立项（批准号：QES18B021）。我们针对学校、教师、学生三个层面,开展选项教学研究与实践。历经两年多的时间,于2020年10月经审核准予结项,圆满结题,并被鉴定为"良好"。

（二）立足教学一线,开展研究与实践

在构建体育课程"超市",实施选项走班制教学时,我们选择学生喜欢、学校场馆设施、教师指导能力允许的项目作为"超市"的"主选项目"供学生选择,从而打破传统的体育教学模式。该课题分别从学校、教师、学生三个层面出发,结合每个学校的实际情况,采取切合实际、行之有效的措施,使学生积极参与体育活动,不断增强体质。在习得知识技能的过程中,学生将获得自尊、自信和意志力,从而能够自信地从事体育活动。该课题还可以提

高学生的心理健康水平,增强学生的社会适应能力、开拓精神和团队意识,使"健康第一"的思想真正落实到学校体育工作中,全面培育学生的体育学科核心素养。在该立项课题的研究过程中,我围绕该项课题研究的成果,撰写了《构建体育"超市",实施选项教学》一文,并发表在《山东教育》上。

构建体育"超市",实施选项教学

2018 年 6 月,山东省教育厅、山东省体育局等五部门联合制定并印发了《山东省学校体育三年行动计划(2018—2020 年)》,提出了实施体育课程提质计划,其中构建体育课程"超市"是两项计划之一。为落实该计划,我校分别从学校、教师、学生三个层面探索课程"超市"建设,开展选项教学尝试,并取得了不错的效果。

一、学校层面:改变传统的体育教师岗位安排和排课方式,创造构建体育课程"超市"的条件

据调查,小学体育教师每周课时量在 16 节课左右,但按照目前 1～2 年级每周 4 节、3～6 年级每周 3 节的规定,每人只能承担 4～6 个教学班。学校对体育教师教学岗位的安排,大多采用"包年级"的模式,即同年级的体育课安排同一教师担任。若该年级的班级数量超出该教师的承担能力,则从该年级分出几个班级给其他教师;若不足,就会从其他年级再适当安排几个班级给该教师。同一年级的几个班很难在同一时间上体育课,因此跨多年级、多班级上课是体育教学的普遍现象。特别是规模较小的学校,体育教师甚至需要跨多个年级任课。我曾在一所村级小学支教,发现该校 1～6 年级仅设一个班,6 个年级的体育教学任务全部被一人"承包"了。

由于学生的年龄段不同,他们的认知水平和身体基本活动能力不在一个水平线上,因此很难统一思想认识和统一练习的内容。根据体育教师跨多年级任课的特点,两年来,我们从两个方面入手,改变传统的体育教师岗位安排和排课方式:一是改变以往传统的分岗方式,尝试为同一级部的几个平行班级的体育课安排不同的体育教师;二是改变传统的排课方式,学校在安排总课程表时,尽量安排同一年级各班级的体育课能在同一天、同一节上。我们采取双管齐下的策略,为构建体育课程"超市"创造了有利条件,具体

做法如下。

我校两学年都是 24 个教学班,1～6 年级各 4 个班。全校共有 6 名体育教师,其中 4 名体育专业毕业的教师,1 名非体育专业的老教师,以及从校外聘请的 1 名足球教师。学年初,根据体育教师能够跨多年级教学的特点,学校在体育教师岗位安排时进行了如下安排:外聘的足球教师为 1～4 年级的每个班每周安排 1 节足球课,总计每周 16 节课;非专业的老教师为 5～6 年级的每个班每周安排 1 节课,总计每周 8 课时;4 名专业体育教师分别"承包"每个年级中 1 个班级剩下的体育课,每人每周 14 节课。教务处在安排全校的总课程表时,确保 4 名专业体育教师在同一年级的 4 个班能够同时上课,每周至少安排 1 节课。我们打破了班级界限,根据教师个人特长开设了多样化的教学内容,供学生自主选择学习,并取得了显著成效。

两年多的实践证明,老师们发挥个人特长进行教学,授课时得心应手,这得到了体育教师们的认可;学生们可以根据个人兴趣爱好自主选课,这受到了学生们的热烈欢迎;教务处还解决了以往为每名体育教师排课时煞费脑筋的问题,这得到了教务处的支持。在具体实施的过程中,我们还有了新的收获:5～6 年级的每个班,分别由专业教师上 2 节,非专业教师上 1 节。这在一定程度上解决了专业师资力量不足、非专业教师专业水平差的实际问题。

二、教师层面:根据教师特长,设立选项教学内容,开展集体备课,实施选项教学

《山东省学校体育三年行动计划(2018—2220)》指出:"学校应以培养学生的体育意识、体育兴趣、运动技能和习惯为目标,根据学生的体质差异、身心发育规律,构建学生自主选择的体育课程和课外活动项目'超市',让每个学生都能拥有自己喜欢的体育课程和体育活动项目。"每位体育教师在入职前都有自己的专项技能,并在大学里进行过专门学习,生活中也有自己的爱好与特长。他们不仅积累了丰富的经验,还有独到的心得体会。在体育教学中实施选项教学活动,正是为了将教师们的爱好与特长展示出来,把他们的宝贵经验结合切身体会分享给学生,最大限度地发挥教师们的主导性。同时,学生们根据兴趣爱好自主选择项目,最大限度地激发出学习的积极性,并在专业的教师指导下学习,达到教与学的最理想效果。

同一年级的班级同时上课,给教师开展选项教学带来了很大方便。我学校共有4名专业体育教师,其中有1名篮球专项教师、1名田径专项教师、1名健美操专项教师,以及1名参加过跳绳初级教练员培训的教师。加上外聘的足球教师,我们根据学校师资、场地、器材的实际情况,开设了篮球、足球、田径、健美操和跳绳5门课程。学校每周至少为同年级的学生安排1节课。在这节课上,学生将仿照"超市"的经营模式,打破班级界限,自由选择体育项目。在体育课上,学生可以像在超市中选择商品一样,根据自己的兴趣爱好,选择自己喜爱的项目,并跟随擅长该项目的教师进行练习。这种方式满足了不同学生的内心需求,激发了他们的求知欲。教师则根据自己的专长,分工指导不同场地的项目,深受学生欢迎。

在实施分项教学课前,体育组的几位教师针对所设项目的内容,进行了逐项分析,并进行了有针对性的集体备课。他们集中研讨了某一级部设立的项目教学方法,明确了教学目标和内容;结合教师们的年龄结构、教学经历等差异,在教学方法上各自阐述了观点,介绍了经验,集思广益地准备了教学方法。他们还互相介绍了各自班级学生的特点,以有的放矢地备好学生。他们发挥自己的专项特长,扬长避短地准备了教材,并针对各自负责的项目,因地制宜地准备了场地。同时,他们也合理地分配了练习器材,物尽其用地准备了器材。他们通过相互学习与交流,取长补短,达到了集体备课的最理想效果。

三、学生层面:制定选项学习规则,保障教学秩序,明确教学重点,保证学习质量

构建体育课程"超市",实施选项教学,虽然深受学生欢迎,但是随之产生了一系列问题。例如,打破班级界限后,如何保证课堂的组织纪律?面对学生选项的不确定性,如何确保教学内容的连贯性,并顺利完成教学任务?如何解决学生身体素质差异所带来的挑战?此外,如何高效地完成国家体质健康项目检测的上报工作也是一大挑战。

在实施选项教学时,我们针对学生实际存在的问题,合理地制定了学习规则,以保障课堂教学秩序和提升教学质量。针对普遍出现的问题,我们结

合学生选项的实际情况,将影响课堂教学质量的不利因素作为考虑因素,明确教学重点,灵活设置项目,以确保正常的教学秩序。例如,对于纪律不佳、自我约束能力差、不服从管理的学生,我们将设置条件,即必须遵守课堂纪律,否则不能参与自己喜爱的选项。对学生的个别问题,如怕吃苦、不刻苦锻炼,我们规定体育成绩不达标者不得参与选项。学生如果想参加自己喜爱的选项,就必须确保体质健康测试成绩合格。以五年级为例,基于学生的日常需求,我们首先将学生最喜欢的篮球设为选项之一。同时,我们将《国家学生体质健康测试》项目作为选项教学内容的重点。体育课上,教师分工负责,规定达到优秀等级的学生可以优先参加备受欢迎的篮球选项,并由篮球教师带队。其他教师则分别负责组织一项体测项目,并将各项测试标准明确告知学生。打破班级界限后,学生可以根据各自的实际条件选择相应的选项,而不同的项目则被安排在不同的场地,以便进行分项练习。这种打破班级界限的组合方式,便于教师集中进行体质健康测试项目的专项指导,让学生专攻自身弱项,并激发学生之间的竞争精神,从而有效提升成绩。学生为了尽快参与篮球项目,会自觉遵守纪律,努力加强练习。随着达标学生数量的增多,我们根据学生的需求,逐步开设了新项目。这不仅有效解决了体育课上优秀学生"吃不饱"的问题,还极大提高了学生对体质健康测试项目的练习效果。

实施选项教学以来,每个项目上均有一定数量的练习者,大多数学生找到了自己喜爱的项目。在班级课外活动中,学生将进一步练习在体育课上学到的内容。这不仅丰富了班主任组织的班级课外活动内容,还极大地提升了班级课外活动的质量。通过定期举办级部篮球对抗赛、"校长杯"足球联赛、挑战吉尼斯"一分钟跳绳"擂台赛等比赛,在比赛间隙,体育教师认真分析、总结比赛中出现的问题,有效培养了学生的体育素养。体育教师在体育课上有针对性地进行指导,让学生在课外主动加强专项练习,实现以赛促练,课堂内外相结合,进一步丰富了高质量的校园体育生活,从而全面提升了选项教学的实效。

构建体育课程"超市",实施选项教学,打破了传统体育课"人人都要学、项项都得学"的固定模式,极大地激发了学生的兴趣,真正实现了课堂的主体为学生,促使学生由被动参与转变为积极学习。这种教学方式有助于学生掌握一定的运动技能,有效地促进了他们体育能力的发展。

（原文发表在《山东教育》2020年第10期,在本书中有改动。）

（三）梳理收获,深化成果效益

在研究与实践的过程中,我们立足学校实际,从学校、教师、学生三个层面出发,均取得了新的收获,形成了从理论到实践层次的研究成果,并分别发表在不同级别的教育教学类杂志上。

学校层面

通过学校分岗与排课的改革,以及教师选项任课、学生选项走班的实践,我们成功构建了体育课程"超市",为选项走班制教学创造了有利条件,同时有效提升了广大师生的交往与合作能力,全面促进了学生体育学科核心素养的培育。在构建体育课程"超市"的过程中,我撰写了《提升交往合作能力　助力学科素养培育》一文,分享了关于如何提升师生的交往与合作能力的心得体会,并成功发表在国家级期刊《中国学校体育》上。

提升交往合作能力　助力学科素养培育

培养学生的交往合作能力是体育教学中培养学生健康行为素养的重要内容,既是课堂教学中培养学生运动能力素养的重要手段,又是培养学生体育品德素养的重要体现。因此,一线教师应致力于在今后的体育教学中更有效地达成教学目标,更好地促进学生交往合作能力的提升,从而全面发展学生的核心素养。

一、分析课堂中的外在表现,明确目标达成的助力点

交往合作是学生在面对特定内容、目标和任务时,通过相互之间的分工合作和相互帮助来完成的一种学习方式。在课堂中,交往合作的外在表现丰富多样,体现在分工协作、优势互补、相互帮助、共同进步等方面。学生们能够充分发挥自己的能力,既勇于展示自我,又乐于帮助他人。在规则的引导下,课堂氛围融洽,师生、生生互动良好,学生学练秩序井然。每一个参与的学生都具备较强的上进心,具有创新精神和动手操作能力,能够积极表达自

己的观点,进而加快学习进度。

总之,善于交往合作有助于学生积极地参与课堂教学,发挥集体的力量,提高参与程度,从而促进运动目标的达成。学生愿意帮助和保护同伴,在相互帮助和合作中激发学练的积极性,提高练习的效率和质量,进而更好地提升身体素质。在教师的鼓励下,师生之间、生生之间建立了深厚的信任,学生更加愿意接受同伴的帮助。这不仅增进了学生之间的感情,还促进了学生关系的融洽与和谐,进而有利于心理健康与社会适应目标的达成。

二、精心设计练习方法,科学组织教学

体育课的学习多数以群体活动为主,需要学生之间及学生与教师之间的紧密合作才能顺利实现。教师应善于应对这种"需求",根据不同情况采取不同策略,因人而异、因组而异、因班而异。根据学段和学情的不同,教师应该设计包括互看、互纠、互帮、互助、互议、互评在内的多样化合作形式,以及组内竞争、组组竞争等多种活动。同时,教师应特别关注那些需要学生相互依赖和直接身体帮助的练习形式,合理运用分组教学、竞赛教学、保护与帮助等方法。此外,教师还需要注意合作与对抗并存的特点,因为离开了竞争与对抗,体育合作学习的成效将会降低。

为提升学生的交往合作能力,教师应精心设计合作学习情境,在愉悦的氛围中培养学生的合作意识;合理运用比赛,让学生在技术、战术和心理品质的较量中体会合作的重要性;将团队精神融入教学过程,根据学生的合作能力进行分层、分组教学,设置不同难度的合作练习,引导学生不断尝试、体验,使学生在团队合作中收获喜悦;加强沟通与交流,并在此基础上,营造民主、平等、和谐的合作氛围;合理评价,引导学生开展自评和互评活动,帮助彼此认识不足,争取共同进步。

三、提升交往合作能力,助力教学目标的达成

体育教学中,培养学生的交往合作能力是课程标准的重要目标之一。在教学实践中,提高学生的交往合作能力应遵循循序渐进的原则,即由简单到复杂、由易到难、由少数到多数的练习方法。教师应该在教学设计与策略上精心策划,根据不同课型、学情等进行分组、分层、合作探究,以更好地为目标

达成服务。教师还应积极创设教学情境,在规则允许的范围内灵活控制,充分发挥学生的天性与创新意识,注重细节,以生为本,适时进行评价与激励。同时,教师要为学生创造交往合作的机会,鼓励学生尽量通过合作来解决课堂中遇到的困难,从而提升其交往合作能力。

交往合作时,学生不仅要善于表达和倾听,还要懂得谦让。在教学中,教师应鼓励学生勇于表达自己的想法,即使学生表达有误,也应尽量指正,而非直接批评。在分组竞赛中,对于输的小组,教师要引导学生从自身找原因,避免相互指责,并指导学生在小组内分析如何改进。此外,为了提升交流合作能力,教师可以将培养范围延伸至课外时间,布置合作性质的体育作业,如双人跳绳、篮球传接球、排球相互垫球等课后练习。我们不应仅局限于学生之间的交往合作,还应注重学生与教师之间的交往合作能力的培养。我们可以鼓励学生与教师多交流,商讨教学内容和教学方式,使学生在课堂中更加积极地与教师合作,从而得到更多的关注、认可和提升,进一步增强他们的内驱力。需要注意的是,在规则允许的情况下,我们应该尽量减少教师的干预和指导,以真正实现合作教学的效果,并促进整堂课的教学目标达成。

以学生发展为核心,培养学生的合作学习能力是新课程的重要理念。通过体育课堂,我们可以提升学生的交往合作能力,从而在学生之间建立起平等友爱、互帮互助、团结协作、诚实守信、开放包容的人际关系。这不仅有效促进了学生的心理健康和社会适应目标的达成,还为学生的身心健康、个性发展及一生的发展奠定了良好的人际交往基础。

（原文发表在《中国学校体育》2020年第7期,在本书中有改动。）

教师层面

体育组教师通过集体备课、相互交流、取长补短,实现了集体备课的最佳效果。在教学中,教师应该结合自身的专项特长,选择最擅长且最有心得的专项项目作为选项教学内容。学生则打破班级界限,根据个人兴趣爱好选择项目。这激发了师生的积极性,满足了学生的内心需求,激发了学生的求知欲。在专业教师的指导下学生的学习效果显著提升,达到了教与学的最佳效果,不仅为学生创造了最为适合、最为有效的教学环境,还提高了体育课堂的教学效果。基于教师在体育教学中实施选项教学的实践经验,我撰写的

《创设有效情境 优化体育课堂》已在国家级期刊《中国学校体育》上发表。

创设有效情境 优化体育课堂

情境是课堂教学的基本要素,创设情境是每位教师都应具备的一种教学能力,因此体育教学中创设有效、高质量的教学情境是每位体育教师都需要研究的重要课题。针对体育学科的特点,我进一步明确了体育教学中创设教学情境的价值,指出了当前体育教学中存在的误区,并为一线体育教师提供了丰富的情境创设策略,对今后体育教学中的情境教学起到了积极的推动作用。

一、提高认识,厘清体育教学中创设教学情境的价值

（1）有效、高质量的教学情境能够为学生提供积极的心理暗示和启迪,营造优质的课堂氛围,迅速引导学生进入学习状态,激发学生的好奇心和求知欲,并促使学生达到最佳的学习状态,从而使学生能够积极、主动地投入学习与锻炼之中。

（2）有效、高质量的教学情境能够使体育课更加生动,激发学生的创造性思维,使枯燥的教学内容趣味化、呆板的教学形式灵活化、低落的情绪高涨。在这样的教学环境中,学生在进行各种内容的学练时,能够显著提高效率,顺利达成教师课前预设的教学目标。

（3）有效、高质量的教学情境是渗透安全意识和思想品德教育的重要途径。通过创设情境,教师可以恰当地融入安全意识和思想品德教育,培养学生的安全意识和适应能力,同时激发学生积极进取、努力拼搏的体育精神,为体育课注入更为丰富的思想内涵。

（4）良好的教学情境有助于建立和谐的师生关系,在充分发挥教师主导作用的同时,也能充分体现学生的学习主体地位。这种情境以学生的主动、全面发展为核心,使学生能够全身心地投入情境之中,并在参与体育活动的过程中进行思考。

二、强化意识,走出体育教学中创设教学情境的误区

（1）"牵强"型情境。这种情境忽视学情,与学生年龄及身心发展特征脱节,导致学生产生认知偏差,使学习变得无效。例如,在中学体育课上创

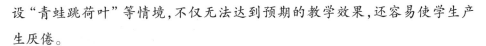

设"青蛙跳荷叶"等情境,不仅无法达到预期的教学效果,还容易使学生产生厌倦。

（2）"假问题"型情境。这种情境忽略教情,导致教学内容缺乏明确的目的性,从而脱离了学生的生活实际和社会环境。在教学过程中,有时教学手段过于单一,教师过分强调技能而忽视情境的创设,导致学生缺乏积极参与的欲望,课堂上出现冷场现象;有时又过于注重情境的营造而忽视技能的培养,虽然教学形式多样,但是未能有效提升教学效果,无法突出教学重点与难点。

（3）"形式化"型情境。这种情境只追求表面的热闹和时髦,过度强调教学情境,为"情境"而刻意营造"情境",导致课堂教学变得形式化,所创设的情境与实际学练内容脱节,从而影响学生的学习效果。

（4）"错位"型情境。这种情境脱离实际,导致教与学的导向变得模糊,忽视教师的主导作用,仅以学生的喜好为导向,过度强调学生的主体地位,从而偏离了教学目的,与教学设计的内容不相符。

在体育教学中,教师只有深入认识情境的作用,才能有效地创设情境,避免盲目创设教学情境。同时,学生也能在情境中产生积极的情感体验,进而更好地学习与练习技能。

三、统一思想,优化体育教学中创设教学情境的策略

（1）与具体教学目标和教学内容相吻合。创设教学情境要有针对性,不能偏离教学目标和教学内容,避免"作秀"。例如,在准备活动中,教师既要保证活动的灵活多变,又要确保与基本部分的教学紧密相连。如果情境创设与所需掌握的知识相偏离,显得漫无边际或牵强附会,就失去了其应有的意义。

（2）以学生现有知识水平和生活经验为依据。根据不同水平段学生的特点,教师应该找到与学生认知水平最接近的情境。如果脱离实际,不以学生的认知水平和生活经验为依据,并与学生的认知水平相差甚远,就会导致情境枯燥,徒增学习难度,很难引起学生的共鸣。

（3）充分考虑学生的生活环境和社会实际。教师应该根据学校环境、社会环境、天气状况、场地和器材等因素,创设适宜的教学情境,既不能脱离生活实际,又不能偏离教学主题;把当前环境和社会实际与教学情境有机结

合,让知识、技能在具体且适用的情境中得到有效应用,从而吸引学生的注意力,引起学生的情感共鸣,提升学生分析问题、解决问题的能力,并激发他们积极参与体育锻炼的热情。

(4)合理把控,适宜得当。在教学过程中,教师一方面需要用积极、适时的语言引导学生情绪,从而活跃课堂气氛;另一方面需要掌控学生的情绪,确保课堂气氛活跃而不失秩序,避免过于失控或过分压抑,从而失去创设情境的初衷。创设情境时,不能喧宾夺主,重气氛而轻内容,以免影响整堂课教学任务的完成。需要注意的是,情境活动不宜过多,时间不宜过长,要适可而止。

总之,在体育教学中,教师要以目标为引领,深入挖掘情境资源,激发学生的情感,充分调动学生的积极性,让学生产生积极的情感体验,更好地融入"情与境"中,使创设情境起到点石成金的作用。

(原文发表在《中国学校体育》2019年第9期,在本书中有改动。)

学生层面

常言道:"无规矩不成方圆。"因此,体育教师应该通过制定选项学习规则,从而保障正常的教学秩序。体育教师在课上应该进行针对性的指导,使学生在课外主动地加强专门练习。学校定期组织丰富多彩的各级比赛活动,全面落实"教会、勤练、常赛",以赛促练,实现课堂内外相结合,进一步丰富高质量的校园体育生活。尤其是将《国家学生体质健康标准》的测试项目作为必选的基础项目,极大地激发了学生由被动练习转为主动练习的积极性,促使学生在课余时间也能积极地进行练习,从而显著提高了学生体质检测的成绩。

构建体育课程"超市"案例成果的实施与评价

为了使课程"超市"更好地适应学生发展,并得以有效推广与实施,我们不仅要建立一套与学生发展相匹配的科学管理方法,还要构建符合课程"超市"特点的评价体系。我们在实践中发现,由于教师会根据自身的专项特长来设定学生可选的教学内容,而学生则依据个人兴趣来选择项目,因此师生的自我评价在课程"超市"的运作中具有显著作用。充分发挥自我评价功能,不仅能为评价注入人文关怀,还能突显课程"超市"的评价特色,并让学生不断感受到自己取得的阶段性成就。我在有效利用评价手段、推动师生自我评价与自我管理方面进行积极探索,撰写了《发挥自我评价功能,促进师生共同进步》一文,并在《中国学校体育》上发表。

发挥自我评价功能,促进师生共同进步

一、客观分析师生自我评价的功能

自我评价是行为主体对自身行为表现的自我反省,是人们的自我意识表现。在体育教学中,要想实现自我发展、自我完善的目的,教师就必须客观评价自己,避免产生不符合自身实际的自我评价。教师可以对教学方式、教学目标等进行反思,促进学生的健康发展,并及时纠正存在的问题。学生通过自我评价,可以对知识、技能方法的掌握情况进行反思,从而更深刻地了解自身知识和技术动作的掌握水平,从而反思学习,发现存在的问题。学生可以通过课中纠正、课后练习等方式加以巩固,提高自身水平及社会适应和团体合作能力。此外,对情感和态度的正确自我评价,还能增强学习与锻炼的自信心。

二、厘清自我评价的内容、方法和手段

在体育教学中,我们要想做好师生的自我评价,就需要明确自我评价的

内容,并据此采用合适的方法。教师的"自我评价"可以从是否进行了有效备课、有效教学、有效组织等方面入手,然后通过对教学目标的回顾和学生反馈等方式进行评价。同时,在教学实践中,教师工作时的精神状态、上课中的精神状态、对课堂的把握能力、对所教知识和动作的掌握情况、与人沟通的能力等都会无形地影响着学生。

学生的自我评价应涵盖自身能力、对某项技能的掌握情况等方面。学生可以在课上领会所学内容,在课后反思所学知识的掌握情况,然后通过自我陈述、写体育课后日记等方法进行自我评价;通过集体展示、教师提问、小组总结等形式来评估自己运动技能的掌握情况、学习过程的进步程度,以及对学练过程中的自我感受、体育课上的情感体验等进行自我评价。此外,学生还可以对学习动力、学习兴趣、克服学习困难、自我超越的能力进行自我评价,从而了解自己的优势与不足。

总之,依据课堂教学内容的安排和教学目标,我们可以采取定性评价与定量评价相结合、形成性评价与终结性评价相结合、相对性评价与绝对性评价相结合的方式进行自我评价。

三、有效解决师生自我评价中存在的问题

教师应该多聆听同事的建议,进行自我反思,以认真的学习态度,积极地启发和影响学生,积极地指导和鼓励学生。学生应从练习方法、运动强度、技术难度、合作关系等方面,勇敢地表达自己的感受,从而认识自身问题,反思自我,并及时聆听教师的点评。教师可以通过自我反思来不断完善自我,提高自身能力,为学生树立榜样。教师应重视学生的自评,这是促进学生进步与发展的有效途径。学生通过自我评价可以实现自我反思、自我发展、自我教育。同时,自我评价还能进一步激发学生的学习热情和表现欲望,增强学生的自律,促进学生的进步与发展。

四、探寻师生自我评价能力的策略

师生能够正确地、客观地、实事求是地评价自己,是师生自我完善的重要途径之一。自我评价时,既不能妄自菲薄,又不能盲目自负。教师应以现行课程标准为依据,不断加强理论学习和实践锻炼,提升自身的理论水平和

实际操作能力,向优秀教师、名师"取经",反思自己教学中存在的问题,并有针对性地进行纠正。通过认真做好课后小结、将评价的主动权交给学生、写好课后反思等方式,教师可以提升自我评价能力。同时,教师应采取激励、鼓励的措施,为学生打开自我评价的思路,鼓励学生通过写体育课后日记来反思自己的学练情况。由于学生的认识能力有限、看问题不够全面,教师可以根据教学内容,为学生提供相应的评价内容、评价标准和要求。在设计评价内容时,教师既要考虑学生对技术技能的理解和掌握程度,又要考虑学生的收获与提高;既要考虑学生的情感态度、价值观等情感目标,又要充分考虑学生的学习态度、创新意识和实践能力。同时,教师还需特别注意为不同层面的学生,特别是为后进生设计相对应的评价内容与标准。

(原文发表在《中国学校体育》2018 年第 5 期,在本书中有改动。)

构建体育课程"超市"案例成果的影响与效益

正如中国教育科学研究院研究员、国家健康科普专家库成员于素梅博士所说:"体育选项走班制是新时代体育课程改革的助推剂。"随着《义务教育体育与健康课程标准(2022 年版)》的颁布与实施,学校体育教学以全面促进学生"每天校内、校外锻炼一小时"为主线,以发展学生核心素养和增进学生身心健康为学校体育教育的重要任务,具有基础性、健身性、实践性和综合性等特点,是学校教育的重要组成部分,对促进学生德智体美劳全面发展具有非常重要的价值。

(1)体育教师根据师资、场地、器材等情况,构建了学生自主选择的体育课程"超市",确保每个学生都能选择到自己喜欢的体育课程和体育活动项目,从而逐步培养学生良好的运动能力。

(2)学校根据场地、器材和辅导教师(包括体育教师、班主任、有爱好与特长的学科教师、家长与外聘人员)的安排情况,构建了学生自主选择的课外活动项目"超市",让学生在自己喜欢的体育课程和体育活动项目中得到锻炼,从而使学生能够掌握 1~2 项运动技能,并逐步形成良好的健康行为。

(3)体育教师应该引导学生根据身心发展需要,通过课程"超市"的构建,使学生在体育课、体育训练和体育竞赛活动中养成不畏困难、不怕吃苦、不怕失败的意志品质;让学生在具有一定强度和难度的运动技能学习中,锻炼吃苦耐劳、坚持不懈等优良品质。同时,体育教师应该积极创新,努力做到以体励德、以体促智、以活动健体、以活动塑美、以活动促劳,全面和谐地促进学生身心发展,培养他们良好的体育品德。

构建"必选+主选+兴趣"的课程模式,给学生提供更多自主交流与选择的机会,让他们拥有自由选择自己兴趣爱好的权利。这不仅有效地解决了一部分学生盲目追随、对体育课缺乏兴趣等问题,还能引导学生根据体质差异和身心发育规律,熟练掌握 1～2 项运动技能,并养成良好的体育锻炼习惯,促进学生的健康成长,为终身体育锻炼思想的形成奠定坚实的基础。

2022 年 10 月,在青岛市小学体育与健康学科"践行新课标,选项教学及智慧教育学科融合专题"研讨会上,我做了以"构建课程'超市',实施选项教学"为题的典型经验教学交流。

构建体育课程"超市"案例成果的典型应用

为了贯彻落实第三次全国教育工作会议提出的"学校教育要树立'健康第一'的指导思想"精神,促进学生积极参与体育锻炼,确保体育课的教学质量,增强学生的体质并提升健康水平,将学生培养成为德智体美劳全面发展的高素质人才,教育部制定了《国家学生体质健康标准》。该标准作为《国家体育锻炼标准》的组成部分,是学校体育教育工作的基础性指导文件,是《国家体育锻炼标准》在学校的具体落实。该标准从身体形态、身体机能和身体素质等方面综合评定学生的体质健康水平,旨在促进学生体质的健康发展,激励学生积极进行身体锻炼。

从国家到地方、从地方到学校,各级各类学校将《国家学生体质健康标准》纳入学校总体工作计划,从上到下,受到了各级教育主管部门的高度重视。该标准规定的测试项目成为每学年体育教学的一项重要内容,要求学校每学年都要逐项测试、汇总并上传至全国"青少年健康数据管理系统",青岛地区还要上传至"青岛教育 e 平台"。 这一标准不仅是从国家层面上衡量学校体育教育质量的基本标准,还是评价学生综合素质、评估学校工作和衡量各地教育发展的重要依据。每学年,地方教育行政部门会从各区市抽查一定数量的样本学校,作为考核学生体质健康的依据,并将结果纳入对各区市的考核。同样,西海岸新区每年也会从各级各类学校中抽测一定数量的学生,并将结果纳入对各学校的考核,此举得到了地方教育行政部门及各级各类学校的高度重视。

为此,我们针对《国家学生体质健康标准》所规定的项目,对学校体育教学的实施情况进行了调查研究,并分析存在的问题。在实施的过程中,我们把《国家学生体质健康标准》所规定的项目作为实施选项教学的一项重要内容,制定了班级选项学习规则,同时把其中规定项目的练习与测试作为构建"体育超市"的必选项目。通过练习与测试,我们可以帮助学生全面了解自己的体质与健康状况的变化程度,选择锻炼项目,制订切实可行的锻炼计划。这不仅有效解决了体育课上优秀学生"吃不饱"的问题,还提高了学生对体质健康测试项目的练习效果,从而保证了《国家学生体质健康标准》项目练习与测试课的教学质量。

我们将《国家学生体质健康标准测试》项目融入"体育超市"教学模式,实施了选项走班制教学。2018 年 8 月,我的《巧解体质健康项目测试中人多、项多、多班同测难题》一文也成功发表于《山东教育》。2022 年 5 月,我在全区教学研讨会上进行了经验交流。

巧解体质健康项目测试中人多、项多、多班同测难题

组织《国家学生体质健康标准》测试,是每个学校新学期体育课的重头戏。从开学到 11 月中旬,我们既要组织好学生的练习,又要组织好每一个项目的测试、统计、输入模板和上传上报。这段时间对于每个学校的体育教师来说都异常忙碌。特别是一些规模较大的学校,由于体育教师各自为战、相互干扰、场地有限、器材冲突,不仅成为体质健康测试阶段的主要挑战,还存在一定的安全隐患。近年来,我校通过精心策划测试前、测试中、测试后三个阶段的工作,并在班级多、学生多、场地有限的情况下,高效地完成了测试工作,取得了显著成效。

一、测试之前细安排,统筹规划做准备

我们以前采取学校统一协调的方式,将全部年级的体育课调整至同一天的同一节课,以便进行体质健康项目的集中练习,取得了显著成效。在测试过程中,这种安排也收到了较好的效果。今年开学初,在教导处安排全校的总课程表时,我们大胆尝试,打破了同一教师"包同级部"的传统排课模式。现在,同一年级的几个平行班级的体育课由不同的教师来承担,并且都安排在同一节课。同时,我们尽量将同一水平段(如 5 ~ 6 年级,即水平三)的体育课尽量安排在同一个半天进行,如我校在周二第三节课安排五年级的 5 个班同时上体育课,并由 5 位不同的体育教师分别授课;在第四节课则安排六年级的 5 个班同时上体育课,仍然由这几位教师分别执教。由于同一

水平段的测试内容相同，这样安排就避免下一节课重复布置场地和器材的麻烦。

实践证明，这种安排体育课的方式使同一级部的几位教师可以围绕同一内容进行集体备课，授课时得心应手，因此受到了体育教师的欢迎。同时，这还消除了教导处每年为同一体育教师安排无冲突上课时间而费尽心思的困扰，获得了教导处的支持。

测试课开始前，几位体育教师根据测试项目和教师的特点，提前在办公室内召开"碰头会"，统一意见，确定测试内容，安排各班的测试顺序，规划测试器材的使用，提前一起布置测试场地，有效避免发生场地和器材的冲突。此外，务必提前准备好成绩记录表，按照国家学生体质健康网上下载的上传模板顺序设计好电子表格，以班为单位预先将测试项目和学生姓名填写完整，并打印出来备用，这是非常关键的。

二、测试过程巧分工，省时高效巧测试

以我校五年级的 5 个班为例，上课开始后，教师带领各自的班级到操场集合，统一宣布本节课的任务和要求。根据课前确定的测试项目内容，由一位教师指挥 5 个平行班统一做准备活动，如各种徒手操、常规性的素质练习、针对性的肌肉拉伸，其他教师则进行巡视和指导。这样既可以避免各自为战和相互干扰，提高准备活动的针对性和实效性，又通过班级之间的相互比较，激发了学生的集体荣誉感，使他们认真规范地完成动作，高效地完成准备活动。

测试开始，按照课前安排进行合理分工，不同测试内容的项目交由不同教师负责。例如，在 50 米跑项目中，安排 2 位教师合作，一人在起点负责组织学生和发令，另一人在终点负责计时。坐位体前屈、一分钟跳绳和仰卧起坐等项目则可以由一位教师独立完成。由于坐位体前屈测试仪器数量少且测试耗时较长，教师可以在课堂上重点教授学生正确的使用方法，并将测试仪器分发到各班级，灵活采取教师测试、学生自测及课上课下相结合的方式。考虑到 50 米 ×8 往返跑项目消耗体力较大，我们应该避免将其与 50 米跑、一分钟跳绳等项目安排在同一节课进行测试。

测试中，对于竞争明显的项目如 50 米跑和 50 米 ×8 往返跑，我们可以

安排不同班级的学生同时参与,进行一场班级间的小规模比赛。测试时,每班分别派出选手上场,以激发学生的好胜心。班级之间的竞争可以促使参加测试的学生全力以赴,从而提高成绩。对于一分钟跳绳和仰卧起坐项目,由于器材充足,我们可以采取班级间合作的形式,预先布置好与班级学生人数相匹配的小体操垫和跳绳。每班各选出一名学生与另一个班级的学生搭配组合,两人之间互相合作计数。负责测试的教师只负责掌控好开始时间与结束时间。在成绩记录方面,每班内设立成绩记录点,由骨干学生及见习生负责。每测完一项,教师让学生找到各自的班级,并将成绩登记在预先准备好的表格模板中。

三、测试完成细分析,关注薄弱促成绩

(一)成绩录入

一般情况下,同一个级部的4～5个班级,利用两节课的时间就可以完成全部的测试项目,从而节省出更多的练习时间。教师将各班级的成绩录入电脑后,整个测试工作基本完成。接下来,教师需要对这份原始成绩进行备份,注意不要打乱任何顺序。

(二)成绩分析

教师应该将原始成绩进行复制,利用电子表格的各项功能优势,对每项测试内容进行排序、分析,从而识别出每个班级、每个项目上的优秀生和后进生,并计算出每个班级的"三率"等基础数据。同时,相同年级的教师可以将全年级的成绩进行比较,分析出全校本年龄段学生的体质健康状况和锻炼情况,进而有重点地调整教学计划,为今后的教学提供重要的参考依据。

(三)抓住薄弱

每个班级、每个项目都有成绩较差的学生,因此在上传至国家学生体质健康网(山东省还要上传至山东省体卫艺教育综合信息平台)之前,教师可以按照项目要求,集中进行进一步的练习。在体育课上,教师采取分工负责的方式可以打破班级界限,根据不同项目将学生分配到不同区域进行分项练习,重点关注每位学生的弱项。同一项目中成绩相近的学生可以相互交流,加深思想认识,同时维护自尊心。不同班级的学生组合还便于教师集中进行

专项指导。体育课外,他们可以协调班主任、家长有目标地进行督促练习,进一步提高成绩。

最后,体育教师可以安排缺考学生和成绩差的学生进行一次集中"补考",并将最终结果上传。

(原文发表在《山东教育》2018年第7、8期合刊上,在本书中有改动。)

第四篇 行——成长践行

专家睿语

　　中国学校体育的发展，几十年来砥砺前行，一代代体育人披荆斩棘、忠诚担当，为祖国的体育教育事业无私奉献。其中，有太多像罗兆杰老师一样的体育人，他们倾尽满腔热忱，为学校体育教育的发展倾注着激情，为学生终身体育意识的培养做着不懈的努力，书写了基层一线体育教育教学的多彩篇章。

　　世间诸事，纲举目张。正如罗老师在其书中所写，自2022年新课标实施以来，义务教育阶段的学校体育迎来了蓬勃的发展。围绕体育学科核心素养的培养，一大批体现正确价值观、必备品格和关键能力的理论研究与实践探索如雨后春笋般涌现。罗校长凭借30余年体育教学的经验，以新课标为引领，用深入浅出的案例生动描述了新课改理念下的体育课堂如何做到"教会、勤练、常赛"，如何利用情境导学思维激发学生的学习兴趣等，进一步明确了体育课"以学定教"的发展方向。教改的高级目标是对"人"的重塑，提升一线体育教师的教育教学素养将直接影响今后学校体育的发展质量。

　　这里既有罗老师"十年磨一课"的探索，又有他"把一节好课上失败"的经历，还有他"用技术改变教学"的大胆尝试。他从阅读与写作入手，将远大的教育抱负、科学的人生规划与体育教师的专业成长相结合，向我们娓娓道明了主动学习、自我提升的重要性。这些经验值得我们借鉴、参考与反思。

　　合书而悟，在体育教育的道路上，我们每个体育人都应该笃信"体育之道，道阻且长，然行则将至；行而不辍，学校体育，未来可期"！

（孙金宝：青岛市教育科学研究院体育与健康教研员）

第八章
课标引领下的课堂教学

■ 名师导言

　　罗兆杰老师与我有着特殊的缘分,他的同学正是我上初中时的体育老师,我们高中都毕业于胶南二中。当时为了教授背越式跳高,罗老师前往附近服装厂收集了 100 多公斤废海绵下脚料作为教学辅助材料。在他的指导下,其学校女子跳高项目连续十多年稳居县运动会小学组第一名。因此,我一参加工作就认识了他。真正与他深入接触是因为我们有共同的写作爱好,我们经常交流投稿心得。后来,我们又一起带着青年教师们边读边写,帮助更多的青年教师发表文章。

　　多年的亦师亦友关系,让我从罗老师身上学到了很多优秀品质。他三十年如一日坚守在操场上,为了激发学生练习跳绳的兴趣,每天都和孩子们一起坚持练习。今年 56 岁的他,依然能在 1 分钟内跳绳超过 200 次。岁月将一个血气方刚的青年变成了头发花白的老教师,但他对体育教育的热爱、对体育教育事业的执着与坚持从未改变。如果一些教师的教研工作仅仅是出于评职称的需要,那么他们很难在学术上有所成就。因此,我建议青年朋友们认真阅读罗老师的这本书,感受他"十年磨一课"的努力付出,近距离地聆听这位绿茵场上德高望重的体育教师讲述他的体育教学故事,一定会收获满满。

　　(徐伦:青岛西海岸新区藏马小学校长、体育教师,青岛名师、青岛市教学能手、青岛市学科带头人。)

课堂教学是教师专业发展的主阵地

　　各级类别的公开课、优质课等不仅展现出教师的专业素养、对教材的理解与把握能力，以及对课堂的驾驭能力，还是教师教学理念的展现，是教师专业成长的重要途径之一。青岛市教学能手评选将优质课获奖情况作为必要条件之一，同时公开课、优质课也成为当下教师职称晋升和评选各类教学专业称号的重要积分依据和参考标准。从教30多年来，我先后3次出示了区级公开课，1次出示青岛市公开课，4次参加全区优质课比赛，每次均荣获一等奖。我还3次代表全区参加青岛市级的优质课比赛，获得2次三等奖和1次一等奖。自2011年山东省开始远程研修以来，我参与了3次"一师一优课，一课一名师"活动，均荣获青岛市级优课称号。此外，我还执教了2次青岛市名师开放课。长期以来，我在课堂教学方面积累了丰富的经验。

　　毛振明教授曾说："好的体育课应达到四个教育目的：懂、会、乐、练。"课堂是体育教师的主阵地，我们要坚守好这片主阵地，用心上好每一堂课，确保学生在体育课上身心得到锻炼、掌握锻炼技能，并在课堂中得到全面发展。课堂同样是体育教师展现才华的大舞台，我们应立足这个舞台，积极实践，勇于探索如何上好每一堂课，从而在课堂中实现个人发展与成长，成为教学能手和学科带头人，尽情施展我们的才华。相较于其他学科，体育与健康学科的项目种类繁多，包括田径、球类、跳绳、体操、武术等。因此，我们在体育课上构建课程项目"超市"，实施众多项目中的选项教学，都必须以新课程标准为依据，并立足于学生的发展。

十年磨一课

1999 年，我第一次参加的最重要的比赛是胶南市优质课比赛。当时，计算机网络尚未普及，教育局需要通过电话将通知传达至学校，并要求学校随后安排专人前往教育局艺体办领取纸质的通知及相关要求。在分管教学工作的业务校长将通知交给我后，我仔细研读了比赛通知的各项要求，并认真进行了赛前准备。预赛阶段是说课，我前往学校图书室搜集了一些与说课相关的杂志文章，随后依据《中国学校体育》杂志上的体育课说课要求，按照基本要素和步骤，精心准备了说课稿，并反复练习。每个环节的内容都清晰地印在我的脑海里，因此比赛时，我基本脱稿，一气呵成，顺利通过了第一关，成功进入决赛的上课阶段。

决赛阶段的课题自选，于是基于多年来阅读《中国学校体育》和《体育教学》杂志所积累的经验，并在高老师的悉心指导下，我精心准备，并依据当时的小学体育教学大纲，设计了一节名为"1. 原地侧向投掷垒球 2. 游戏：循环接力"的课程。在主教材的投掷环节，我巧妙地将"甩纸炮"游戏融入投掷动作学习中，用以引导学生学习"挥臂过肩、肩上用力"的动作。我使用旧袜子包裹垒球并用橡皮筋固定，这既减少了投出后捡球的麻烦，又可以通过观察橡皮筋与垒球投出后形成的夹角来掌握出手角度，从而有效地解决了投掷垒球教学中的重点与难点。在体能练习环节，在高老师的指导下，我还设计了"循环接力"游戏，非常适合在小场地进行传接棒练习。

当时的评委是由胶南市教育局主管体育教学工作的艺体办从城区的市直学校精心抽选的 5 名经验丰富的骨干教师组成的。他们到每一位进入决赛的教师所在学校进行巡回评课。我的这节课得到了 5 位老师的一致好评，最终取得了全市第二名的好成绩。

　　2001年,随着教育部颁布《义务教育体育与健康课程标准(实验版)》,第一轮义务教育课程改革正式启动,为学校体育教学开启了新的篇章。这一年,由于全镇只有我一名年轻体育教师,我再次报名参加了胶南市优质课比赛。现场授课地点设在当时的胶南市实验小学。教育局艺体办提前两天发布了选题范围,我再次选择了投掷类"轻物掷准"这一课题,并使用"沙包"作为器材。由于新课改强调培养学生的探究性学习能力,我深入学习了新课程标准,创设了"除四害、拍苍蝇"的情境,利用小体操垫作为靶子,引导学生通过"拍苍蝇"的动作练习,逐步过渡到"肩上挥臂、头上用力"的动作,从而使他们逐步掌握了"肩上挥臂"的正确动作技巧。特别是那些原本不会投掷的女生,她们投中目标的次数逐渐增加。课堂教学氛围也变得更加活跃。游戏比赛环节,我设计了"踏石过河"的游戏,用小体操垫当作过河的"石块",让学生自己想办法通过20米宽的河流。学生开动脑筋,摆放出了各种"路线",运用了"跨步跑""单双脚跳""快速跑"等多种方式过河。这既培养了学生的创新思维能力,又提升了学生的体能,取得了显著的效果。我因此一举获得全市第一名,并再次获得了参加青岛市优质课比赛的资格。在青岛市第二十五中学举行的青岛市优质课决赛中,我抽到了小学三年级"小篮球运球"的课题,授课对象是鞍山二路小学三年级四班的学生。在与学生仅有40分钟接触的情况下,我在参赛的110多名选手中(包括小学、初中、高中选手)荣获青岛市三等奖,排名第37位,距离二等奖仅差两个名次。这是我首次参加青岛市优质课比赛取得的成绩。

　　在一些老师看来,参加公开课和优质课的主要目标是职称晋升。这既是为了在职业生涯中累积教学成果,又是为了获得相应的积分,提高竞争力,以便能更早地达到晋升的标准。然而,取得这些课程的证书后,一些教师就不再考虑继续参加公开课和优质课。2004年,我参加了小学高级教师职称晋升评选,并晋升为小学高级教师。此后,由于没有了职称晋升的需求且名额有限,我选择将机会让给尚未晋升的老师们,因此逐渐减少了参与优质课、公开课的次数。然而,我始终未停止对课堂教学的研究,通过阅读《中国学校体育》等杂志及学习网络上的优秀课例,积累了一定的课堂教学经验,并在指导本校与外校体育教师参加区优质课比赛中取得了不错的成绩。这段时间，随着合班并校的实施，全镇一些村级小学全部合并到了中心小学，仅剩下我们中心小学和高峪小学两所小学。需要晋升职称的教师大多已经获得了各种课的证书，于是到了 2009 年，学校教师对公开课、优质课的需求降到了最低点。连续几年，胶南市教研室分配给学校的名额都出现了浪费的现象。由于教育局将学校每年参加公开课、优质课的情况纳入对学校的考核，为了避免名额浪费，我于 2010 年 4 月报名参加了胶南市公开课，并顺利通过。

这是我第三次上"投掷轻物"课。根据教研室的要求，这次公开课需要采用借班上课的形式，主题为"如何开展小场地教学"，在全市体育教师中进行展示，时间定于 4 月中旬，地点安排在胶南市新世纪小学。课前一天，我来到新世纪小学，提前了解学生各方面的情况，以便做到心中有数。考虑到学生的实际情况和场地条件，我选择在新世纪小学的篮球馆进行授课，这是当时全区唯一的室内上课场地。结合课程标准倡导的学习要求，我确定了以"投掷轻物"为主的教学内容，并根据室内篮球场地的特点，设计了改进版的体能游戏："小场地传接棒练习——循环接力"。我认真备课，将小组合作探究活动巧妙融入各个教学环节中，并认真落实每一个环节的教学目标，力求在每个环节中充分体现新课标的理念，教案设计见表 8-1-1 至表 8-1-8。

表 8-1-1　胶南市小学体育与健康公开课课时计划

上课年级	四年级	上课地点	胶南市新世纪小学
内容主题	1. 投掷轻物　　2. 游戏:循环接力		
学习目标	1. 学习投掷轻物的肩上挥臂动作，掌握投得更远的方法。 2. 在接力练习中学习"下压式"传接棒的技术动作，熟练掌握传接棒技巧。 3. 通过游戏练习,培养团结合作的精神		
学习重点	学生在纸玩具游戏活动中逐步领会并过渡到肩上挥臂投掷的动作技巧		
学习难点	投掷时能够做到"手高于头、肘高于耳"，并且手臂挥动快速有力		
温馨提示	1. 课前提示学生不要在衣裤口袋中放硬物,如眼镜、铅笔、发卡、圆珠笔等。 2. 课前请检查场地,确保场地平整,无尖锐物体,如小石子、钉子等		

表 8-1-2　导入篇（用时 2 分钟）

教学内容	开课仪式、课堂常规	场地情境设计
教学过程	1. 体育委员整队并报告人数，师生互相问好。 2. 教师明确课的内容和要求，用语言创设情境，以激发学生的热情。 3. 教师带领学生进行队列练习，从一路纵队走成圆形队	组织：四列横队 本课情境设计： 轰炸敌军司令部
分层分篇 教学目标	1. 教师用语言激发学生的热情，提高他们对上课的兴趣。 2. 培养学生的组织纪律性，为下面上课打基础	

表 8-1-3　热身篇（用时 4 分钟）

教学内容	快乐跳短绳	场地情境设计
教学过程	1. 徒手操、双人压肩。 2. 原地双脚跳、原地单脚交替跳（听到哨声由慢到快）。 3. 一分钟计时跳（教师计时）。 4. 结束跳绳活动，教学生整理好跳绳，培养学生养成良好的习惯，为下面的投掷轻物做好初步准备	组织：走成圆形队
分层分篇 教学目标	1. 协调性好的学生能够熟练掌握基本动作，尽量做到规范、舒展，展现自我风采。 2. 协调性一般的学生能够基本跟上动作节奏。 3. 协调性有待提高的学生能积极参与活动。 4. 充分活动身体的各个部分	
温馨提示	学生在练习中需要注意避免碰撞及绳子缠绕的情况	

表 8-1-4　游戏篇（用时 6 分钟）

教学内容	游戏：纸飞机、甩纸炮	场景设计
教学过程	1. 创设情景，激发兴趣。教师引导学生学习制作纸飞机和纸炮等纸制玩具，分组自由练习，并通过小组交流来初步掌握"肩上挥臂"的动作要领。随后，学生分组进行游戏比赛，相互交流学习心得。 2. 徒手模仿扔纸飞机、甩纸炮练习。 3. 小结游戏中存在的问题，进行有针对性的引导练习	组织：走成圆形队 飞机：高空侦察 纸炮：火力掩护
分层分篇 教学目标	1. 在扔纸飞机和甩纸炮的过程中体会"肩上挥臂、出手用力"的动作，用心体会用力的过程。 2. 学生根据不同的喜好进行游戏，发挥自己的特长，培养观察力和团队合作能力	

表 8-1-5　实践篇（用时 8 分钟）

教学内容	投掷轻物练习：轰炸敌军司令部	场景设计
教学过程	1. 让学生徒手模仿刚才扔纸飞机的动作，帮助学生掌握"肩上挥臂"的初步动作，并引导学生总结出"手高于头、肘高于耳"的要领。 2. 指导学生自制器材，如使用方便袋包住短跳绳，或者利用玩纸飞机、纸炮后剩余的废纸制作成"炸药包"，创设情境，引导学生进行投掷轻物的练习。 3. 组织学生体会动作要领，进行模仿和练习。 4. 组织学生强化练习，巩固动作定型，展示学生风采	组织：走成圆形队 
分层分篇教学目标	1. 通过纸玩具、徒手模仿和投掷实物三个环节的小组合作学习，能力一般的学生能够基本完成动作，并分享和探讨自己的成功经验；能力较强的学生能够帮助那些无法独立完成任务的同学，帮助他们形成正确的"肩上挥臂"动作定型。 2. 培养学生团结合作的精神，增强他们的自信心。对于能力有待提高或体质较差的学生，鼓励他们在同学们的帮助下积极参与活动。 3. 教育学生不乱扔废纸，渗透环保教育	情境： 中心小圆圈为敌军司令部，用我们自制的炸药包轰炸！
温馨提示	教育学生听从指挥，统一投出器械，统一捡拾器械	

表 8-1-6　拓展创新篇（用时 4 分钟）

教学内容	学生发挥想象，自由练习	场景设计
教学过程	1. 引导学生利用场地器材，开展创新性的活动。 2. 引导学生进行讨论，并将想法付诸实践；教师及时给予评价和鼓励	引导学生利用场地上的一些器材自由创编活动内容，然后参与活动
分层分篇教学目标	1. 动作技术好的学生带领同学一起练习。 2. 动作技术一般的学生能够做到跟上技术好的同学。 3. 能力有待提高或体质较差的学生能够积极参与	
温馨提示	各小组之间注意相互避让，避免碰撞	

表 8-1-7　合作竞赛篇（用时 12 分钟）

教学内容	游戏：循环接力	场景设计
教学过程	1. 教师讲述循环接力的方法和规则，重点示范传接棒方法。 2. 进行游戏比赛，观察比赛情况。 3. 进行对比，及时评价，以表扬鼓励为主	× × × × ⇑ ⇑ ⇑ ⇑ ⇑ ⇑ ⇑ ⇑ × × × ×
分层分篇教学目标	1. 学习体会两人配合传接棒的方法。 2. 在接力练习中学习传接棒的技巧，培养团结合作的精神	
安全提示	教育学生按照规定路线跑，传接棒时注意错开身位，避免碰撞	

表 8-1-8　整理放松篇(用时 4 分钟)

教学内容	1. 放松练习:背对背　2. 课堂小结	场景设计
教学过程	1. 教师创设情景,带领学生共同练习。 2. 师生共同小结自我保护和关心他人的意义。 3. 师生共同小结本课情况,师生互动	组织:走成圆形队
分层分篇 教学目标	1. 敢于展现自我的学生能主动带领大家共同练习。 2. 表现一般的学生能学习他人的动作,一起练习	
活动器材	短跳绳 41 根、接力棒 4 根、卡片纸若干张、圆木柱 8 根	
预计教 学效果	全课平均心率为 125 次 / 分,全课练习密度为 50%左右,80%以上的学生基本掌握了活动方法,心理负荷良好	
课后反思	1. 本节课在教学方法和内容设计上,虽然采用了传统的纸飞机、甩纸炮等辅助练习方法,但是我在课前已提前一天到新世纪小学对师生进行了深入了解。通过了解,我得知上课班级在以往的体育课中并未接触过这类练习游戏。因此,在教学过程中,我引导学生先通过纸玩具游戏进行自主探究学习,随后采用小组合作学习的形式,让小组内优秀学生帮助基础较差的学生。这一教学方法既符合新课改的教学理念,又有效促进了学生对投掷轻物关键动作"肩上挥臂"的掌握。虽然投掷纸飞机、甩纸炮等辅助练习方法较为传统,但是对新世纪小学四年级的学生来说,这是他们首次接触,因此这种练习形式对他们来说既新颖又受欢迎,取得了良好的教学效果。 2. 在器材的选择与设计上,我让学生将短跳绳、废纸等物品装入方便袋中,解决了平时投掷器材因惯性而难以控制的问题,如乱滚、乱滑等现象,使其更适合在小场地进行投掷练习。这种自制的"炸药包"器材贴合本节课"轰炸敌人司令部"的教学情境,极大地激发了学生的练习兴趣。同时,通过将纸飞机、纸炮游戏后的废旧纸收集起来,既实现了器材的一物多用,又巧妙地融入了环保教育的理念。 3. 在场地设计和情境创设上,我让学生站成圆形向中间投掷,创设了"轰炸敌人司令部"的情境,通过模拟投掷炸药包的练习,激发了学生对投掷的兴趣,对投掷练习起到了较好的作用。循环接力游戏的组织形式也非常适合小场地教学

　　这节课取得了较好的教学效果,受到了教研员老师和听课老师的一致好评。

小场地传接棒接力跑练习——循环接力

一、教学内容

　　接力跑是由几名运动员组成接力队,通过接力棒的传递,相互配合跑完一定距离的集体田径竞赛项目,是田径教学中唯一一个团体项目。它激烈、刺激,富有对抗性,能充分调动学生的积极性,让学生在活动中提高身体素质,并感受到集体的力量,培养了学生的集体主义精神。它使跑的形式更具趣味性,使学生掌握多种传接棒技术,是学生喜见乐闻、兴趣较高的一种体育形式。

二、教学方法

学生分成四路纵队,每队人数相等。每队的第一个队员持接力棒出列并站在接力线上,听到口令后沿箭头所示方向快速跑动。第一个队员出发后,第二个队员立即出列到接力线上准备接第一个队员传递的接力棒。第二个队员接到接力棒后继续沿箭头所示方向跑动,第三个队员也迅速到接力线上等待接第二个队员的接力棒……最终,以先完成接力任务的队伍为胜,如图 8-1-1 所示。

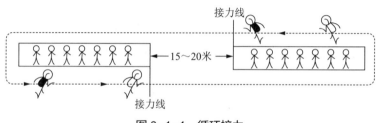

图 8-1-1　循环接力

三、实效说明

传统的传接棒练习需要在跑道上进行,由于所需场地较大,不利于教师讲解示范和组织练习。然而,通过采用循环接力游戏,不仅便于教师进行示范讲解,还便于学生在练习过程中相互观察,从而发现彼此在练习中存在的问题。这种游戏方式能够较好地解决传接棒练习时场地不足的问题,同时以游戏比赛的形式进行,能够激发学生的练习热情,让他们在比赛中更好地学习、练习和巩固传接棒动作。

四、锻炼指导

在练习的过程中,教师可以先引导学生进行"立棒式"传接棒练习,待学生熟悉后,再根据循环接力的图示指导学生进行各种交接棒技术的练习,包括"上挑式"和"下压式"。

关于同课异构的几点思考

回顾我的三次"投掷轻物"的上课经历，虽然都以"投掷轻物"为主要教学内容，但是每次的教学环境和学生都各不相同。第一次是在本校上课，面对熟悉的学生，我采用了"甩纸炮游戏作为前奏，用橡皮筋拴住垒球"的形式，教会了学生"肩上挥臂"的动作。第二次是在实验小学上课，面对不熟悉的学生，我通过他们熟悉的"模仿拍苍蝇"小游戏来引导他们学习，使大多数学生基本掌握了"肩上挥臂"的正确动作。第三次是在新世纪小学上课，通过提前了解学生，我选择了看似老套的"玩纸飞机，甩纸炮"游戏，并借助小组合作探究的方式，让学生同样掌握了"肩上挥臂"的动作。虽然时间、地点和学生都发生了变化，但是我运用了"一人同课异构"的教学策略，均取得了良好的教学效果。

一直以来，同课异构都是一种广泛应用的教研活动形式。同课异构要求确定同一授课内容，随后教师根据个人实际情况进行备课和授课，可以分为"同课多人异构"和"一人同课异构"两种形式。由于不同教师拥有不同的教学风格，他们在上课时会采用不同的教学方法和策略，因此即使教学内容相同，也会展现出多样化的教学过程设计。听课的老师在观摩后，通过对比分析进行评课议课，旨在找出教学中的优点和不足，以便在相互学习中取长补短，共同进步。这是"同课多人异构"的常见模式。此外，同一教师为了更深入地探索哪种教学方式更适合学生，会在深入研究教学内容的基础上，为同一教学内容设计多种不同的教学方案。这些方案可以通过教研组集体研讨进行优化，并在不同的班级中实施，最终通过课后效果评估，选择出教学效果最佳的教学方案。这就是"一人同课异构"的含义。

课程标准是实施教学的依据。"同课异构"的最终目标都是为了学生，虽然采用了不同的授课方式，但是核心目的均在于有效促进学生对知识的理解、掌握、巩固和发展。开展"同课异构"时,教师需要深入研究课堂教学,对教学内容进行认真分析,巧妙安排教学过程,并选择科学的教学方法。教师要根据自身特点和学生实际情况,因班制宜、因生制宜地设计教学的每一个环节。

一、准确把握课程标准

教师应该通过认真学习来内化课程的基本理念,明确课程的总体目标和阶段目标,熟悉课程的设计思路,并深入理解课程编写、实施的意见和建议,合理开发与利用课程资源。学习并理解课程标准后,教师应反复钻研教材,准确把握教材的编写意图,明确本节课所在单元的教学目标,以及确定本节课的具体教学目标。全面了解学生和自我,是实现同课异构教学的基础。

二、积极开展课堂教学实践

教师、学生、教材是同课异构的重要教学资源,课堂教学实践是同课异构的重要途径,学生的反馈则是检验教学效果的关键标准。教师的教学行为应切实融入课堂教学中,聚焦课堂,从学生的角度出发,确定教学的重难点、教学结构和内容,并采用恰当的教学方法。教师不仅要明确"教什么",还要理解"为什么教",更要掌握"怎么教"。只有通过课堂教学的实践检验,教师才能真正将课堂的主动权牢牢掌握在自己的手中。

三、进行课后反思

通过对比同课异构课程的效果,教师可以评估学生的兴趣是否被有效激发,以及学生的积极性、主动性和创新性是否被充分调动起来。同时,教师也能判断自己对课程标准和教材的把握是否到位,对教学重点和难点的处理是否恰当,对教学方法的运用是否科学,以及对教学环节的设计是否合理。这些方面最终都反映在教学效果上。只有通过深入的教学反思,教师才能全面了解学生对知识技能的掌握程度,及时进行课例分析,并结合同伴的意见和建议,调整教学思路,从而真正实现"同课异构"的目的。

一节上失败的"好"课

按当时的惯例,青岛市优质课比赛每两年举行一次。2010年6月,青岛市教研室下发了关于全市优质课比赛的通知,并通过抽签确定了各学段的课题。小学组抽到的课题是"小足球运球",准备时间限定为一周。为了选拔教师参加青岛市优质课比赛,胶南市首先通过"模拟课堂"的形式进行了区级预赛,随后让入围教师前往各自学校进行试讲。当时,很多人对来自农村的小学组老师们表示担忧,因为在当时的条件下,实现足球教学中每人一只足球相当困难,加之农村学校的足球教学尚未普及,学生的足球基础相对薄弱。因此,大家担心上课时足球会四处乱飞。

《义务教育体育与健康课程标准(2011年版)》中明确提出积极开发课程资源,以及结合本校实际制作简易器材以改善教学条件的要求。"球王"贝利、马拉多纳等许多球星在童年时期都踢过自制的足球。作为农村体育教师,需要积极拓宽渠道,开发课程资源,以便使课堂教学变得更加丰富多彩。于是,我发动学生利用废旧物品(旧报纸、旧衣物、废海绵等)制作小足球,先用胶带缠绕,再用彩色不干胶带进行装饰,结果制作出的小足球竟然像模像样!这种自制的小足球在教学中产生了意想不到的效果,解决了器材不足的问题。学生因为使用自己亲手制作的小足球,感到既新鲜又好奇,他们的学习兴趣和参与的积极性高涨。更重要的是,这种自制足球的弹性较小,易于控制,降低了新授内容的难度,从而取得了较好的教学效果。

区教研员滕老师用3个"意想不到"对这节课做了点评。

一、"意想不到"的器材

罗老师发动学生自制小足球,在教学中发挥了意想不到的效果。这不仅弥补了器材不足的问题,还极大地激发了学生的学习兴趣。同时,自制的小足球弹性小,易控制,降低了新授内容的难度,避免了由学生足球基础较差导致足球满场飞的混乱局面。这不仅突出了教学重点,还巧妙地突破了教学难点,促进了教学目标的达成,最终较好地完成了教学任务。

二、"意想不到"的示范教具

在传统的足球教学中,教师们常常用自己的脚做示范,但由于前后遮挡,导致学生们需要俯下身来观察。这样的示范方式不仅让学生难以看清,还因为观察角度不同,使学生难以深入理解。在教授脚背运球的环节时,罗老师将足球袜套在报纸筒上,在短时间内制成"脚的模型"来为学生进行示范。这样一来,学生们就可以抬起头来,更加直观、生动地看到脚背运球时触球的位置。这将有助于学生更快地理解和掌握动作技巧的关键,使他们对运球时"脚背部位"的认识更加深刻。

三、"意想不到"的教学过程

罗老师用旧报纸卷成一根小棒放在球的后面,把球当作"猪"赶,模拟小学生熟悉的"赶猪跑"游戏。这一游戏与足球运球看似没有直接联系,罗老师却巧妙地从中找到了共同点。在遵循学生认知发展规律的基础上,罗老师设计了独特且富有创意的教学过程,通过"先上后下,先手后脚"的方式,有针对性地激发学生的兴趣,实现了教学过程的自然过渡和教学内容由难到易的转化。同时,这一教学方法也巧妙地突破了教学难点,极大地调动了学生的学习积极性。罗老师将学生们熟悉的传统游戏与足球运球教学相结合,将儿歌改编为动作要领口诀,让学生对照口诀进行反复练习,互帮互助,合作学习。最后,通过游戏比赛和及时评价,罗老师进一步巩固了学生的动作技术。

后来,我认真整理了这节课的教学设计,并投稿至《体育教学》杂志的《实案选登》栏目。

课程资源巧开发,传统游戏巧结合——水平二
"小足球脚背运球"教学设计

一、指导思想

本课以《义务教育体育与健康课程标准(2011年版)》为指导,在遵循

学生认知规律的基础上,以培养学生参与体育意识为主线,力求做到:① 积极开发课程资源,在弥补器材不足的同时,适当降低新授内容的难度,从而调动学生参与的积极性;② 结合传统游戏,通过让学生熟悉"玩游戏"的动作来实现教学内容由难到易的过渡和迁移;③ 积极创设教学情景,注重教学细节,关注学生安全和认知规律,从而吸引学生的兴趣。总之,通过课堂教学,教师应该提高学生对脚背运球技术动作的认识,使学生掌握运球脚与足球接触的部位及支撑脚的位置,激发学生对足球的兴趣,同时培养学生自主学习、善于观察、积极思维和自我评价的能力,并增强团结协作的意识。

二、教材分析

足球运球在足球运动中占据着非常重要的地位。在比赛中,它能够变换进攻速度,掌控比赛节奏,摆脱对手,突破防守,破门得分或造成对方犯规以赢得点球。脚背运球是足球运动中应用广泛的一项技术,是快速推进的基础。小学生正处于身心快速发展的阶段,活泼好动,而今年举行的南非世界杯赛更是激发了他们参与足球运动的热情。本课在遵循学生认知规律的基础上,结合农村小学的足球教学实际,让学生在"玩中学""学中玩""玩中练",在享受运动带来的乐趣的同时,初步了解和掌握足球运球的基础技术,为今后更好地参与足球运动奠定基础。

教学重点:培养兴趣,让学生初步掌握运球脚与足球接触的部位及支撑脚的位置。

教学难点:运球脚用力适当,动作既放松又协调,能够将足球控制在一定范围内。

三、教学目标

认知目标:激发学生对足球的兴趣,加深学生对脚背运球技术动作的认识。

技能目标:培养学生的自主学习能力,使学生熟练掌握运球脚与足球接触的部位及支撑脚的位置,确保运球时脚形正确,推拨用力时动作协调。

情感目标:培养学生善于观察、积极思维和自我评价的能力,增强学生团结协作的意识。

四、教学过程

（一）导入：四列横队（2分钟）

1. 课堂常规（略）

2. 创设情境，谈话引入

同学们，今天老师给大家带来了一件好玩的礼物（随机出示自制小足球），大家愿意和老师一起来玩吗？

（二）热身：体操队形散开（6分钟）

（1）初步熟悉球性练习：快乐抛接球。教师让学生进行原地自抛自接的多种练习，并尝试用脚背接触球，让学生对脚背产生正确的初步感觉。

（2）创编足球操：学生在教师的引导下跟随音乐进行热身运动，激活身体，预防运动损伤。

（三）实践练习

体操队形向前后各延长20米左右，作为游戏往返接力和运球往返练习的区域。（16分钟）

1. 过渡游戏：引入游戏，激发兴趣

同学们，让我们把自制小足球当作一只小猪，来玩一个"赶猪跑"的游戏吧。我们比一比：看谁能让"小猪"最听话！首先，我们用旧报纸卷成扁形纸筒当作"赶猪棒"，手持"赶猪棒"赶"猪"跑。同学们要注意体会"使用棒子的哪个部位赶'小猪'，'小猪'会最听话"。其次，尝试绷起脚尖，用脚赶"猪"跑。我们还鼓励大家创编儿歌，通过儿歌来体会游戏技巧。在游戏过程中，教师会仔细观察，然后交流和总结。记住口诀："要让小猪最听话，别用脚尖去碰它；绷脚尖，用脚背，让它上哪就上哪。"

按照前后每四人一组来编排体操队形，学生们被分成多个小组进行练习；让学生对照口诀进行初步体验，相互交流。在游戏情境中，学生寻找"让小猪听话"的最佳方法，然后结合自己体验到的动作方法，创编儿歌进行练习，为接下来学习脚背运球做进一步的铺垫。

2. 小足球：脚背运球

（1）创设情境，激情导入。教师播放一段黄健翔解说足球比赛的录音，用他富有感染力的声音激发学生们的兴趣。"同学们,你们刚才听到的是哪场比赛的解说呢?"然后,谈话引入:"在1986年的世界杯上,阿根廷球星马拉多纳在与英格兰的较量中,凭借精湛的运球技术连续突破对方5名防守队员,最终将球射入球门。你们是不是也想学习他的这一绝技呢?""其实,我们刚才玩的第二个游戏:'赶猪跑',就是运用了足球中的脚背运球技巧。脚背运球是足球比赛中至关重要的技术之一,它是我们在比赛中快速推进的基础。"

（2）设疑:"为什么我们刚才用脚赶'猪',赶不好呢?"（学生讨论）① 教师随即用一只足球袜套住刚才用于赶"猪"的报纸筒,制成模型,并对照之前自编的儿歌,使用模型示范运球脚的触球部位。② 教师示范,让学生注意观察,讲解支撑脚的正确放脚位置。

（3）循序渐进,组织练习。（教师随时巡视,注意发现问题,随时解决）练习过程主要设计了5个环节:① 以中等速度边走边带球（体会脚背的触球部位）;② 快速地边走边带球（体会支撑脚的位置）;③ 由慢到快地边跑边带球前进（体会运球脚的适当用力）;④逐排练习,让学生相互观摩,交流各自的体会,然后引导学生把动作要领编成口诀:"要让（足球）最听话,就用（脚背）去碰它;一脚（支撑）一脚运,（用力适当）它最乖";⑤ 让学生对照口诀,进行自由练习,互帮互助,合作学习。

（4）游戏比赛结束后,教师及时进行评价,以帮助学生进一步巩固动作定型,并展示他们的风采。

（5）拓展创新。教师在总结并评价学生运球练习的情况后,应引导学生,为他们布置适当的任务,鼓励他们充分利用场地器材进行创新活动。对于动作掌握得好的同学,教师可以鼓励他们大胆尝试使用真正的足球进行运球练习,并可以开展抛接球、地滚球、合作搬运球等多种形式的游戏练习。

（四）合作竞赛（12分钟）

结合学生上一环节的练习,教师应该组织运球接力比赛,以进一步锻炼学生的活动能力,激发锻炼的兴趣,同时巩固所学技术,并培养学生团结合作的精神。

（五）愉悦放松（4分钟）

① 在音乐的伴奏下，教师带领学生一同进行放松操练习，共融共舞，在和谐的气氛中放松身心。② 交流收获与体会，教师进行小结。

五、教学反思

我校是一所农村小学，开展足球教学时要达到每人一只足球是很不容易的。《义务教育体育与健康课程标准（2011年版）》明确提出了积极开发课程资源，以及结合本校实际制作简易器材以改善教学条件的要求。因此，我鼓励学生利用废旧物品（如旧报纸、旧衣物、废海绵等）和胶带制作小足球，用于足球教学。这样不仅解决了器材不足的问题，还因为自制小足球弹性较小，易于控制，降低了新授内容的难度，激发了学生的学习兴趣和参与的积极性，有助于突破教学难点，使课堂变得更加丰富多彩。在教具改革和教法创新上，我循序渐进地实现本课的学习目标。同时，我还将教学重点内容创编成口诀，这符合学生的年龄特点，有助于学生记忆动作要领，从而使课堂真正成为实现本课各领域目标的平台。

（原文发表在《体育教学》2010年第12期《实案选登》栏目，在本书中有改动。首都体育学院王文生教授对这个教学案例是这样点评的："继承传统是必要的，但是敢于并善于突破传统则是难能可贵的。"）

不出意外，这节课让我第二次荣获了胶南市一等奖，并获得了代表胶南市参加青岛市优质课比赛决赛的资格。在教研员滕老师的指导下，我进一步完善了"小足球脚背运球"的课程设计。在课堂评价环节，我利用不干胶制作了若干金杯、银杯的彩贴，准备在上课时适时评价并奖励给学生。几天后，我与另外两位初中和高中的老师一同来到比赛现场——青岛市城阳区的空港小学。提前得知这里的足球数量很多，因此我并没有携带自制的纸质小足球。带着预选赛成功的喜悦，我信心满满。按照规定，上课前需要提前一节课见学生，因此我提前来到操场，选择好上课场地，并布置好上课所需的足球等器材。随后，我准时来到比赛组委会指定的403班。我先与班主任老师进行了交流，然后走进教室，通过提问关于"足球明星"的知识来了解该班学生对足球的了解情况。空港小学是一所新建的小学，以足球为体育特色。

由于班级中有几名学校足球队的队员,这让我对接下来的课信心更足了一点。接着,我在小黑板上用粉笔写下了口诀,并边讲边演示了课的组织过程、队形调动等要求,同时向学生展示了本课的奖品——不干胶做成的金杯、银杯彩贴,并承诺将颁发给表现最好的学生,以此激发学生的积极性。短暂的40分钟后,在班主任老师的协助下,我把学生带到了提前布置好的上课地点,准备开始上课。

上课开始了,在开始部分和准备部分,学生在音乐的伴奏下进行了热身活动,接着进行了"赶猪跑"的游戏。一切都按照预设进行,学生的热情也逐渐被调动起来。然而,在技能学练阶段,当我准备奖励表现好的学生时,突然发现原先准备好的金杯、银杯的彩贴不见了,应该是在之前见学生时落在了教室里。我稍微一愣,但随即恢复了镇定。我迅速调整过来,一边向这些学生竖起大拇指以示鼓励,一边承诺课后会给予他们奖杯作为奖励。随着我给出的"承诺"越来越多,在没有实际"物质"刺激的情况下,对于水平二阶段的小学生来说,他们的积极性调动效果并不理想。在接下来的练习环节,又出现了一个小插曲。几个学校足球队的队员早早完成了练习任务,在一旁"袖手旁观"。而那些没有足球基础的学生,尤其是几个被调动起积极性的女生,根本控制不住足球,越想把球控制好,越是适得其反。有几个学生稍微一用力,球就滚到远处去了,等他们把球追回来时,另一边的足球又跑了。标准的足球与原先用废旧物品自制的足球在操作上是截然不同的。特别是在最后的体能游戏环节,我设计了运球接力比赛。我对学生不够熟悉,分组不够平衡,使其中一组早早地结束了比赛,而另一组却迟迟完不成任务。为了完成预期的教学任务,本节课拖堂将近4分钟。等到做完放松活动并讲评后宣布下课时,有的评委老师已经搬着椅子离开,前往下一个上课地点。

相同的教学内容,基本相同的教学设计,当面对不同的教学时间、地点及学生时,教师的疏忽导致了学生评价环节的缺失,同时由于缺乏对学生个体差异的深入了解,忽视了对学生个体的关注。因此,几个细节处理不当,直接导致了本节课的教学效果不佳,最终只获得了三等奖。

反思这次上课经历,我深刻地认识到任何一节成功的体育课都离不开对学生的全面了解,这正是我们常说的"备学生"。同时,课堂教学实际上是由多个教学环节组成的,而每个教学环节又由诸多教学细节构成。一节课最能体现教学效果的正是那些闪光的细节。教学细节产生于特定的教学情境中,是构成教学行为的最小单位。虽然细节看似微小,但是能折射出教育的大智慧,正所谓"细"是"微末之处","节"却是"关键所在"!

立足学校实际，争创体育特色

2011 年，随着教育部《义务教育体育与健康课程标准（2011 年版）》的颁布与实施，小学体育与健康课程改革开启了新的篇章。我积极投入教学研究，认真上好每一节体育课。通过《中国学校体育》杂志的读者 QQ 群，我结识了吕兵文、穆乃国、万立江等众多来自全国各地的优秀体育教师，这极大地提升了我的体育教学业务水平。随后，我在《中国学校体育》和《体育教学》等杂志上发表了多篇文章，逐渐成了青岛西海岸新区小学体育骨干教师，并加入了"小学体育学科中心组"。2014 年 10 月，在首都体育学院举办的"国培计划"项目中，中国人民大学附属中学的齐景龙老师为我们带来的"跳绳课"培训让我深受震撼，并对跳绳有了更全面的认识。于是，我开始深入研究跳绳教学，广泛搜集跳绳的相关资料，结合学校实际情况，编写了跳绳校本教材，并重新编排了以跳绳为特色的学校大课间活动。

跳绳大课间流程：自编绳操（3 分 50 秒，音乐伴奏《甩葱歌》），个人快速跳绳（1 分钟，音乐伴奏"全国跳绳 1 分钟计时赛音乐"），班级集体跳长绳绕"8"字（4 分 30 秒，音乐伴奏《大家一起来跳绳》），放松操（3 分 20 秒，音乐伴奏《拍手歌》），这彻底改变了学校以往单调重复的韵律操模式。

2015 年，我参加了全区"校园体育特色课程开发研讨活动"，并展示了一节花样跳绳公开课。在 2017 年 1 月，我获得了国家体育总局社会体育指导中心颁发的"跳绳初级教练员资格证书"。

"花样跳绳"第一课时教学设计

水平二（四年级）

一、指导思想

本课依据《义务教育体育与健康课程标准（2011 年版）》（水平二）的目

标要求,遵循运动技术动作形成的规律和学生运动心理活动的特点,以跳绳为主要教学内容,充分发挥器材的多元性功能,以学生自主活动为主要练习形式,旨在充分发挥学生的主观能动性。通过学习,学生不仅能够掌握花样跳绳的基础知识和基本动作,还能自主了解、探究并掌握跳绳的多种跳法,从而全面提升身体素质。同时,学生还将通过游戏比赛的形式,培养良好的团队合作精神,并切实有效地参与学校组织的体育大课间和课外体育活动,确保每天都能锻炼一小时,形成终身锻炼的良好习惯。

二、学习目标

(1)了解《全国跳绳大众等级锻炼标准》中一级动作的具体内容,初步掌握前1～3个动作。

(2)通过自主探究、合作学习的方式,让学生在掌握技术的同时发展灵敏性、协调性、弹跳力和持久力,培养学生良好的学习与锻炼习惯。

(3)培养学生团结合作和吃苦耐劳的精神,让学生在享受运动乐趣的同时得到锻炼。

三、教学重点

花样跳绳一级动作1～3个。

四、教学难点

手与脚的协调配合与节拍控制。

五、教具、学具准备

短跳绳41根、录音机1台。

六、教材分析

跳绳是简单易行的大众化健身运动,深受小学生喜爱。由于设备简单、易于开展,我校在广泛论证后,决定将跳绳作为特色体育课程纳入体育教学计划中。我们选用《全国跳绳大众等级锻炼标准》作为主要教学内容,结合我校实际,帮助学生建立正确的跳绳技术概念,使他们能够初步掌握基本技术。在此基础上,我们进一步指导学生练习花样跳法和跳大绳等各项技术。四年级跳绳单元的教学重点是学习《全国跳绳大众等级锻炼标准》中花样跳绳六级标准中的一级动作,共计4课时,本课为第1课时。

七、学情分析

我校跳绳课程开展时间不长,导致学生的基础普遍较弱,并且存在个体差异。针对此情况,本次授课面向小学四年级的学生,他们活泼好动,对体育活动怀有浓厚的兴趣,并热衷于学习他人的运动技能与技巧。在教学过程中,我们应根据学生的心理、生理特点和个体差异,为学生提供适当的学习空间,鼓励学生进行自主学习、合作学习和探究学习,以便让学生在观察和思考中受到启发,并在实践中获得知识、方法与技能。

八、教学过程

(一)开始部分

教师导入新课,进行课堂常规并宣布课程内容,接着引导学生进行队列练习;通过具有针对性的"1,2报数"队列练习,为后续整堂课的队形变换和小组划分打下坚实的基础。

(二)准备部分

首先,进行障碍跑、曲线跑、单脚跳、双脚跳等基本练习,利用跳绳作为标志物,在场地上开展身体基本素质的训练。其次,进行绳操练习,进一步活动身体各关节,放松肌肉,充分热身,从而提高身体机能和适应能力。这一环节还能激发学生的兴趣,使他们自然地进入主课教学中。

(三)基本部分

(1)《全国跳绳大众等级锻炼标准》中花样跳绳一级动作。通过教师示范分解练习、学生自主学习和小组合作、完整练习和动作组合串联等方式,学生初步掌握一级动作中的前3个基本动作:左右甩绳、并脚跳、双脚交换跳。在拓展练习环节,教师引导学生思考并尝试其他跳法,鼓励学生自行尝试并展示,随后教师示范几个新动作进行启发和诱导,最后布置课后练习作业。

(2)在游戏"快快跳起来"中,教师进一步挖掘跳绳器材的多元性功能,鼓励学生基于原游戏进行创新,开发更多的锻炼方法,从而更全面地提升学生的体能,发展其灵敏性、协调性和弹跳能力,并培养其团结协作精神。

(四)结束部分

在音乐《幸福拍手歌》的伴奏下,学生们进行放松活动。教师鼓励学生

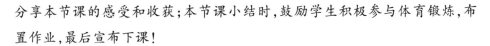

分享本节课的感受和收获;本节课小结时,鼓励学生积极参与体育锻炼,布置作业,最后宣布下课!

九、课后作业

(1)课余时间,学生自主练习,进一步熟练前1～3个动作,并巩固组合练习中的串联动作。

(2)优秀学生可以尝试本课拓展练习中的后面几个动作。

十、教学反思

通过本课学习,学生掌握动作的速度较快,但在动作的规范性上仍有待提高。在进行组合练习串联动作时,学生们的整体表现显得杂乱、不整齐,特别是在配合音乐节拍方面存在不足。接下来,我们需要进一步提高学生的动作质量,结合学校大课间活动,反复利用音乐伴奏,使学生手与脚的配合及音乐节拍的控制更加协调,从而使全体学生的动作更加整齐划一。

目标引领内容　关注学生身心发展

——以"投沙包"为例，谈对"目标引领内容"课程标准的认识

体育新课程改革中的显著亮点就是"目标引领内容"。过去，一线教师在教学中习惯性地先考虑教学内容，再通过写教案来确定教学目标，设计教学方法和教学过程，最后进行评价反馈。在深入学习课程标准后，我明显感受到教学内容的要求已发生显著变化，即"目标引领内容"。对于这一点，许多教师，尤其是一线教师存在一些困惑。下面，我将结合水平一中"掷沙包"的教学内容，与大家分享我对"目标引领内容"这一理念的理解。

一、根据学生的身心发展特点确立教学目标

"目标引领内容"具体指的是在教学设计过程中先明确课程的学习目标，再依据这些目标来精心设计课程的具体内容。课程目标的设定应该基于学生的身心发展特点、社会的需求及体育学科学习的基本规律。总的来说，"目标引领内容"的核心是"一切为了学生的发展"。因此，在确立教学目标时，我们应先考虑学生的身心发展特点，确保教学目标能够真正促进学生的全面发展。

"掷沙包"是水平一中投掷轻物的主要内容。在投掷轻物的教学中，传统的教师讲解示范的方法会让学生认为投掷技术很复杂，尤其是"鞭打式"用力。对 1～2 年级的小学生来说，"鞭打式"用力较为抽象，导致大多数学生难以掌握这一动作。除了学生自身的原因外，我还发现教师的示范存在两点不足：一是常规示范动作较快，导致学生难以抓住动作要领；二是采用较慢的动作进行示范时，又难以表现出"鞭打式"用力的特点。为了提高学生的投掷能力，我设定了以下目标：学生能够作出原地侧向投掷轻物的动作，

做到蹬地、转体、挥臂动作连贯、协调;学会正确的站位、投掷臂后伸等动作,努力做到蹬地转体、挥臂过肩等动作连贯、协调,以便将沙包投出。

二、结合学生的技能、体能和兴趣设计教学过程

"目标引领内容"要求教师根据当前所教学生的身心发展特点,如身体发育状况、体能与技能形成的规律、体能与技能发展的敏感期、兴趣变化规律及学生的认知和思维特点来设定一个学生容易达到的目标,确保学生付出适度的努力后能够完成。根据这一目标,教师再来选择相应的教学内容。

在"掷沙包"一课中,我设计了以下 3 个环节。

(1)课前,我安排学生各自准备一根 2～3 米长的短绳,并装饰成老虎尾巴的模样。随后,我根据这些短绳的实际长度,在场地的另一端,每隔大约 1.5 米的距离,放置一个装满沙子的矿泉水瓶作为学生们即将追逐的"猎物"。

(2)创设情境,激趣导入。同学们,让我们一起来玩一个"老虎甩尾巴"的游戏吧!你们站在一条线后,手持自己制作的"老虎尾巴",尝试击打另一边的"猎物"。学生们对此兴趣高涨,都迫不及待地想要尝试。在游戏的过程中,我引导大家反复练习,并重点关注每个人的不同动作表现,如站位、甩鞭臂后伸、右腿微曲、蹬地转体、挥臂过肩等。在不知不觉中,学生逐渐掌握了要学习的基本动作。

(3)在距离目标 8～10 米的位置,我要求学生使用之前学习的"甩鞭子"动作投出沙包,射击"猎物"。然后,比一比谁击倒的"猎物"准,谁击倒的"猎物"多。通过这种方式,学生们将更加投入地练习,实现从游戏到技术要领的自然过渡。在此过程中,我会适时进行点评,给予恰当的评价,使课堂气氛更加高涨。

在明确了教学目标后,我在进行教学设计时,将"甩尾巴"游戏安排在新授课之前,让学生自主探索和发现投掷的基本动作,引导学生利用甩短绳来模仿和领会"鞭打式"用力的动作要领,使他们意识到这些动作其实在日常生活中也经常用到,并不难掌握。通过这种方式,学生对投掷练习产生了浓厚的兴趣,灵活地突破了教学难点。此外,学生不仅较快地掌握了投掷技

能,还提高了沙包掷远的成绩。

新课程标准确立了以学生发展为本的理念,因此我们应始终坚持"一切为了学生的全面发展"的思想,真正将学生的全面发展放在首位。我们要以目标为统领,将内容作为课堂教学改革的突破口,不断探索和创新教学设计方式,从而充分发挥体育课在促进学生全面发展中的重要作用。同时,我们要实现由教教材向用教材教的转变,更加关注学生的个体差异和需求。在教与学的过程中,我们还要尊重教师和学生作为教学主体的地位,给予教师和学生更多选择内容的权利,使教学更加贴近教学实际。

提高体育课堂生命力的"十大秘籍"

一个核心 —— 尊重

《义务教育体育与健康课程标准(2011 年版)》提出:"体育与健康课程高度重视学生的发展需要,从课程设计到学习评价,始终以促进学生的身心发展为中心。"在体育课上,当学生害怕完不成动作时,一句"你再勇敢些,肯定可以的"可以收到意想不到的效果。陶行知先生曾经说过:"你的教鞭下有瓦特,你的冷眼里有牛顿,你的讥笑中有爱迪生。"正是教师的尊重才给了学生自信和尊严。实践证明,保护学生的自尊心是一种极具鼓舞作用的教育方式,是教育成功的"金钥匙",可以让每名学生都能自信地昂首前行! 尊重是体育课堂生命力的核心,而教育的秘诀在于尊重。

两个基本点——情境和游戏

内容枯燥乏味与机械重复练习是"学生喜欢体育,但又不喜欢体育课"的重要原因。记得耐久跑的第一次课,我采用了传统的定时跑的教学方法,这让学生们觉得"索然无味"。于是,我改变了教学策略,在第二次课时采用了"猎人与狼"的游戏,创设了"猎人追狼"的情境,运用了让距跑的比赛形式,"男追女、女追男",以追上人数的多少来决定胜负。这样一来,学生们练习时兴趣盎然,在不知不觉中完成了预定的教学任务。同样是练习,前者是单纯的练习,后者在创设情境的同时,采用了游戏比赛的方式进行练习,两者最终收到的练习效果是不一样的。如果说"情境"是孕育富有生命力体育课堂的"温室",游戏就是让体育课堂充满活力的"儿童乐园"。恰如其分的教学情境和丰富多彩的游戏是构成课堂生命力的两个重要基本点。

三个关键词——合作、探究、创新

国外流行这样一种教学观:"你告诉我,我可能会忘记;你给我看,我可能会记不住;你让我参与,我可能会理解"。的确,在教学中,单凭教师讲授很难让学生真正学会,也容易让学生感到厌倦。例如,一位教师在教授 50 米快速跑时,是这样安排课程的。① 提出问题:"跑完 50 米,你用了多少步?"学生们兴趣盎然,好奇地边跑边数起了步数。② 布置任务:学生相互数出 50 米跑的步数,并讨论"为什么有人跑得快,有人跑得慢;在 50 米跑中,应该跑多少步是合理的;采用什么方法跑,才能跑得更快"。③ 让学生分别做一手持风车、两手持风车、帽子上插风车跑的练习,要求尽量使风车转得快。通过这种方式,学生可以在实践中体会正确屈臂、快速摆臂、抬头挺胸、目视前方的动作。④ 通过反复练习,学生找到适合自己的步频与步长,巩固短跑技术。通过这种方式,在实现本节课目标的同时,学生在合作中发现了步频与跑速的关系,在探究中明白了步幅与步频要合理搭配,在新颖的"玩风车"游戏中掌握了短跑的多项技术。从教学过程来看,合作为学生搭建了活力课堂的"舞台",探究为学生提供了源源不断的动力,创新使学生对重复、枯燥的课堂产生亲近感、新鲜感,触及了课堂生命力的"灵魂"。因此,合作、探究和创新是构建课堂生命力的关键所在。

四个关注点——生成、激情、评价、延续

(一)生成使课堂更精彩

无论教学设计多么充分,在课堂中都可能出现一些意外事件。在一次篮球低手运球课上,我组织了一场运球接力比赛。比赛开始,学生按照我的示范,秩序井然地进行着。然而当轮到一名男生时,他却把球拍得很高,并在每次拍球间隙加速跑动几步,他的速度明显加快。其他学生见状也纷纷效仿,比赛瞬间变得激烈起来。一轮比赛结束后,我询问他为何这样做,他回答说:"老师,你规定不持球就行,我并没有违反规则啊!"我立刻调整教学思路,于是将低手运球与高手运球结合起来,这节课最终取得了良好的效果。课堂教学中,这种动态生成的资源使整个教学过程充满活力。

（二）激情使学生更投入

在 2014 年的"国培计划"培训中，我有幸观摩了一节外教在中国上的体育课，主题是"儿童舞蹈动作发展"。这位 50 多岁的美国女体育教师以其富有感染力的声音和生动的肢体语言，引领着整节课的节奏。虽然没有复杂的队形变换，仅保持简单的体操队形，但是在音乐的伴奏下，全体学生都忘我地跟随着她，时而奔跑，时而跳跃，时而屈体，时而伸展……这位教师不仅激发了学生的热情，还赢得了全场观摩教师的热烈掌声。因此在课堂上，教师应以组织者、引导者、参与者的身份出现，将激情带入课堂，用自身的热情点燃学生心中的希望之火。

（三）评价让学生感受成功

在体育教学过程中，一句赞美的语言、一个真诚的微笑、一个肯定的点头、一个鼓励的手势都能产生"此时无声胜有声"的效果。合理的评价能够极大地调动学生的积极性，因此教师要善于捕捉时机，对学生的进步给予充分的肯定，让学生深切感受到成功的自豪和愉悦。在体验成功带来的快乐的同时，这种评价能够激发学生参与学习的积极性，给予学生超越自我的信心，从而有效地开发学生的身体潜能，丰富他们的情感体验，并激励他们的斗志。总之，评价是构建充满生命力体育课堂的"催化剂"。

（四）延续应是体育教师不懈的追求

《义务教育体育与健康课程标准（2011 年版）》强调学校体育应遵循"健康第一"的指导思想，突出学生的学习主体地位，注重激发学生的运动兴趣，引导学生掌握体育与健康的基础知识、基本技能和方法，增强学生的体能，培养学生坚强的意志品质、合作精神和交往能力，为学生终身参与体育锻炼奠定坚实基础。因此，延续是培养学生终身体育意识，是学校体育的终极目标。

一堂充满生命活力的体育课需要教师以敏锐的教育机智捕捉课堂生成，及时调整教学策略；以激情四溢的感召力唤起学生的热情；以科学合理的评价让学生体验成功的喜悦；用发展的眼光看待学生，为学生的终身体育发展奠定基石。

（原文发表在《中国学校体育》2015 年第 2 期，在本书中略有改动。）

第九章
技术支持下的体育教学

■ 名师导言

　　罗兆杰老师是我 2014 年在北京首都体育学院参加教育部"国培计划"小学体育教师培训班时的同学。我非常荣幸能够认识罗老师,他努力推进了技术支持下的体育教学,展示了 5 个优秀的教学案例。他通过巧妙地利用现代教育技术手段,有效落实了课程标准,为体育教学提供了更为丰富的教学方式,不仅提高了教学效果,还拓展了教学形式。

　　技术支持下的体育教学可以使学生更直观地了解运动技巧和规则,从而提高教学效果;为学生提供丰富的学习资源,如微课、在线教学平台和教学视频等,辅助体育教学。技术支持下的体育教学还能根据学生的学习情况和个人特点,为学生制订个性化的学习计划和教学方案,实施个性化教学或分层教学,更好地满足学生的学习需求。通过互动性教学方式,如虚拟实境和游戏化等,技术支持下的体育教学可以激发学生的学习兴趣,提高学生的参与度,从而更好地促进学生的学习。

　　技术支持下的体育教学是一种有益的教学模式,为体育教学带来更多的创新和可能性。我期待更多的体育老师能像罗老师一样,不断实践,不断总结,为体育教育的改革与发展贡献自己的智慧和力量,创造出更多、更美的体育教育新篇章。

　　(李亚琼:安徽省合肥市少儿艺术学校教育集团副校长、中共党员,安徽省特级教师、安徽师范大学硕士研究生导师,合肥师范学院"国培计划"专家、合肥市专业技术拔尖人才、合肥市学科带头人、合肥市小学体育教师培训基地领衔名师、合肥市李亚琼教育名师工作室领衔人。)

"用技术改变教学"离体育课堂到底有多远?

没有任何教学情境能比在篮球教学时观看一段 NBA(美国职业篮球联赛)明星的精彩表演更切题,也没有任何场景能比欣赏苏炳添的百米比赛更能激发学生对短跑教学的兴趣。例如,学生们观看了 NBA,CBA(中国男子篮球职业联赛)的精彩比赛,对篮球产生了浓厚的兴趣,从而喜欢上了这项运动。同样的,正是因为学生们欣赏乒乓球比赛中中国运动员战无不胜的精彩表现,他们才会对乒乓球产生强烈的热爱,从而爱上这项国球。

体育教学中的每一项内容都与现实生活中的比赛活动有着直接的联系。因此,积极创设符合教学内容的情境教学,能够激发学生对运动项目的兴趣。由于直观的教学手段对体育教学至关重要,因此示范动作是体育教师在体育教学中最常用的教学方式。运用多媒体播放动作的快进、慢放、分解、反复、多角度演示相较于体育教师单纯的示范动作,更为直观、生动且适用。无论哪个项目的比赛视频或者教学演示视频,几乎都可以找到世界上最优秀的运动员的相关视频,其资源之丰富是其他任何学科都难以企及的。因此,信息技术是体育教学中直观的教学手段。然而,受场地环境等因素的影响,信息技术虽然在其他学科中已经得到广泛使用,但是在体育课堂中尚未广泛运用起来。

对山东的体育教师而言,信息技术支持下的课堂教学始于 2014 年的远程研修。2014 年远程研修围绕"信息技术支持的教学环节优化"进行了技能选择性学习;2015 年的远程研修以"用技术改变教学"为主题,将信息技术应用能力培训与"优课"活动相结合,大力推进小学教师在课堂教学和日常工作中有效应用信息技术,从而提升教师的教学能力水平。

连续两年,在全省范围内如此大规模地开展以"用技术改变教学"为主题的研修培训,可以说信息技术与学科课程的深度融合是必然趋势。然而,就体育课而言,却远远落后于其他学科,这不禁让我思考:"用技术改变教学"离我们的体育课堂究竟有多远?

一、就学科特点来说,体育课堂更需要"用技术改变教学"

情境教学、直观教学是体育教学中重要的教学手段,而"用技术改变教学"是实现这一教学手段的有效途径。这在其他学科中已经得到广泛应用。在体育教学中,通过现代技术给学生以直观、生动、形象的展示,不仅解决了教学中存在的困难,还减轻了体育教师多次重复讲解、反复机械示范练习造成的身体负担,尤其是对广大中老年体育教师而言。在让学生学会自己操作、有效组织学生自主学习方面,借助技术手段同样可以激发学生的学习兴趣,进而提升教学质量和效果。可以说,技术在体育教学应用中有着得天独厚的优势,能够在体育教学中发挥重要的作用,尤其是在学习技术动作方面。

二、从教师群体来说,体育教师更需要"用技术改变教学"

俗语说:"牛老角硬,人老艺精。"但在体育教师的职业生涯中,情况往往相反。我从事体育教学34年,随着年龄的增长,逐步步入中老年教师行列。我深切地感受到自己已不如从前,以前能够轻松示范的体育动作,现在做起来已变得十分困难。特别是被诊断出腰椎间盘突出后,我在体育课上更是感到力不从心,就连简单的"前滚翻"示范也让我望而却步。年龄的增长是不可避免的,许多体育教师面临着身体素质下降的挑战,他们的协调性和柔韧性也大不如前,这是许多中老年体育教师都能深切体会到的。

三、"用技术改变教学"在同课异构中凸显优势

2015年5月,第六届全国中小学优秀体育教学观摩展示活动在武汉举行,我有幸参加了本次大会的观摩活动。在本次活动中,信息技术已经开始被运用在体育教学中,并通过同课异构的形式来凸显其优势。24日下午,上海市闵行区实验小学的侯晓梅老师、东北师范大学附属小学的华方红老师、辽宁省营口市红旗小学的于立辉老师分别执教了五年级"武术少年拳第一套"一课。他们都采用了同课异构的方式,虽然教学内容相同,但是运

用了不同的教学方法和手段,达到了不同的教学效果,这引起了我的深入思考。

第一节是侯晓梅老师的课。在导入环节,她通过多媒体导入,让学生体验不同类别的武术特色,并与学生共同参与视频游戏,极大地激发了学生的兴趣。在动作学习环节,侯老师充分利用多媒体展示动作,让学生模仿并练习。随后,她给每组配备一个"电子书包",明确要求,并组织学生利用"电子书包"分组练习。借助"电子书包"中的暂停、慢放、回放和拍摄功能,学生可以在小组内反复观看动作,进行练习,并相互学习、相互评价和合作指导。侯老师积极尝试将"电子书包"引入体育课堂,不仅使原本枯燥的武术技术教学变得趣味化,还简化了学习过程。她重点抓住难点动作进行示范和辅导,大大提高了武术教学的效果。

第二节是华方红老师的课。她采用了任务驱动的教学方法,通过自身精彩的武术动作示范和详细的讲解,积极引导学生学习武术动作。她出示图片并布置任务,鼓励学生进行自主合作和探究学习。通过各小组的精彩展示,华老师给予积极的评价,有效地达成了教学目标。

第三节是于立辉老师的课。他通过自编搏击操,在音乐的伴奏下,引导学生活动身体,激发学生学习武术的兴趣。在基本部分环节,他采用合作学习的方式,通过模仿、双人对抗、小组练习等活动方式,使学生初步掌握武术的基本动作要领,从而基本达成了教学目标。

课后,指导教师和专家进行了点评。在武术教学中,技能教学是一大难点。要达成教学目标,关键在于充分发挥教师的主导地位与学生的主体地位。为了让学生完整地完成武术动作,直观教学显得尤为重要。教师示范、多媒体器材和挂图等都是为了辅助学生学习动作。特别值得肯定的是,侯晓梅老师的课成功地将现代化教学手段应用于武术教学中,并取得了显著的教学效果。近年来,许多教师从不同类型的课程出发,进行了许多有益的尝试。我也在室内体育知识、理论、技能和体能练习等方面,将信息技术引入体育课堂,均取得了不错的教学成果。

四、"用技术改变教学"的条件与时机已经来临

2014 年,青岛市已经顺利通过了国家义务教育均衡发展验收,多媒体教学电子白板已在全市普及,"电子书包"也逐渐被应用于各个学科。2019 年,青岛西海岸新区启动了"'因材施教'人工智能＋教育创新应用行动"项目,该项目立足西海岸新区教育现状及"公平与质量"的教育新要求,实施了智慧教育环境升级、优质教育资源建设、智慧教学模式创新、师生信息素养提升和教育治理能力提升等五大工程,推动了教育信息化的转型升级。2020 年 8 月,西海岸新区被遴选确定为国家级信息化教学实验区,成为青岛市唯一入选的区市。2020 年 11 月,西海岸新区又被遴选确定为中央电化教育馆在线教育应用创新项目区。2021 年 6 月,西海岸新区入选了山东省智慧教育示范区创建单位。

可以说,"用技术改变教学"的条件已经成熟。随着当前信息技术的飞速发展,智慧教育正在逐步改变教育的生态。信息技术与体育课程的深度融合,既是形势所趋,又是所有体育教师的职责所在,需要广大体育教师不断去探索、去尝试、去创新。

信息技术支持下的教学案例

2015年远程研修时，山东省教育厅副厅长张志勇曾强调："教师的学习是自己的事情，学习本身是为了自身的教育教学质量的提高，是为了解决自己的问题。学习的最终目的是使常态化的课堂教学、教育生活发生改变，这始终是我们的一个追求……"如今，现代化教育技术已经融入校园，深入课堂，体育教师应积极主动地学习并掌握信息技术的使用方法与制作技能，以优化教学环节，弥补传统体育教育中的不足。自2014年远程研修以来，信息技术支持下的体育教学已经深深烙印在我的脑海中。

多年来，天气的不利因素不仅影响着我们的生活，还对学校的教育教学工作造成了影响。人们逐渐认识到恶劣天气对广大中小学体育课产生的较大影响。为此，我统计了最近3个学年中由天气因素导致体育课无法在室内进行的时间，发现室内课几乎占到全年总课时数的六分之一到八分之一！2016年3月，我参加了在华东师范大学举行的培训。汪晓赞教授提到的"微运动"一词，让我联想到英语教师在英语教学中的"warm up"（热身）环节。我发现室内的"微运动"对集中学生注意力、缓解久坐疲劳和精神压力都有积极的作用。美国HOPSports公司的钱铭佳教授曾说："我们给全世界儿童最好的礼物是在教室做有趣的体育活动。"于是，我开始积极尝试在恶劣天气下进行室内体育课教学，并将信息技术运用到课堂中，取得了不错的成效。

2015年以来，我先后3次获得西海岸新区"一师一优课"区级优课和青岛市级优课荣誉，并两次出示了青岛市公开课和名师开放课。2022年，已经54岁的我参加了青岛市优质课比赛的预选赛与决赛，同样是借助信息技术辅助教学。我先是获得了西海岸新区优质课一等奖并又一次取得了参加青岛市优质课决赛的资格，同年参加了青岛市优质课比赛并荣获一等奖。以上所有展示和获奖课例均利用了信息技术辅助教学。

技术支持下的室内体育知识教学案例

2016年5月,在第31届夏季奥林匹克运动会即将在巴西举行之际,我设计了室内课程"愉快的奥运之旅",将"室内微运动"融入奥运会知识讲解的过程中。该课程被评为"一师一优课"区级优课,后被推荐至青岛参评,并被评为市级优课。

"愉快的奥运之旅"教学设计

授课地点:402教室

一、教材分析

2016年,第31届夏季奥林匹克运动会即将在巴西里约热内卢举行。本课的主要内容是介绍奥运会的基本知识和我国参加奥运会的历史。本课通过让学生了解奥运会的相关知识,加强学生对体育文化的认识,激发学生对体育运动的兴趣,同时进一步激发学生的爱国主义热情。

二、学情分析

大多数四年级学生是在2008年北京奥运会举办之前出生的,因此他们对奥运会怀有特殊的情感。他们热爱体育课,展现出好动、好玩和好思考的天性,学习能力和模仿能力较强,并有着强烈的表现欲,但关于奥运会的知识相对匮乏。因此,我根据学生的这些特点,设计了易于理解的奥运知识讲解,并融入了学生们喜爱的室内游戏,以充分激发他们的兴趣,调动他们的学习热情,帮助他们掌握相关的奥运会知识。

三、教学目标

(1)讲解奥运会的一些基本知识,通过游戏活动来帮助学生巩固记忆。

(2)激发学生的兴趣和学习热情,以促进学生更好地掌握奥运会知识。

(3)培养学生自主学习的能力,帮助学生养成良好的体育学习习惯,激发学生的爱国主义热情。

四、教学重点和难点

教学重点:引导学生了解奥运会的相关知识,激发学生参与体育锻炼的兴趣。

教学难点:帮助学生深入理解并记忆奥运会的相关知识,同时激发学生的爱国主义热情。

五、教法过程

（一）开始部分

（1）师生问好,宣布课程的内容。

（2）ppt 出示图片,谈话导入,激发学生的学习兴趣。

（3）提出课堂要求,使教学活动有序开展,避免课堂上秩序混乱。

（二）基本部分

（1）创设"愉快的奥运之旅"情境,使用 PPT 展示路线图,确保学生能够理解。

（2）游戏"站与坐":老师朗读故事时,学生听到"站"字就坐下,听到"坐"字就站起来,做错 1 次罚做 1 次蹲跳起,游戏结束后集中完成。这个游戏旨在训练学生的快速反应能力,并让学生在室内也能得到锻炼。

（3）讲解第一组奥运会知识:① 奥运会全称为奥林匹克运动会,起源于古希腊,奥运会每隔 4 年举行 1 次;② 第 1 届现代奥运会于 1896 年 4 月 6 日至 15 日在希腊雅典举行 ,至今已经举办了 30 届;第 31 届奥运会即将于 2016 年在巴西里约热内卢举行。

第一站:洛桑

重点学习奥运会的相关知识:认识奥运会的专用标志、会旗、格言;认识两个重要人物——顾拜旦和萨马兰奇。

（1）游戏"找茬":找出下面 2 幅图片中的不同之处,至少找出 5 处;每队不能超过 2 分钟,找对 5 处得 2 分;利用游戏使学生心态变得平静,训练学生的观察力,集中学生的注意力。

（2）学习奥运会相关知识。

① 国际奥林匹克委员会,简称国际奥委会,总部设在瑞士的洛桑。这里有奥林匹克博物馆、奥林匹克研究中心、体育场等。洛桑为奥林匹克运动的发展作出了重大贡献,无怪乎有人将洛桑称为奥林匹克城。

② 在奥林匹克博物馆,我们还了解到奥运会会旗中央有 5 个相互套连的圆环,即我们所说的奥林匹克环。这 5 个环的颜色自左至右为蓝、黄、黑、绿、红,象征着五大洲的团结,是奥林匹克运动的象征,同时也是国际奥委会的专用标志。

第二站:北京

学生自学,主要了解中国参加奥运会的相关知识。通过对比旧中国与新中国在奥运会上的表现,教师引导学生突破学习难点,从而激发学生的爱国热情,并帮助他们树立远大理想;同时注重培养学生的自主学习能力。

(1)游戏"心有灵犀一点通"。该游戏通过"我说你做"的方式来调动学生参与的兴趣,培养学生的反应能力、配合能力、表达能力和思维能力。

(2)讲解中国参加奥运会的知识。

① 2008 年 8 月 8 日,第 29 届奥运会在北京隆重举行。中国共获得金牌51 枚、银牌 21 枚、铜牌 28 枚,总计 100 枚,位居金牌榜首位。

② 旧中国与奥运会。

第一次:1932 年,刘长春参加洛杉矶奥运会。

第二次:1936 年柏林奥运会,中国代表团共有 143 人参加。中国足球队通过义赛筹集资金,赢 23 场、平 4 场;在正式参赛中,中国足球以 0∶2 不敌英国;唯一进入决赛的运动员符保卢,在国内的成绩是 4.15 米,但由于借用日本人的旧撑竿,成绩仅为 3.85 米,最终位列第 17 名。在这次奥运会上,中国代表团表现不佳,仅武术表演受到欢迎。董守义(中国篮球之父)曾感叹:"弱国无外交,亦无体育。"

第三次:1948 年,伦敦奥运会。中国代表团 53 人,其中运动员 33 人,涵盖了足球、田径、游泳、篮球和自行车等多个项目。足球队再次通过义赛来筹集资金,赢 25 场、平 5 场、负 5 场。在正式比赛中,中国足球队以 0∶4 不敌土耳其,直接被淘汰。马拉松选手楼文敖(聋哑人)在比赛的前 30 公里处位居第三,但由于钉鞋磨破,血染跑鞋,他不得不放弃比赛。由于经费困难,中国代表团不得不通过募捐来出征。他们既住不起国际奥林匹克委员会提供的奥运村,又租不起训练设备。回国后,代表团因举债而面临困境,甚至返程的路费都是由驻英使馆借款才得以解决。新加坡《星岛晚报》为此题赠一幅漫画:"大鸭蛋!"

③新中国与奥运会。

首次参加奥运会:在1952年芬兰赫尔辛基奥运会上,五星红旗首次在奥林匹克体育场升起(升起五星红旗就是胜利)。当时,仅有吴传玉参加了100米仰泳比赛,但未能取得决赛资格。一年后,他在世界大学生运动会上为中国赢得了在国际体育比赛中的"第一金"。

重返奥林匹克大家庭:在1984年第23届洛杉矶奥运会上,许海峰在比赛第一天就一举夺得第一枚射击金牌,实现了中国奥运史上金牌"零"的突破。中国代表团最终取得了15枚金牌、8枚银牌和9枚铜牌,金牌和奖牌总数均名列第四,其中李宁一人独得3枚体操金牌。

第三站:第31届奥运会

教师引导学生初步了解第31届奥运会将于2016年8月5日—21日在巴西里约热内卢举行。教师通过引导他们关心中国运动员在奥运会上的表现,激发他们的爱国热情。(通过多媒体辅助教学,展示相关的体育奥运知识,让学生读一读、看一看,培养学生对体育知识的积累。)

(1)引导学生自主学习,回顾体育知识。教师应该为学生创造一个能展现自我风采的舞台,同时也给学生提供一个相互交流与学习的机会。

(2)交流平时所了解的奥运知识。

(3)师生总结。

(三)结束部分

(1)小测验:考考你。教师引导学生复习全课内容,巩固所学知识,进一步激发学生的爱国热情。

(2)小结:本节课你有什么收获?

(3)作业:①回家后把今天学到的奥运会知识讲给爸爸妈妈听。②通过看书和上网等方式进一步搜集奥运会知识,下节课交流。

课后反思

本节课充分利用多媒体辅助教学,创设了"愉快的奥运之旅"情境,通过展示大量的图片信息及相关的体育奥运知识,让学生阅读、观看并聚焦3个与奥运会紧密相关的地点,恰到好处地融入奥运知识,加深学生对奥运会及其文化的理解,激发学生对体育运动的兴趣,并进一步增强他们的爱国主义情感。本节课通过多媒体辅助教学来还引导学生自主学习,为学生提供了一个展现自我风采的平台,同时也为学生创造了相互交流与学习的机会,以便他们分享自己平时了解到的奥运知识。

课堂上设计了3个小游戏:"站与坐""找茬"和"心有灵犀一点通"。这些游戏旨在训练学生的快速反应能力,让学生在室内也能够得到锻炼,同时还锻炼了学生的观察力和注意力。这些游戏有效地调动了学生的参与兴趣,培养了学生的反应、配合、表达及思维能力,为下一环节的学习打下了坚实的基础。

本节课的不足之处在于时间安排不够合理,以及游戏环节占用了过多时间,从而浪费了宝贵的教学时间。

技术支持下的技能教学案例

经过两年多的实践与探索,我们在室内体育课教学方面积累了一定的经验。于是在 2018 年 8 月,在教研员张老师的带领下,我们申报了青岛市"十三五"教育规划课题"小学体育与健康室内课体能、技能教学研究",并获得青岛市教育科学研究工作领导小组办公室的批准立项。该课题于 2021 年 5 月顺利结题。

新冠疫情期间,室内体育健身与锻炼视频等课题阶段性成果在我区小学体育"空中课堂"教学中发挥了积极作用,因此我们又适时研发了不少室内体育锻炼视频等课程。这些成果不仅拓宽了我们的研究视野,还为我们的课题研究提供了强有力的支撑。室内体育锻炼不仅使我们能够有效应对雨季、冰雪、高温、严寒和大风(沙尘暴)等恶劣天气对体育课带来的不利影响,还因为我们前期重视了平日的室内体育课教学研究,使得我们在面对突如其来的新冠疫情时多了一份从容。

"投掷轻物——肩上挥臂"课例设计

授课地点:301 教室

当前,"互联网+课堂"教学模式已广泛运用于学科教学中,但对于体育学科而言,其应用因受到教学环境的限制,效果不理想。针对体育学科的实际,我们可以基于单元教学下的体育技能教学,充分发挥现代化教学手段的优势,将原本仅在室外进行的体育技能类教学内容进行恰当的筛选,尝试在"单元第一课时"上室内课,促使学生了解正确的动作技能,并掌握体育技能,从而实现单元教学目标。

通过本节课堂教学可以看出,充分运用多媒体等信息手段不仅让学生初步认识标准动作,还在单元教学中发挥着重要作用,有助于单元目标的有效达成,具有较高的实践价值。2017 年 6 月,青岛市室内课专题研讨会在我校成功举办。我利用信息技术支持教学,执教了小学三年级室内体育技能课"投掷轻物——肩上挥臂"见表 9-1-1。2017 年 6 月 12 日的《青岛早报》以《让"每天锻炼一小时"风雨无阻》对本次教研活动进行了报道。该课于 2017 年 7 月被评为"一师一优课"青岛市级优课。

表 9-1-1 "投掷轻物——肩上挥臂"单元教学计划

执教	罗兆杰	年级	三年级	课时	3
单元目标	1. 引导学生正确运用"肩上挥臂"投掷动作将轻物投向指定目标,并达到一定的远度;引导学生掌握投掷轻物的基本技能,发展学生的柔韧性、灵敏性和协调性等身体素质。 2. 合理运用信息技术支持教学,激发学生的学习兴趣;通过多种形式的反复练习,使学生形成投掷轻物的正确动作定型,为提升投掷能力打下坚实的基础。 3. 通过本单元的学习与体验,培养学生积极思考、团结协作、积极向上的品质,帮助学生养成自主管理、敢于挑战自我和合作学习等习惯				

课次	课时目标	教学内容	重点、难点	学习策略
1	1. 掌握"肩上挥臂"的正确动作,并用正确动作将轻物投向指定目标。 2. 合理运用信息技术,激发学习兴趣,并通过反复练习来帮助学生形成原地投掷轻物的正确动作定型。 3. 发展学生的柔韧性、灵敏性、协调性等身体素质,培养学生积极思考、团结协作、积极向上的品质	1. "肩上挥臂"的正确动作要领。 2. 游戏:"一钻到'底'"	重点:手比头高,肩上屈肘; 难点:挥臂过肩、协调用力动作	1. 充分利用多媒体,发挥信息技术在教学中的优势,提高学生的认识; 2. 通过游戏引导方式,让学生体会动作要领,鼓励学生观察、思考并自主体验; 3. 教师讲解示范; 4. 游戏竞赛
2	1. 进一步学习原地"持轻物掷准"时身体协调用力的动作要领和方法。 2. 通过反复练习,提高投掷目标的准确性。 3. 培养自主学习能力和团结协作、积极向上的品质	1. "持轻物掷准"的动作要领和练习方法。 2. 游戏:"打靶"	重点:掌握肩上挥臂、身体协调用力的正确投掷轻物动作。 难点:出手角度和用力方向控制	1. 布置任务,提出要求; 2. 教师示范,分组练习; 3. 对比体验,互助练习; 4. 激发兴趣,游戏竞赛

续表

课次	课时目标	教学内容	重点、难点	学习策略
3	1. 巩固"持轻物掷准"的动作要领,培养主动思考的能力。 2. 掌握几种练习方法,通过反复练习来提高投掷目标的准确性。 3. 培养自主学习能力和团结协作、积极向上的品质	1. "持轻物掷准"的几种练习方法。 2. 游戏:"比一比看谁投得准"	重点:出手角度和身体协调用力的控制。 难点:挥臂与出手的协调用力	1. 布置任务; 2. 分组练习; 3. 互助练习; 4. 对比体验; 5. 游戏竞赛

单元评价	掷纸飞镖击中目标(距离)					
	男生			女生		
	优秀	良好	合格	优秀	良好	合格
	4 米	3 米	2 米	4 米	3 米	2 米

小学三年级"投掷轻物——肩上挥臂"室内课教学设计

一、指导思想

(一)积极尝试利用信息技术支持体育教学

目前,"互联网+课堂"教学模式已广泛应用于各个学科。本节课遵循"健康第一"的指导思想,积极探索现代化教学手段与体育学科的有效结合,尝试"用技术革新体育教学"。通过充分运用信息技术,我们旨在激发学生对投掷的兴趣,并设计了"有绝招—学绝招—练绝招"3个环节,使学生逐步掌握运动技能,养成健康的行为习惯,并培养他们优秀的体育品德,从而更好地实现教学目标,为学生终身体育打下坚实的基础。

(二)尝试单元教学中如何结合室内课上好技能学练课

"肩上挥臂"是轻物投掷的关键动作,是学习轻物"掷准"和"掷远"动作的基础。针对三年级学生活泼好动、模仿能力强、好奇心重和表现欲旺盛但自制力较差、注意力易分散的特点,我们将技能教学单元的"第一课时"设定为室内课。我们充分利用多媒体和信息技术的资源优势,以开阔学生的视野,使学生对投掷动作技术有更直观的认识,从而激发他们的学习兴趣,使他们能更好地集中注意力并积极思考。通过这一教学方式,教师可以引导学生更好地掌握"肩上挥臂"这一关键动作,从而有效达成课时目标,完成整个单元的教学目标。此外,我们还将引入"一钻到底"游戏作为辅助教材,通过游戏来培养学生公平竞争的规则意识及团结合作和积极进取的品质。

（三）拓展室内体育课教学思路

近几年,受雾霾、沙尘、雨雪、严寒、酷热等天气因素的影响,室内体育课教学变得越来越常见。在室内开展"技能学练"教学是一个有益的尝试,不仅有助于促进学生对运动技术的学习与掌握,还能加强学生的健康体能训练。为此,我们应加强室内课教学研究,提高室内课的教学质量,以确保学生在任何环境下都能得到有效的体育锻炼和健康教育。

二、教材分析

"肩上挥臂"动作是本单元轻物投掷的关键技能,是学习轻物"掷准"和"掷远"动作的基础。通过"轻物投掷"的学习,学生可以很好地发展上肢力量,提升灵敏性、柔韧性和协调性等身体素质。本课以"投掷轻物"为主要教学内容,整个单元共安排了6课时,而本课为第1课时。作为辅助教材,本课还引入了"一钻到底"游戏,旨在通过游戏的形式进一步培养学生公平竞争的规则意识及团结合作和积极进取的品质。

三、学情分析

三年级学生活泼好动、模仿能力强,具有强烈的好奇心和表现欲,但自制力较弱,注意力容易分散。为了充分发挥他们的这些优点,我们将"单元第一课时"安排为室内课,并充分利用多媒体和信息技术的资源优势,以开阔学生对投掷技术的学习视野,形成完美的第一印象。这样的教学方式不仅可以更好地激发学生的兴趣,促使他们积极思考和集中注意力,还能更好地实现本节课各个环节的目标,从而推动本节课课时目标的达成,最终有利于完成整个单元的教学目标。

四、教学目标

（1）掌握"肩上挥臂"的动作要领,了解投掷的基本知识。

（2）通过自主学练、合作探究,学生能够掌握投掷技巧,发展身体机能。

（3）培养学生公平竞争的规则意识及团结合作和积极进取的品质。

五、教学重难点

重点:手比头高、肩上屈肘。

难点:挥臂过肩、协调用力。

六、教学过程

(一)开始部分(2分钟)

(1)课堂常规,师生问好,宣布课的任务和要求。

(2)点击▶按钮,打开音乐链接,分组进行"抢凳子"游戏;PPT出示游戏方法和规则要求。

【设计意图】集中学生上课时的注意力。

(3)点击▶按钮,打开视频链接,播放两名同学投掷的视频(一名学生投得远,一名学生投得近),让学生观察,然后出示两名同学的对比图片,谈话导入:为什么个子矮的同学比高个子的同学投得远呢? 原来,这名矮个子同学有一个绝招,同学们想知道吗?

(PPT出示:有绝招——肩上挥臂)

【设计意图】创设情境,激发兴趣。

(二)准备部分(6分钟)

热身:PPT出示110,120,122,119等电话号码,让学生用身体各个部位的关节(头、肩、髋、膝等)写一写;学生骨干领做室内热身操,进一步活动身体。

【设计意图】充分活动身体的各关节;结合生活常识,渗透德育教育。

(三)基本部分(28分钟)

1. 原地投掷轻物练习(16分钟)

(1)自主探究,讲解示范。(4分钟)(PPT出示:学绝招——肩上挥臂)

① 点击▶按钮,打开视频链接,小组讨论并探究正确的投掷动作,进行徒手模仿练习。

② 教师示范:完整与分解相结合,多角度示范。

③ 指导练习:让学生做挥臂过肩、协调用力动作。

④ "甩纸炮"游戏。(PPT出示:用绝招—游戏—甩纸炮)点击▶按钮,打开制作"纸炮"的微课视频链接,教学生制作"纸炮",然后引导学生巩固

练习肩上挥臂的正确动作。

【设计意图】充分运用多媒体,调动学生的视觉感官,激发学生的学习兴趣,引导学生初步掌握"挥臂过肩、协调用力"动作。

（2）合作探究,分组练习。（8分钟）

① 点击▶按钮,打开视频链接,播放两名同学投掷的视频,重点分析"挥臂过肩、协调用力"动作;让学生反复练习,鼓励学生自评、互评,互助;解决"手比头高、肩上屈肘"的动作难点。

② 创编儿歌。用填空的方式引导学生创编口诀:"小手（高过头）,肩上要（屈肘）;挥臂要（过肩）,（用力）向前投",巩固动作要领。

③ "纸飞镖打靶"游戏。点击▶按钮,打开视频链接,先让学生观看,再由组长带领,在不同距离上练习动作;点击▶按钮,打开视频链接,让学生先观看视频,然后模仿"军事射击"的动作,用力射穿旧报纸做成的靶纸,进行"打靶"比赛。

④ 教师巡视并进行个别辅导,用手机录制有针对性的动作录像,并利用QQ即时上传。

【设计意图】进一步巩固"挥臂过肩、协调用力"动作;模仿"军事射击"动作,用力射穿旧报纸做成的靶纸,激发学生出手时的最后用力。

（3）展示评价,巩固练习。（4分钟）

① 观看教师QQ即时上传的动作视频,对照口诀找问题。

② 推选优秀学生,出列展示,鼓励学生大胆尝试。

③ 各小组进一步巩固练习。

【设计意图】评价并激励学生,进一步形成正确的动作定型。

2. 体能和游戏练习（12分钟）

（1）体能练习。点击▶按钮,打开视频链接,先让学生观看"跳单双圈"微课（并脚双脚跳、侧身双脚跳、分脚双脚跳、拍手双脚跳）,然后让学生进行模仿练习;教师指导动作,注意节奏、屈膝缓冲。

（2）游戏:"一钻到底"。（PPT出示"一钻到底"）。游戏分为男女两个小组,让学生手拉手,用圆圈作为道具,确保在游戏过程中不松开手,然后依次通过圆圈,最早全部通过的小组获胜。

（3）表扬优胜小组。

（四）结束部分（4分钟）

（1）在轻松愉快的音乐伴奏下,引导学生做简单的放松操,调息放松。

（2）教师总结,布置课后任务,师生告别,宣布下课。

课后反思

对于"技能学练"类教材,将单元的第一课时安排在室内课上是一个有益的尝试。传统的体育课通常在室外操场上进行,但由于环境因素的限制,如何将信息技术融入体育课堂教学一直是许多教师的困惑。在这节普通的"技能学习"常规课上,作为新授课,我尝试将"技能学练单元"的第一课时转移到室内,充分利用信息技术支持教学,发挥信息技术丰富的资源优势,将教学内容、游戏规则、上课要求、示范动作等全面展示给学生。这不仅开阔了学生的视野,以直观形象的方式激发了学生的兴趣,还有助于学生更好地学习并掌握正确的动作技术。

这是一节普通的小学低年级投掷类常规课,作为单元教学的一部分,我充分利用了信息技术,并发挥了其广泛的资源优势。无论是在教学内容、教学流程上,还是在教学方法和教学策略的运用上,信息技术的应用都有效地开阔了学生的视野,进一步激发了他们的兴趣。这不仅顺利地完成了本课的各"环节目标",促进了课时目标的达成,还为整个单元目标的完成奠定了坚实的基础。

技术支持下的"教会、勤练、常赛"一体化教学案例

2022年4月,教育部颁布了《义务教育体育与健康课程标准(2022年版)》,依据学生的学习需求和兴趣爱好,面向全体学生,落实"教会、勤练、常赛"的新课程要求,注重"学、练、赛"一体化教学。"绕'8'字跳长绳"是新课程标准中的新兴体育类运动,散发着浓厚的大众运动色彩,深受青少年喜爱。除了与其他类运动具有同样的育人价值和能力要求外,"绕'8'字跳长绳"在激发学生的求知欲、探索欲和好奇心等方面具有独特的育人价值。水平三的目标要求学生在学练中积极与同伴沟通和交往,确保每节课都能落实"学、练、赛"要求,逐步提高学生的动作熟练程度。教师需要引导学生既能学练基本方法,又要积极参与比赛,克服困难,挑战自我;通过不同数量、时间、形式、场景的分组和分项展示,以及个人与小组挑战赛等来激发学生的学习兴趣和参与热情。2022年6月,我结合学校特色教学,借助信息技术辅助教学,执教的"绕'8'字跳长绳"一课被评为区级优课,并荣获青岛市"一师一优课"一等奖。

"绕'8'字跳长绳"教学设计

授课地点:室内篮球场

一、指导思想

本课以《义务教育体育与健康课程标准(2022年版)》为依据,以"健康第一"为指导思想,遵循新课标"教会、勤练、常赛"的要求,使学生逐步掌握一定的运动能力,同时养成良好的健康行为和优秀的体育品德,从而更好地实现教学目标,为终身体育奠定基础;积极尝试"互联网+课堂"的教学模式,将智慧教育运用于体育教学;加强室内体育课教学研究,有效应对新冠疫情,以及雾霾、沙尘、雨雪、严寒、酷热等恶劣天气的影响。

二、教材分析

"绕'8'字跳长绳"是深受广大中小学生喜爱的一项活动,同时也是多人跳长绳的基本技术之一。其中,"正面进入跳长绳"是本单元学习跳长绳的关键技术,是学习跳长绳的入门基础。本节课在此基础上将进一步深入教授"绕'8'字跳长绳",帮助学生更好地掌握其技术与方法,不仅能有效发展学生的下肢力量,还能提升他们的灵敏度和协调性等身体素质。本单元共6课时,本课是第3课时。辅助教材为"海边遇险记"游戏,通过模拟自然灾害场景,培养学生的快速反应能力、紧急避险技巧,以及团结合作、公平竞争、积极进取的品质。

三、学情分析

六年级学生具有强烈的好胜心和表现欲,活泼好动,身体活动能力和观察模仿能力较强,已具备一定的比赛能力和技战术水平。本节课通过充分利用多媒体,不仅可以开阔学生视野,还能更好地吸引学生的注意力,有效地促进课时目标的达成,进一步推动整个单元目标的教学。

四、教学目标

"教会、勤练、常赛"是新课程标准新提出的基本要求;聚焦这一要求,我确定本课的教学目标是培养学生的运动能力、健康行为和体育品德。

(1)运动能力:引导学生掌握"绕'8'字跳长绳"的方法要领,促进学生掌握"绕'8'字跳长绳"的方法,增强体质。

(2)健康行为:通过自主学练、合作探究,让学生享受体育锻炼带来的乐趣,逐步引导学生养成"校内、校外锻炼"的良好习惯。

(3)体育品德:在培养学生团结协作、积极进取和健全学生人格的同时,注重生命安全的教育。

五、重点、难点

教学重点:掌握中间跳的动作,以及贴近摇绳同学跑入、跑出的技巧,跑成流畅的"8"字路线。

教学难点:双脚跳变为单脚跳,衔接跟进不间断,逐步提高速度。

六、教学过程

（一）开始和准备部分

开始部分：通过翻页笔遥控 PPT 来播放音乐，创设情境，激情导入，激发学生积极参与的兴趣。

准备部分：绕场跑—热身操—PPT 播放专注力小游戏——切土豆，激趣热身，培养学生在接下来的学习中能集中精力，认真听讲。

（二）基本部分

（1）复习从正面跑入跳长绳的方法。PPT 出示动作要领口诀：高时看，低时进；落地跳，莫迟疑。

教师让学生复习动作，然后举行第一次比赛，激趣导入。通过 PPT 课件进行 1 分钟倒计时。第一次比赛：一分钟计时赛。

（2）PPT 出示"绕'8'字跳长绳"课件，让学生观察课件，通过 PPT 出示口诀：贴近进，贴近出；中间跳，绕"8"字。

教师结合口诀讲解路线，组织小组讨论并比较不同，强调出入位置和重点路线；然后进行示范讲解，让学生尝试练习。

小组内对照口诀反复练习。教师通过 PPT 课件进行 1 分钟倒计时，组织第二次比赛，分析比较，巩固要领。第二次比赛：1 分钟倒计时赛。

（3）强化练习，提高技能，突破难点。

通过 PPT 出示口诀动作要领：中间跳，"8"字圆，双变单，不间断。

教师出示课件及口诀，提醒学生仔细观察线路图，强调其中的难点。随后，小组讨论并分析刚才比赛中影响成绩的原因。教师给予评价，并针对教学难点进行分析，鼓励学生多加练习。接着，教师组织第三次比赛，通过翻页笔控制播放视频来强化重点，并突破难点，进一步激发学生的兴趣。最后，教师利用 PPT 课件进行倒计时，组织第三次比赛：一分钟计时赛。

（4）组织"海边遇险记"游戏比赛，发展学生体能，培养学生集中精力、快速反应的能力，教会他们紧急避险的技巧，进一步增强学生的体能。

（三）结束部分，放松环节（约 4 分钟）

（1）集合—总结—放松—布置作业，PPT 出示课外作业及要求。教师鼓励学生在校内外加强体育锻炼。

（2）升华课堂：PPT 出示"享受乐趣、增强体质、健全人格、锤炼意志"，和学生一起学习习近平总书记对学校体育的指示精神，鼓励学生加强锻炼，健康成长。

课后反思

"正面进入跳长绳"是学习跳长绳的入门基础。本节课将在此基础上进一步教授"绕'8'字跳长绳"，以帮助学生更好地掌握这一技术与方法，实现技能的提升。本节课将充分利用多媒体资源，开阔学生视野，集中学生的注意力，从而有助于达成课时目标，并进一步推动整个单元教学目标的完成。

本节课通过精心设计的课件，将音乐、视频等元素恰当地融合在 PPT 中，通过翻页笔一键操作完成，运用动画、视频等直观教学手段，有效促进了学生对该项动作技术方法的掌握。随着科技的发展，信息技术支持下的课堂教学模式已经广泛应用到各个学科中，因此，将信息技术有效运用于体育教学，提升课堂教学质量，值得每一位体育老师尝试与探索。

技术支持下的情境教学案例

　　教育部颁布的《义务教育体育与健康课程标准（2022年版）》对水平二技巧教学类的学业要求是：注重创设特定的教学情境。例如，让学生在斜坡条件下做前后滚翻动作，体验团身滚动时的身体感受；创设"自我保护"情境，让学生在学练摔倒时顺势做前后滚翻动作，提高自我保护能力。2022年10月，我参加了西海岸新区优质课评选，并从规定的课题中选择了"前滚翻"作为参赛课题。我充分利用信息技术辅助教学，精心创设了能激发学生"前滚翻"学习兴趣的教学情境。我执教的小学四年级"学会保护自己——前滚翻"一课，荣获西海岸新区优质课比赛一等奖；同年11月，该课程还作为市级名师开放课向全体体育教师进行了展示。

水平二"学会保护自己——前滚翻"教学设计

授课地点：室内体育馆

一、指导思想

　　本课以《义务教育体育与健康课程标准（2022年版）》为依据，坚持"健康第一"的原则，全面贯彻"教会、勤练、常赛"的教学要求，结合教材特点和小学生的心理、生理特征，创设"小红军学军训练营"的教学情境，从而充分发挥学生的主体地位。本课运用智慧教育等多种教学手段，激发学生参与体育活动的兴趣，让学生在运动中体验收获与快乐，有效提升学生的前滚翻能力，同时发展学生的体能；培养学生养成自主、合作、探究的学习习惯；弘扬红军精神，培养学生团结合作和克服困难的品质，为学生的全面发展奠定坚实的基础。

二、学情分析

　　四年级学生正处于生长发育的关键时期，个性活泼、思维反应敏捷、模仿和接受能力强，并乐于参与体育活动，乐于向同伴展示技术动作。这一阶段的学生已经展现出较强的社会适应能力,能够在集体活动中与同伴团结合作,共同完成活动任务。然而,该阶段的学生也存在自我约束能力较差的特点,因此在教学过程中,需要通过教师的引导来进行学习。

三、教学目标

(1)运动能力:引导学生初步掌握前滚翻的基本动作要领,发展学生的灵敏性、柔韧性、协调性等身体素质,提高学生的自我保护能力。

(2)健康行为:通过引导学生学习前滚翻技术动作,培养学生的自我保护能力与意识。

(3)体育品德:培养学生学习红军不怕困难、勇于挑战自我、团结互助等良品质。

四、重难点

重点:蹲撑、低头含胸、蹬地;难点:团身紧、滚动圆、落地稳。

五、教法、学法

教法:结合智慧教育等多种教学手段,创设"小红军学军训练营"的教学情境,采用讲解法、示范法、练习法和比赛法相结合的方式,通过教师的讲解和学生的练习,帮助学生更快、更好地掌握动作要领。

学法:主要采用直观教学法,尝试自主学习法和小组合作学习法。

六、教学流程

课前,教师准备好用一次性口罩和不干胶纸制作的红、黄、蓝、绿 4 种颜色的袖标,并分别发给学生佩戴,然后将学生分成 4 个小组。

(一)开始部分

PPT 播放 3 段"滚翻"视频:学生观看视频,根据情境,提出问题,激发兴趣;教师出示课题,导入新课(1 分 30 秒)。提问:为什么从那么高的地方掉下来没有摔伤? 为什么忽然从滑板车上摔下来没有摔伤? 为什么铁道游击队员从飞驰的列车上跳下来没有摔伤? ……他们有一项特殊的自我保护本领,你们想学吗?

(二)准备部分(7 分钟)

播放音乐《共产儿童团团歌》,创设"小红军学军训练营"的教学情境。

教师通过 PPT,课前提出明确要求,鼓励学生积极参与学习活动;通过游戏来逐步提升学生的兴奋度。PPT 播放音乐,教师引导学生进行徒手操练习,主要以专门性练习为主,为接下来的主要教学内容打下基础。

（三）基本部分（29分钟）

教师示范,结合智慧教育手段,通过反复播放"前滚翻"课件来分解动作和辅助练习,使学生能更直观地理解和掌握动作要领,并了解保护与帮助的方法。教师让学生分组进行比赛展示,在巡视过程中给予学生指导,鼓励学生带着问题在小组内合作学习和自主练习,以突破课程的重点与难点。

（1）结合问题,示范动作。激发兴趣,重点强调基本原理,关键是讲解团身滚动。

（2）技能学练,练习团身滚动。PPT 播放"不倒翁""团身滚动"视频,让学生观察后进行练习。

（3）巩固学练,拓展技能。PPT播放要领（一）双手撑地（提臀蹬地）。

（4）技能学练,保护与帮助。PPT 播放要领（二）低头含胸（用下颌夹住口罩）。

（5）巩固学练,掌握技能。PPT播放要领（三）（滚动）抱腿站立,夹纸练习。

（6）完整练习,技能拓展。双手撑地—提臀—蹬地—低头含胸—抱膝—蹲立。

（7）学练比赛,发现问题,自主练习,提高技能。小组通过比赛进行展示,注意发现自身（同学）问题,如团身、分腿、蹲立等问题。

（8）完整拓展,技能应用。遇到危险时快速反应以确保安全;分层练习,有能力的学生可以尝试连续滚翻2次。

在基本部分的"军事演习"游戏中,教师可以通过游戏练习,提高课堂的练习密度,培养小组合作能力,进一步发展学生的体能。

（四）结束部分（4分钟）

学生跟随老师做简单的拉伸放松动作;课堂小结,简评课堂学习情况;师生再见,收拾器材。

七、场地器材

体操垫32块、多媒体设备1套、彩旗1串;自制教具:一次性口罩40个、不干胶做的笑脸 40 个。

八、预计效果

90%以上的学生通过练习,能够独立完成前滚翻动作。

运动负荷:120 %～ 130 %,练习强度:60 %～ 70 %。

九、家庭作业

（1）表演前滚翻动作给父母看,进一步练习前滚翻动作。

（2）搜集前滚翻的动作视频,给父母讲解前滚翻的作用。

十、创新之处

（1）用一次性口罩自制简易的器材,用作分组、解决课的重点与难点,器材利用率高。

（2）创设"小红军学军训练营"的教学情境,渗透国防教育,强化思想品德教育。

课后反思

前滚翻教学的目标是让学生掌握和了解前滚翻的动作技能,以便在紧急情况下能够运用前滚翻进行自我保护,预防受到更严重的伤害。这是一项对动作技术要求较高的专项运动技能。本节课充分利用智慧教育教学手段,积极创设能够激发学生兴趣的教学情境,使学生集中注意力,激发学习热情,积极参与其中。

教师运用信息技术手段辅助教学,进行讲解和示范,使学生通过分解辅助练习来直观地了解前滚翻动作。在学习的过程中,学生相互学习保护与帮助的动作要领,增强了安全保护意识。在这一过程中,学生不仅更好地掌握了动作要领,还通过小组比赛的形式,自主发现问题、合作学练,并尝试进行技能拓展与运用。通过学习前滚翻动作,学生的灵敏性、柔韧性、协调性等身体素质得到了发展,自我保护能力也得到了提升。此外,掌握前滚翻的基本动作要领,既培养学生自我保护的能力与意识,又培养学生学习红军精神,即不怕困难、勇于挑战自我和团结互助等品质,从而更好地贯彻了新课标"教会、勤练、常赛"的课程要求。

技术支持下的跨学科主题学习案例

跨学科主题学习是《义务教育体育与健康课程标准（2022年版）》中的一项主要课程内容。新课程标准指出："跨学科融合一直是学生提高运动能力、学习健康知识和传承中华优秀传统体育的重要方式和途径。"新课程标准要求："体育与健康课程应融合多门课程，充分发挥育人功能，促进学生全面发展。体育与健康课程的跨学科主题学习部分主要立足于核心素养，结合课程的目标体系，设置有助于实现体育与德育、智育、美育、劳动教育和国防教育相结合的多学科交叉融合的教学内容。"

2022年10月，我参加了青岛市体育与健康学科优质课比赛，凭借信息技术辅助教学的创新方法，结合我校作为全国红军小学积极开展红色教育的办学特色，我所执教的水平一小学二年级课程"小红军学本领——以投、击为主的操控性技能练习"荣获青岛市优质课一等奖。2023年12月，该课例教学设计在青岛西海岸新区第三届教学节"优秀教案设计"评选中荣获小学体育与健康学科一等奖。

"水平一小红军学本领——以投、击为主的操控性技能练习"单元教学计划

一、背景分析

全国红军小学建设工程于2007年由中央领导李瑞环和老一辈革命家及其亲属倡导发起，旨在弘扬红军精神，传承红色基因。截至目前，全国已完成424所红军小学的建设，覆盖了全国29个省、自治区、直辖市的革命老区，成为我国知名的红色教育品牌。我校于2011年8月20日被全国红军小学建设工程理事会授予旗牌，成为全国第100所，也是青岛市首所全国红军小学。

2016年9月，学校被评为"青岛市国防教育示范基地"。2018年5月30

日,习近平总书记给陕西照金北梁红军小学亲笔回信:"希望你们多了解中国革命、建设、改革的历史知识,多向英雄模范人物学习,热爱党、热爱祖国、热爱人民,用实际行动把红色基因一代代传下去。"学校积极响应号召,秉承"传承红色基因,赓续红色血脉"的育人理念,开展了丰富多彩的红色教育活动,特别是与国防教育紧密结合,使体育教学成为"传承红色基因,赓续红色血脉"、加强国防教育的主阵地。

二、教材分析

《义务教育体育与健康课程标准(2022年版)》针对水平一目标,专门设置了基本运动技能的课程内容,其中操控性技能是基本运动技能课程中的一项主要内容。操控性技能学练与国防教育军事训练之间存在许多共通点,可以很好地融合各种投、传、击、踢、接球,用手或脚运球,用短(长)柄器械击球等活动。受新课标跨学科主题案例"钢铁战士"的启发,我尝试将教学内容与国防教育军事训练项目相结合,融入本单元的体育教学中。

三、单元目标

结合我校开展的以红色教育为主的国防教育活动,单元教学目标设计详见"五、学与教活动的单元教学设计"。

四、评价设计

根据《义务教育体育与健康课程标准(2022年版)》的课程内容和学校、学生实际,我将"操控性技能"中的"投、击"作为一个专项单元进行教学。本单元以"投、击"为主的基本运动技能检测及评价标准围绕"运动能力、健康行为、体育品德"3个维度来设定,具体评价标准如下。

(1)优秀:学习态度认真积极,能够轻松且准确地完成动作,占全班学生的30%。

(2)良好:学习态度认真积极,能较为熟练地完成动作,占全班学生的50%。

(3)合格:学习态度认真积极,基本能够完成动作,占全班学生的15%。

五、学与教活动的单元教学设计

学与教活动的单元教学计划见表9-1-2。

表9-1-2 "小红军学本领——以投、击为主的操控性技能练习"单元教学计划

单元名称	水平一"小红军学本领——以投、击为主的操控性技能练习"		
单元学习目标	1. 运动能力:通过各项基本运动技能练习,85%以上的学生能够掌握投、击、抛、接等操控性技能,包括方向变化、速度快慢、力量大小等,并能够协调地作出相关动作。 2. 健康行为:通过学习小红军战士的训练方式,向小红军战士学习,保持正确的身体姿态,快乐地参与体育活动,具有时空意识、规则意识和安全运动意识,确保在运动中能够做好自我安全检查,并与他人保持安全距离。 3. 体育品德:通过学习小红军的优秀品质,能够在活动中与同伴友爱互助、听从指挥、服从命令、遵守纪律和规则,展现文明礼貌、不畏困难、顽强拼搏的精神,坚持学习和练习各项基本技能,立志"从小学先锋,长大做先锋"		
单元主要教学内容	一、基本运动技能 1. 正面投球能力;2. 不同距离的投球练习;3. 打固定目标;4. 打不同远度的目标;5. 打移动中的活动目标;6. 投、击结合的操控性技能练习。 二、技能运用 1. 托球跑接力;2. 打活动目标;3. 奇袭敌人军火库;4. 相关游戏方法与规则。 三、跨学科主题学习 结合本单元教学内容,与国防教育知识学习相融合。1. 队列队形;2. 学习解放军投弹动作,以及如何"整理着装",并养成良好的上课习惯;3. 辨听出操号、集合号、冲锋号等国防军事知识		
单元学习重难点	1. 学习重难点:了解与掌握投、击等操控性技能的动作运用方法,以及相关的国防教育知识。 2. 教学内容重难点:让学生掌握投、击等操控性技能的具体内容和练习方法,以促进该技能的发展,学习并理解相关游戏的方法和规则。 3. 教学组织重难点:合理规划练习场地,提高其利用率;根据学生的身体特点,合理进行同质分组、异质分组、固定分组、随机分组,提高练习效果。 4. 教学方法重难点:将创设情境、讲解示范、启发引导等教学手段与多媒体直观教学等媒介相结合,促进学生通过自主、合作、探究等多种方式进行学习		
课时	学习目标	主要教学内容	教学组织与方法
1	1. 练习以投为主的基本运动技能,乐于参与基本运动技能学练和游戏。 2. 能说出参与体育活动前后的感受,巩固基本运动技能。 3. 在活动中与同伴友爱互助,遵守纪律,展现文明礼貌,不怕困难,坚持学练	以投为主的操控性技能练习: 1. 正面投球技术; 2. 不同距离的投球练习	创设小红军训练营情境: 1. 熟悉球性练习活动; 2. 教师示范正面投球技术; 3. 小组练习,并提出问题; 4. 游戏:小垫子托球跑

续表

课时	学习目标	主要教学内容	教学组织与方法
2	1. 进行以击为主的力量大小的基本运动技能练习。 2. 乐于参与基本运动技能学练和游戏。 3. 能说出参与体育活动前后的感受；在活动中与同伴友爱互助、不怕困难、坚持学练	以击为主的操控性技能练习： 1. 打固定目标； 2. 打不同远度的目标； 3. 打活动目标	创设小红军训练营情境： 1. 熟悉球性练习活动； 2. 教师示范，找榜样学生示范； 3. 小组比赛，提出要求； 4. 游戏：打活动目标
3	1. 通过投、击结合的技能练习，巩固速度、力量等运动技能，保持良好的身体姿态。 2. 快乐地参与体育活动，坚持学练。 3. 培养学生友爱互助、遵守纪律、文明礼貌、不怕困难等优秀品质	投、击结合的操控性技能练习： 1. 原地投、击球练习； 2. 投、击中不同远度的目标； 3. 投、击打移动中的活动目标	创设小红军训练营情境： 1. 开展熟悉球性的练习活动，设置同伴挑战赛； 2. 各小组展示最喜欢的一种练习动作； 3. 分组练习，依次轮换； 4. 游戏：轰炸敌人军火库

	单元学习评价		
等级	运动能力	健康行为	体育品德
合格	1. 能够准确地描述所学的不同操控性技能动作，基本掌握并能在游戏对抗练习与比赛中运用。 2. 能独立参与体能练习，达到《国家学生体质健康标准》的合格水平。 3. 每学期通过现场或多媒体来观看不少于6次的排球比赛，并能简要评价	1. 能参与锻炼，与同伴交流合作。 2. 在学练比赛中情绪稳定。 3. 能安全地进行学练，简单地处理运动损伤	1. 在比赛中碰撞、摔倒时能坚持下去。 2. 具备遵守规则的意识。 3. 能关注同伴，尊重对手，履行自己的职责
良好	1. 能理解所学的不同操控性技能动作，较为熟练地掌握并能在游戏对抗练习与比赛中运用。 2. 能主动参与体能练习，达到《国家学生体质健康标准》的良好水平。 3. 每学期通过现场或多媒体来观看不少于8次的排球比赛，并能简要评价	1. 能主动参与锻炼，与同伴交流与合作。 2. 在学练比赛中情绪饱满。 3. 能安全地进行学练，正确地处理运动损伤	1. 在比赛中不怕对抗和冲撞，遇到困难时努力克服。 2. 遵守比赛规则的意识强。 3. 能在比赛中承担角色责任，关心、团结同伴

等级	运动能力	健康行为	体育品德
优秀	1. 能熟练掌握所学的不同操控性技能动作,能在特定的规则情境下,灵活、熟练地完成动作,并能在游戏对抗练习与比赛中运用。 2. 能积极参与体能练习,达到《国家学生体质健康标准》的优秀水平。每学期通过现场或多媒体来观看不少于10次的排球比赛,并能简要评价	1. 能积极参与锻炼,主动与同伴交流与合作。 2. 在学练比赛中能保持情绪饱满。 3. 能安全地进行学练,迅速且正确地处理运动损伤	1. 在比赛中勇于对抗、不怕冲撞,遇到困难时坚持不懈。 2. 能自觉遵守比赛规则,态度积极。 3. 能在比赛中主动积极承担角色责任,关心、团结同伴

单元教学反思

一、优点

(1)本单元将红色教育、国防教育与体育基本知识教学有机融合,通过跨学科的教学方式,有效促进了学生对各种操控性技能的掌握;较好地设定了体育与健康学科的德育目标,提升了学校开展红色教育与国防教育的效果,使红色教育真正成为学生成长的坚实底色,将红色火种播种在一代代青少年的心中,让红色基因代代相传,托起明天的太阳,共筑中国梦的磅礴力量。

(2)结合我校开展的红色教育与国防教育,在操控性技能大单元的教学中,我创设了"小红军学本领"的情境,通过出操号来指挥体操队形,集合号集合队伍,冲锋号指挥比赛。同时,学生也对国防教育的军营、军号知识有了更加深刻的了解。我采用《共产儿童团团歌》《打靶归来》等带有军营气息的音乐作为练习背景音乐,每节课前,通过模仿解放军战士"整理着装"的口令,指导学生整理服装,以此来养成良好的上课习惯,并培养他们的军人素养。在模拟军事训练和"轰炸敌人军火库"的游戏比赛中,我将红军战士听从指挥、服从命令、不怕困难、顽强拼搏的意志品质融入课堂教学,教育学生发扬红军战士严守纪律、团结互助、文明礼貌、努力坚持等优秀品质。

二、不足

(1)虽然大多数学生对创设的军营训练情景很感兴趣,但是由于学生的年龄和知识水平不同,他们对国防教育知识的理解、掌握和知晓程度存在差异,从而影响了本节课的整体教学效果。个别学生因此产生了畏难情绪,并且未能得到及时疏导。

(2)学生上课时喜欢玩乐,想象力丰富,学习兴趣易被激发,但在课堂纪律方面存在不足。例如,在冲锋号伴奏下进行比赛活动时,学生极易兴奋,这给课堂纪律管理带来了挑战。此外,他们的运动系统尚未完全发育,肌肉力量和协调性有待提高,这存在一定的安全隐患。

三、改进

创设情境对水平一学段的学生具有良好的兴趣激发作用。操控性技能的学练与国防教育存在许多共通点,如投、击球练习可以与国防教育军事训练中的投掷手榴弹相结合。这种结合不仅促进了学生对传球、踢球、接球,以及用手或用脚运球、用短(长)柄器械击球等技能的学练,还通过融合军事演练等情境,有效地提升了学生的基本运动技能,为学生发展体能和学练专项运动技能奠定了坚实的基础,对今后发展学生的灵敏性、协调性等身体素质具有重要的作用

"水平一以投、击为主的操控性技能练习"教学设计

授课地点:室内体育馆

一、指导思想

本课以《义务教育体育与健康课程标准(2022 年版)》为依据,以"健康第一"为指导思想,强调实践性,全面落实"教会、勤练、常赛"的新课程要求,将新课标水平一中基本运动技能与跨学科主题学习有机结合,突出学生的主体地位,把体育课与思想品德教育、国防教育有机融合。此外,本课还积极尝试"互联网＋课堂"教学模式,运用智慧教育手段,通过直观教学展示课件,以"小红军训练营"为情境,激发学生的学习兴趣,巩固动作技能,旨在培养学生"校内、校外"持续锻炼的好习惯,并渗透品德教育。本课还致力于培养学生团结协作、积极进取的精神,健全学生人格,同时注重生命安全教育的渗透;面向全体学生,关注个体差异,以更好地实现教学目标,使学生逐步掌握运动能力,养成健康的行为习惯和良好的体育品德,为终身体育奠定坚实的基础。

二、教材分析

基本运动技能是《义务教育体育与健康课程标准(2022 年版)》中水平一的课程内容,其主要目标是使学生在运动过程中体验方向、水平、路径、节奏、力量和位移速度的变化,初步感知本人与他人或物体的相对关系,为后续发展体能和学练专项运动技能奠定坚实的基础。操控性技能作为基本运动技能的重要组成部分,"投"与"击"是其中的重要且基础的体验性练习内容,对促进学生掌握与运用体能和运动技能,提升运动能力具有显著作用,并对学生的灵敏性、协调性等身体素质的发展起到关键作用。本课通过游戏练习,如"托乒乓球比赛""打活动目标",创设"奇袭敌人军火库"的情境,进一步增强学生的操控性技能的实际应用能力,使学生在学练活动中体验积极、愉快的心情,获得运动的乐趣和成功的体验。

三、学情分析

小学二年级的学生组织纪律性较弱,情绪变化较大,课堂上容易分心玩耍。尽管他们的运动能力有所发展,但是运动系统尚未发育成熟,肌肉力量

和协调性较差。然而,他们的想象力和创造力丰富,学习兴趣容易被激发。经过水平一阶段的学习后,他们已经初步掌握了操控球的基本动作,具备了一定的投、击能力。本项学习共计3课时,在每课时中均积极创设军事演习情境,采用环环相扣、层层递进的教学方式,能够有效激发学生的学习兴趣,让他们体验操控性技能的具体内容和练习方法,从而达到理想的教学效果。

四、学习目标

学习目标见表9-1-4中的"学习目标"。

五、重难点

重点:手对球的控制能力;难点:运用正确的投、击基本运动技能。

六、教法与学法指导

本课主要采用情境教学法,创设红色教育情境,结合多媒体教学。主要教法包括:讲解法、示范法、评价激励法等;学法则主要运用合作法、练习法、自主学习法及游戏比赛法等。

七、场地器材

多媒体设备1套、小体操垫32块、海洋球若干个、普通小球筐16个。

八、安全保障

① 场地器材布置合理;② 强化安全教育,选定两名学生安全员,协助提示安全事项;③ 确定卫生室地点并与卫生员做好对接工作。

九、体育家庭作业

(1)回家练习"手举过头、肩上用力"的投掷方法,争取扔得更远。

(2)我们就要进行体质健康测试,请爸爸妈妈帮忙计时,进行1分钟跳绳练习。

十、创新之处

(1)实施跨学科主题学习。通过出操号、冲锋号、集合号3种号音,我创设了"小红军训练营"的教学情境,将体育课与思想品德教育、国防教育有机结合,激发学生对投掷的兴趣,同时渗透革命传统教育,从而更好地达成教学目标。

（2）智慧教育融入体育教学。我充分利用多媒体辅助教学来完成教学任务，并充分利用器材，使其贯穿课堂始终。

（3）遵循新课标"教会、勤练、常赛"的要求。我组织了多次比赛，以发挥学生的主观能动性，以赛代练，让学生在比赛中发现问题，并改进提高。同学们可以自主、合作、探究性地完成课堂学习。

十一、评价设计

评价设计见表9-1-3，以投、击为主的操控性技能练习课时计划见表9-1-4。

表9-1-3　评价设计

评价等级	合格士兵	优秀士兵	王牌士兵
评价标准	在音乐伴奏下，能够切合音乐节奏完成基本动作，活动充分	基本掌握"手举过头、肩上用力"动作，能够击中4～6米远的目标。	熟练掌握"手举过头、肩上用力"动作，击中（或超过）6～8米远的目标
备注	音乐伴奏《共产儿童团歌》	军号曲：出操号、冲锋号、集合号 音乐伴奏《打靶归来》	

表9-1-4　以投、击为主的操控性技能练习课时计划

课时	小红军学本领（三）以投、击为主的操控性技能练习	课次	3～3	人数	40人
学习目标	1. 运动能力：通过以投、击为主的基本运动技能练习，帮助学生积极尝试各种投掷轻物小球的动作方法，提高学生的操控球能力，在练习中培养学生的基本运动技能，锻炼学生的灵敏性和协调性。 2. 健康行为：通过学习小红军战士的精神，鼓励学生积极参与体育运动，使学生了解投掷轻物体在生活及体育运动中的作用，保持正确的身体姿态，初步形成良好的时空意识、规则意识和安全运动意识，从而培养学生良好的运动习惯。 3. 体育品德：通过创设红色教育情境，激发学生的学练兴趣，教育学生学习并传承红军的优秀品质，培养学生团结协作、战胜困难、超越自我、追求卓越的品质；教育学生学习解放军战士"整理着装"的规范动作，以此培养学生的军人习惯，引导学生学习并了解出操号、冲锋号、集合号等国防教育知识，提高学生的军人素养				
主要教学内容	1. 基本运动技能练习：以投、击为主的操控技能练习。 2. 发展基本运动技能游戏："奇袭敌人军火库"。 3. 学会解放军战士"整理着装"的规范动作，学会辨听出操号、冲锋号、集合号3种号声				

课时	小红军学本领（三） 以投、击为主的操控性技能练习		课次	3～3	人数	40人

| 教学
重难点 | 1. 学习重难点：手对球的操控能力，尽快适应体能练习强度，灵活运用各种姿态的
　　投、击动作。
2. 教学内容重难点：学生积极尝试各种投掷轻物小球的动作方法，提高操控球能力；
　　学习出操号、冲锋号、集合号等国防教育知识，提高学生的军人素养。
3. 教学组织重难点：合理利用场地，借助小体操垫进行投、击练习，提高练习密度；简
　　化游戏规则，合理分组，结合操控性技能开展"奇袭敌人军火库"的搬运投掷组合
　　游戏。
4. 教学方法重难点：采用讲解示范和启发引导的教学方式，通过创设游戏情境、比赛
　　情境来促进学生的合作探究 | | | | | |

| 安全
保障 | 1. 课前检查学生着装及场地器材，消除安
　　全隐患，加强安全教育。
2. 合理布置场地，有效利用器材，严密组织
　　教学。
3. 课中组织学生充分热身，避免运动损伤，
　　保持安全距离，提高安全意识 | | 场地器材 | | 小体操垫41块、
小球筐4个、海
洋球若干、音响
1台、多媒体设
备1套 | |

课的 结构 与时间	教学内容	学生活动	教师活动	组织 形式	运 动 负 荷
激趣 导学 （1～2 分钟）	1. 课堂常规。 2. 谜语导入： 　一颗铁瓜威力大， 　打起仗来人人怕； 　一拉弦，就开花， 　炸得敌人喊爹妈！ 3. 思想教育：从小学 　先锋，长大做先 　锋！ 4. 复习"整理着装" 　动作，辨听"出操 　号"	1. 认真听讲，迅速 　进入学习状态。 2. 精神饱满，听从 　指挥，按教师口 　令行动。 3. 听到出操号，向 　训练营出发；到 　达阵地后原地踏 　步（每人1块小 　垫子）	1. 猜谜语导入新 　课，创设"小红军 　训练营"的情境。 2. 思想教育，激发 　热情。 3. 口令指挥，培养 　军人作风。 4. 适时评价。 5. 要求： 　精力集中，认真 　听讲；声音洪亮， 　动作迅速	组织一： ×××× ×××× ×××× ×××× △ 四列横队	低

课的结构与时间	教学内容	学生活动	教师活动	组织形式	运动负荷
增趣促学（6～7分钟）	热身： （1）行进间快速反应跑，播放音乐《共产儿童团团歌》。 （2）徒手操练习，包括腕关节、头部、腰部、腹背、肩部、体转、体侧、踢腿（胯下传球）	两人一组，音乐响起后跑动开始，听到一声哨声即换方向，听到两声哨声则原地站好，随后跟随老师一起进行热身活动。学生集中精神，听音乐并跟随老师进行练习。同时注意活动要积极充分，确保安全	1. 教师讲解行进间快速反应跑的要求，提醒学生注意保持安全距离。 2. 分组：红球—红队；黄球—黄队；绿球—绿队；蓝球—蓝队。 3. 带领学生进行操控球的热身练习	组织二： ⊗⊗ △ ⊗⊗ ⊗⊗ △ ⊗⊗ ⊗⊗ △ ⊗⊗ ⊗⊗ △ ⊗⊗ 行进间绕场走	中
素养提升（28～29分钟）	1. 各种姿势的投、击球练习：站姿、跪姿、卧姿、坐姿。音乐《打靶归来》 2. 跪姿投准练习的动作要领：手比头高、肩上用力。口令：持弹—瞄准—投—捡球。 3. 站姿投准练习：投远练习比赛；实弹移动目标。近距离目标；远距离目标；小组比赛	1. 在教师的引导与指挥下进行各种姿态的投、击球练习。 2. 大胆尝试，轮换练习。 3. 榜样示范；队长指挥，统一练习；合作学习，相互帮助，纠正动作；小组比赛。 4. 集中精力，在老师的指导与指挥下，打击各种移动目标；合作学习，相互帮助，纠正动作队长指挥—指导—练习—比赛	1. 统一组织：示范讲解；教师巡视；表扬评价。 ——大家全部成为合格士兵！ 2. 提问导入：聘请小教官，帮助老师；指挥小组练习与比赛；激励评价。 ——大家全部成为优秀士兵！ 3. 师：挑战王牌士兵。小组练习、比赛；老师示范、同学扮演移动目标；激励评价——王牌士兵	组织三： 分4组 ×○♂× ×○○× ×○♂× ×○○× ×○♂× ×○○× 组织四： ×× × × ⇓⇓⇓⇓ ⇑⇑⇑⇑ ×× × × 将学生分为4个小组，指派2名学生作为两侧移动目标	中

231

课的结构与时间	教学内容	学生活动	教师活动	组织形式	运动负荷
素养提升（28~29分钟）	4. 综合体能游戏："奇袭敌人军火库"，学会辨听"冲锋号"；用小垫子托球跑，跑回后放到筐里；用筐里的球轰炸敌人军火库，比一比；用小垫子当作小车推球运球跑	5. 学生认真听讲，遵守游戏规则：黄队和蓝队每队在每个筐前放4块小垫子；红队和绿队帮老师用小垫子搭建1个军火库；每队就近选择1个筐，站在筐后；听到冲锋号之后开始比赛	4. 教师创设情境，讲解游戏方法和规则：每人只能用1个小垫子，每次只能运1个小球；注意安全，避免相撞和摔倒；精力集中，反应迅速；总结游戏，改变方法，加强练习	组织五： 将学生分为4个小组，分别站在场地的4个角上	中
放松恢复（3~4分钟）	1. 集合放松，学会辨听"集合号"。 2. 课后总结，思想教育，升华课堂。 3. 布置家庭作业。 4. 安排回收器材	1. 随教师放松练习；要求：动作舒展，心情愉悦。 2. 分享课堂收获。 3. 协同教师整理器材	1. 讲解示范放松。 2. 课堂总结："从小学先锋，长大做先锋！"认真学习，刻苦训练，掌握本领，报效祖国	组织六： 体操队形与集中看齐	低
预计负荷	平均心率	130~145次/分			
	运动密度	75%			
课后反思	一、成功之处 首先，本课积极实施跨学科主题学习，通过PPT课件，播放军队出操号、冲锋号、集合号等音频，指挥和调动学生进行队列队形的变动。通过播放《共产儿童团团歌》《打靶归来》等符合军事训练活动的音乐，本课成功地将体育课与国防教育有机融合；结合学生的认知能力和规律，帮助学生学会了分辨出操号、冲锋号、集合号等国防教育知识。其次，充分利用智慧教育教学手段，如翻页笔一键操作，创设了"小红军训练营"的情境，将现代化教学手段与体育学科有效结合，激发了学生的兴趣。学生身着红军服，在轻松的氛围中学习了队列知识，并养成了良好的军人习惯和作风。再次，本课遵循新课标"教会、勤练、常赛"的要求，组织了多次比赛，以赛代练，发现问题并改进提高，促进了学生基本运动技能的掌握。通过引导学生自主学练，本课更好地实现了教学目标，使学生逐步掌握了一定的运动能力并形成了良好的健康行为，培养了学生的体育品德，为终身体育奠定了坚实的基础。				

续表

课的结构与时间	教学内容	学生活动	教师活动	组织形式	运动负荷
课后反思	二、不足之处 由于学生年龄较小,肌肉力量和协调性较弱,他们在基本运动技能的表现上存在显著差异,这进一步影响了组织纪律性,并阻碍了课前预设的部分教学环节目标的达成。 三、改进措施 在今后的教学中,一是积极创设符合水平一学段学生生理与心理发展规律的教学情境,结合国防教育,采用军衔晋级赛的形式,设置不同难度的练习任务及建立合理的评价激励机制,以期望获得更好的教学效果。二是在本课的教学中,结合国防教育军事训练的内容,设计分层练习与教学,如设置不同远度、不同大小的投击目标,从而充分激发学生的学习兴趣,突出学生的主体地位				

关于"用技术改变教学"的几点思考

要想"用技术改变教学",我们就要将信息技术应用能力培训与"优课"活动紧密结合,积极推动广大教师在课堂教学和日常工作中有效应用信息技术,努力提升他们研究课程、上好课的能力和水平,这是教师培训的重要内容。当前,尽管信息技术的运用已经广泛渗透到其他学科中,但是体育课堂在信息技术应用方面仍显滞后。如何让信息技术融入体育课堂,是每一位体育教师都应该深入思考的问题。

一、处理好主观因素与环境条件的关系

从主观角度来看,课堂教学是以教师为主导、学生为主体的双边互动教学活动。为了将现代化教学技术融入体育课堂,我们需要充分发挥多媒体教学信息容量大、涉猎范围广的优势,同时满足学生对信息技术的兴趣需求。学生们通常对新鲜事物充满好奇,因此在将多媒体等器材搬入体育场馆时,体育教师需要考虑的不仅是技术、设备维护等挑战,还要预防学生可能出现的注意力分散等问题。

从客观角度来看,体育学科具有其独特性,体育教学以实践课为核心,主要通过教师的讲解、示范及学生的反复身体练习来促进学生的身体发展和体质增强。体育教学主要在室外等宽敞环境下进行,这是体育课在"用技术改变教学"方面落后于其他学科的重要原因。合理地运用现代化的教学手段来完善体育课堂,成为体育教师需要深入思考的问题。我们应对信息化教学在体育教学中的应用有新的认识。例如,平板电脑、智能手机等现代设备因其简单易学、便于操作,可作为信息化教学的有效工具。无论是在课前、课中,还是在课后,这些设备都能通过录制和观看视频等信息化教学手段被充分利用起来。

二、处理好现代化教学手段与传统教学手段之间的关系

"教无定法,贵在得法。"信息技术不能替代所有的传统教学手段,因此体育教学必须充分考虑学生的生理、心理等个体差异。过度依赖现代化教学技术,是否真正有利于发挥传统教学中教师的教育教学艺术?采用技术改变教学,是否会忽略教师的主导作用和学生的主体地位,是否会导致课堂教学中师生间的情感交流减少,从而失去了原本主动和谐的教学氛围?这些都是体育教师需要思考的问题。

现代化教学技术主要用于丰富传统教学方法,作为体育教学的一种辅助性教学手段。我们需要正确处理它与传统教学之间的关系,并恰当地运用传统教学手段,如动作模型、挂图、幻灯片等。这些传统教学手段不仅方便和经济,还能有效体现教师开发和利用课程资源的能力。因此,我们不应一味依赖现代化技术教学,以免造成不必要的人力、物力和财力的浪费。

总之,"用技术改变教学"应基于实际情况,无论是微课程的制作工具,还是优化教学的各种技术手段,要使它们与体育课更加完美融合,以达到最佳教学效果,同时使这些技术手段成为教育教学的基本组成要素及体育教学的有益补充,都需要我们在体育教学实践中不断摸索与尝试,并在实践中巩固与提升。随着信息技术的持续发展和完善,技术工具对体育教学的推动作用会越来越大,必将成为促进体育教学质量提升的有力工具。

不要让"用技术改变教学"成为
体育教师的"软肋"

　　自 2019 年以来,青岛西海岸新区积极推广实施智慧教育,然而受体育教学所需要的特殊环境限制,在科大讯飞推广的畅言课堂软件内,体育教学资源相当稀缺,几乎把体育学科排除在外。长期以来,信息技术与体育教学之间的关系并不紧密。"用技术改变教学"是山东省连续两年远程研修的主题,我在 2015 年有幸担任了山东省远程研修小学体育区级指导教师。与普通学员相比,在研修的第一个阶段——观课评课阶段,我能够欣赏到更多全省各地优秀体育教师的精彩课例。在每年的远程研修中,我观察到,除了录音和扩音设备外,体育教学中"用技术改变教学"的手段相较于其他学科明显滞后,信息技术在体育教学领域成为体育教师的"短板"。于是,我选取了来自不同地区的两位老师分别执教的"前滚翻"课,通过同课异构的形式进行比较,分享我对体育教学中"用技术改变教学"的认识。

一、同课异构,"用技术改变教学"在体育课教学中凸显优势

(一)课例描述

　　第一节课由来自济南市章丘区清照小学的王永超老师执教。在本节课中,王老师将平板电脑引入课堂。在"前滚翻"的动作学习环节,他将学生分成每 4 ～ 6 人一组,每组配备 1 部平板电脑,利用平板电脑展示动作示范,指导学生模仿练习。在老师讲解动作要领后,学生观看课前录制的微课,以加深对动作的理解和记忆。随后,学生利用平板电脑的暂停、播放、回放功能,在小组内反复观看动作,进行自主学习和合作学习,相互指出动作的优点和不足,以便改进并提高动作质量。

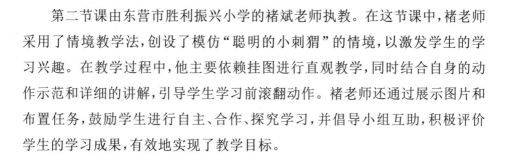

第二节课由东营市胜利振兴小学的褚斌老师执教。在这节课中,褚老师采用了情境教学法,创设了模仿"聪明的小刺猬"的情境,以激发学生的学习兴趣。在教学过程中,他主要依赖挂图进行直观教学,同时结合自身的动作示范和详细的讲解,引导学生学习前滚翻动作。褚老师还通过展示图片和布置任务,鼓励学生进行自主、合作、探究学习,并倡导小组互助,积极评价学生的学习成果,有效地实现了教学目标。

(二)课例分析

通过同课异构的对比,不难看出,"用技术改变教学"在体育课技巧教学中具有显著优势。在体育教学中,教师示范、挂图、电脑、多媒体等都是为学生学习服务的。相同的教学内容,不同的组织教法,都取得了不同的教学效果。王老师充分利用技术进行教学,引导学生借助平板电脑观看技术动作,使枯燥的技术教学趣味化、简单化。王老师还抓住重点,充分利用平板电脑的暂停、播放、回放功能,有针对性地进行难点辅导,引导学生反复观看动作、模仿练习,大大提高了本节技巧教学课的效果。尤其是学生们利用平板电脑的录像功能,将自己和同学的动作录制下来,提升了教学质量与效果。通过回放功能,学生们能够一目了然地理解动作要领,既能有效地提高动作质量,又能培养自主学习和合作学习能力。

(三)课例反思

1.将信息技术与教学各环节融合,提高体育教学质量

在王永超老师执教的课中,虽然他在"前滚翻"动作学习环节运用了平板电脑来提高教学质量,但是如果从教学导入阶段就开始充分利用信息技术,通过多媒体播放来创设"为什么要学前滚翻"的情境,效果就会更加显著。在课堂讲授、教学评价等主要教学环节,如果让学生通过平板电脑的拍摄功能来录制自己和同学的动作并进行比较观看,这将使练习者能够更深入地发现自身的问题,实现更加直观的相互学习。同时,开展自评和互评,促进相互合作与指导,将使技术资源的运用更加到位。

信息技术与各个教学环节的深入融合与突破,极大地促进了信息技术

与体育教学的深度融合。这种直观的教学方式不仅能够极大地激发学生的学习兴趣,提升学生主动参与的积极性,还能使学生更加直观地发现自身的问题,更好地提高动作质量。这对提高体育教学的质量与效果具有显著影响。

2."用技术改变教学"是体育教学的需要

(1)教师需要。随着年龄的增长,许多教师逐渐步入中老年体育教师行列,他们的协调性和柔韧性等身体素质大不如前。以前体育课上的一些简单动作示范,现在对他们来说已经相当吃力,相信不少中老年体育教师都有此切身体会。可以说,"用技术改变教学"的方式,能够显著减轻体育教师因多次重复讲解和反复机械示范练习而造成的身体负担,在体育教学中展现出得天独厚的优势。

(2)学生需要。学生们最感兴趣的永远是新鲜事物,因此将现代化教学技术引入体育课堂,可以充分发挥多媒体教学信息容量大、涉猎范围广的优势,激发学生对信息技术的兴趣,提高学生的学习效果。学生可以通过自己操作,有效地组织自主学习,从而显著地提高自身的学习效果。这还有助于提升整体的教学效果。

(3)课堂需要。情境教学、直观教学等都是体育教学的重要教学手段。在体育教学中,通过现代技术可以给学生以直观、生动、形象的展示,如重复演示、慢镜头、快镜头等,几乎无所不能。这些技术手段在学习技术动作方面的优势尤为明显。尽管"用技术改变教学"在其他学科中已得到广泛应用,但是在体育教学中,由于一些主观和客观条件的制约,其应用情况并不乐观。

二、几点困惑

(一)如何处理好现代化技术教学与上课环境之间的关系

体育学科确实与其他学科有所不同,其教学以实践课为主,通常在室外等宽敞环境中进行,主要通过教师的讲解示范及学生反复的身体练习来促进学生的身体发展和体质增强。信息技术虽然具有其独特优势,但并不能替代一切传统教学手段。信息技术在体育课教学中存在一定的局限性,并且目前还受到室外条件的制约。

(二)如何处理好现代化技术教学与传统体育教学的关系

恰当地运用传统教学手段,如动作模型、挂图、幻灯片等,既方便又经济,还能够体现教师开发课程资源的能力。因此,我们应正确处理好传统教学方式与现代化技术教学之间的关系,切不可过度依赖现代化技术教学,以免造成人力、物力和财力的浪费。

当前,一些体育教师不甘落后,积极在体育教学中尝试运用信息技术辅助教学。在新冠疫情期间,体育教师录制的视频成为最直观的教学资源,在"空中课堂"教学中发挥了重要作用。部分教师在教室里录制了课桌上的韵律操,并将其应用于室内体育教学及大课间活动中。此外,在一些新建且条件优越的学校,体育教师充分利用室内大屏幕,将信息技术与体育课堂有效结合,充分发挥信息技术的优势,使技术支持下的体育教学更加生动。有的体育教师已经开始研究"大数据下的智慧体育"教学,分析体育测试数据,紧跟大环境下的智慧教育步伐。

智慧教育已经渗透进其他学科的课堂,但鉴于体育课特殊的上课环境,合理地运用现代化的教学手段来完善体育课堂,值得每一位体育教师深入探究。为了使信息技术与体育课更加完美地融合,实现最佳的教学效果,在教学中扬长避短,广大体育教师需要在体育教学的实践中持续探索和创新。我们应当努力让信息技术成为教育教学中的基本组成要素,并为体育教学提供有益的补充,而非成为体育教师的"软肋"。

第十章
一线体育教师专业成长

■■ 名师导言

　　罗兆杰老师的《学思研行——一线体育教学中的探索与实践》书稿中,我看到与自己当初成立"晓露学习共同体"的初衷产生多个共鸣之处。

　　一是教师要成为专业阅读的实践者。作为新时代的体育教师,既要注重教学实践,又要紧跟学校体育理论前沿,向学者型、研究型体育教师转型。罗老师的书中引经据典,字里行间流露出教学实践案例中蕴含的教育理念,这正是他长年累月扎实进行专业阅读,以及对教育深入思考的体现,让读者感受到亲切、自然和接地气。

　　二是教师是专业阅读的最大受益者。阅读有了量的积累,定会有质的变化。罗老师在文中多次表达了加入《中国学校体育》创建的"学体部落"后在网络教研方面的专业成长与收获。正是这些研讨中的一次次思维碰撞,激发了他的创作灵感与激情,推动了他在专业领域上精益求精,实现了他的飞速成长。

　　三是教师要做专业阅读的传播者。"一枝独秀不是春,百花齐放春满园。"罗老师不仅受益于专业阅读与论文的发表,还通过成立"黄岛区小学体育草根教研"微信群,制定《中国学校体育》阅读交流卡,辐射并带动区内体育教师能教研、会教研、出成果。他提出论文撰写的"六不、一要、一严禁"原则,以及体育教师如何从课堂、训练、活动、研究四方面实现专业成长的建议,为青年教师指明了方向,激发了他们成长的内驱力,传递了教育的幸福。在这里,我要为罗兆杰老师的大爱点赞,也希望本书的内容能给阅读中的你我带来些许帮助。

　　(宋晓露:山东省泰安市泰山实验中学体育教师、晓露学习共同体创始人、泰安市最美教师、泰安市骨干教师、泰安市模范班主任、泰安市优秀教练员、泰安市读书人物先进个人。)

让读书写作成就人生梦想

我很喜欢泰安市一位优秀的体育教师宋晓露大姐说的一句话:"成长是自己的事,来去自由,随缘。"宋晓露是泰安市泰山实验中学一位优秀的体育教师。我的电脑里一直保存着她在体育课上为学生做头手倒立的视频。年过半百的她,做头手倒立示范动作时依旧规范、标准、连贯,令人敬佩。我是通过《中国学校体育》的读者群认识宋老师的,她不仅德高望重,还是我最为尊重和佩服的扎根基层一线的女体育教师。近年来,她自发创建了"晓露学习共同体",并定期开展线上读书打卡活动,通过"晓露学习"公众号,定期分享读书心得,组织交流活动,吸引了来自全国数十个省份的优秀一线体育教师。在这个共同体的引领下,许多年轻体育教师得到了成长,并成功发表了自己的论文。宋晓露大姐曾对每一位加入共同体的体育教师说:"阅读是终生的事业,不要急于求成,我尊重你的选择,也欢迎你的加入。冰冻三尺非一日之寒,只要持之以恒,收获是必然的!"

当前,在不少教师中存在这样一种现象:为了晋升职称,一些中青年教师在发表了论文、开过公开课、获得过优质课后,便不再努力学习,选择安于现状。有的老师在学校面对一群性格各异的学生,忙于处理一件又一件永远做不完的事情,因此丧失了刚参加工作时的激情和理想,不再有上进心,也感觉没有时间去学习。有的老师受一些不良的社会风气影响,觉得与"每天读书半小时的教育专著"相比,打打牌、上上网具有更强的诱惑力,逐渐产生"躺平"的想法,这种不思进取的行为是很不可取的!

古人云:"熟读唐诗三百首,不会作诗也会吟。"教师的成长离不开读书,而总结、升华则需要通过写作来实现。书读得应该是越多越好,没有量的积累,就不会有质的飞跃。书读得多了,语感自然也就形成了,语言表达也就变得游刃有余,这时我们提笔写作自然不会再冥思苦想。阅读时,我们要学会捕捉到作者的观点、文章的关键词和关键句，一眼就能发现这篇文章的亮点，这些都需要我们的辛勤付出。老师们急于写文章出成果的心情是可以理解的，但没有大量的知识积累作为支撑，又怎能轻易地写出文章来呢？写作是一种总结和创新，没有阅读就没有继承，没有继承就谈不上创新。试想，如果连别人的东西都没有学会，又怎能指望自己有所创新呢？

北京十一学校原校长、教育改革家李希贵曾经说过："我真正的学习是从读书开始的，真正的教育人生也是从读书开始的。读书使我顿悟了教育，教育使我顿悟了人生。"学习不是一种时尚，不是一种点缀，而是一种必需。学习需要热情，需要投入，需要执着。读书、写作不能只是一时的冲动，而需要长期的坚持。我认为，教师需要的是一种正能量、一种信念、一种力量。每位教师都应该成为人生的智者，广泛阅读、独立思考、审慎探究、优雅生活，既闪烁着理性的光芒，又散发着睿智的轻松，还能抚慰自己的心灵。那一本本散发着墨香的书，可以让我们远离尘世的喧嚣和浮躁，回归内心的宁静，体验喧嚣背后的安宁。

"书中天地大。"书可以为我们提供多角度、深度的专业知识，为我们解答工作中的疑难问题。通过不断地阅读、积累、尝试、反思和总结，我们的专业素养将得到显著提升。读书可以让我们认识很多教育名家，虚心学习他们的教育智慧和先进的教育思想，使我们的内心从浮躁中沉静下来，从而理解什么是先进的教育理念，什么是科学有效的教育教学方法，什么是高效课堂，以及如何打造高效课堂。诗人汪国真说："既然选择了远方，便只顾风雨兼程；既然目标是地平线，留给世界的只能是背影。"选择读书写作可以使我们充实，可以帮助我们实现人生梦想。我们身处的社会是学习型的社会，用过去的老方法可能无法解决遇到的新问题，因此教师应该是智慧型的教师。

读书和研究并非专家的专利，普通的一线体育教师同样拥有巨大的创造力。只要肯努力，专家能做到的事情，我们也能做到。体育教师应减少烟酒气息，增添更多的书卷气。读书可以弥补我们专业知识的不足，增长教育智慧，提高文化底蕴，提升生命质量。

与“草根争鸣”的不解之缘

网络时代推动了教育向现代化、信息化的方向发展,而教育信息化又催生了网络教研这一新型的教研形式。可以说,体育教师是较早利用网络开展教研活动的群体之一,这主要得益于《中国学校体育》杂志的凝聚力。最初,来自全国各地的优秀一线体育教师在《中国学校体育》杂志的组织下,通过QQ群等网络形式,积极开展了网络教研活动。2008年6月,《中国学校体育》杂志社开通了官方博客圈,组织广大体育教师围绕工作中的实际问题,立足体育教学一线的前沿阵地,通过汇集大家的智慧,共同发现问题、研究问题、解决问题,以此促进体育教学工作和教师自身的发展。博客圈特别开设了“草根争鸣”网络研讨活动版块,而杂志社也设立了《草根争鸣》栏目,形成了浓厚的网络教研氛围。2009年3月,我加入了《中国学校体育》杂志的读者QQ群,并在吕兵文、穆乃国等老师的引领下,已步入“四十不惑”的我逐步认识并接受了网络教研这一新生事物。

我是《中国学校体育》的忠实读者,多年来坚持订阅《中国学校体育》杂志,获益良多。我的业务水平有了显著提高,并发表了多篇文章。尽管我相较于《草根争鸣》栏目的资深参与者算是半路出家,但是在黄岛区一线体育教师中,我却是最早参与“草根争鸣”网络研讨活动的教师之一。我真正第一次参加“草根争鸣”网络研讨活动是在2011年10月,由淄博市沂源县徐家庄中心学校的穆乃国老师通过QQ聊天的方式,一步步指导我完成“注册—审核—登录”的流程,并引导我参与了“草根争鸣”第33期网络研讨活动。该期话题围绕“怎样开展好冬训”展开,研讨后,我撰写了《冬训,要从“心”开始》一文并投稿。幸运的是,该文章在当年的《中国学校体育》杂志第12期发表。这令我兴奋不已,因为这是我首次投稿便成功发表。自此之后,我积极参与每次研讨,并陆续发表了数篇文章,逐渐在黄岛区小学体育教师中赢得了一点小小的名声。该栏目每月组织一次网上研讨,通过专家引领,汇集全国体育教师的智慧,专注于基层体育教学中的实际问题,解决一线教学中的困惑,帮助教师提升教学能力,深受基层中小学体育教师的欢迎。这一期间,我利用全区小学体育教研活动的时间,向张老师和其他一些骨干体育老师介绍了参与研讨的步骤与方法,得到了他们的认可。部分体育教师开始参与进来,感受"草根争鸣"的教研氛围,参与教研讨论,并享受论文发表的喜悦。

2015年7月,在教研员张老师的组织和领导下,黄岛区小学体育骨干教师教研团队首次主持了"草根争鸣"第77期网络研讨活动,研讨话题为"如何在体育教学中实施心理健康教育"。研讨活动地点设在网络条件较好的新世纪小学。吕兵文老师特地从威海赶来,现场给予指导。海之韵小学的徐伦校长还邀请了学校的专职心理健康教育教师为我们提供心理方面的专业把关。在吕老师的悉心指导下,本期研讨活动取得了圆满成功,并收到了良好的效果。自此,我区越来越多的教师加入了每月一次的教研活动中,并逐渐有教师发表了文章,体验到了这一网络教研活动带来的益处。

2016年10月,在教研员张老师的积极争取下,我们成功申请承办了"草根争鸣"总第92期网络研讨活动,当期话题聚焦在"在学校有限的运动场地内如何合理安排多个班级同时上课"。此次活动得到了黄岛区教育发展研究中心的大力支持,并专门发布了通知,引导全区小学体育教师参与网络研讨活动。10月18日(周二),我们在黄岛区新世纪小学举行了参加《中国学校体育》草根论坛总第92期网络研讨的动员培训。教研员张老师安排我就"注册—审核—登录"等流程与步骤,对全区各学校的教研组长进行了现场培训。2016年10月21日晚7:30,第92期网络研讨在海之韵小学如期进行。与上一次相比,本期网络研讨准备得更为充分,并取得了更为满意的效果。

几年来,我区小学团队先后主持了4期"草根争鸣"论坛的网络研讨活动,先后有10多位教师在《中国学校体育》上发表了近20篇文章,实现了在正规国家级期刊上发表文章的梦想,填补了许多教师在个人论文发表方面的空白。这不仅在教师个人职称晋升方面发挥了积极作用,还在个人专业成长及评优树先方面起到了良好的支撑作用。我区先后有4人成为青岛市教学能手,5人成为区教学能手及各级体育教学骨干,《草根争鸣》栏目成为我区体育教师专业成长的"风水宝地"。

自2009年3月第1期推出以来,截至2024年4月,"草根争鸣"网络研讨活动已经成功举办了179期,发展成为全国范围内一线体育教师参与人数最多、覆盖范围最广、持续时间最长、研讨主题最贴近一线体育教师教学实践的互动式体育网络教研栏目。

除了"草根争鸣"网络研讨活动之外,放眼全国中小学各个学科,目前尚未有任何一个网络研讨活动能够做到风雨无阻,15年如一日,引领了全国数以万计的一线体育教师参与研讨。该活动面向一线、贴近一线、服务一线,致力于解决中小学一线体育教学中的热点、难点问题,成为广大中小学一线体育教师答疑解惑的重要平台。该活动坚持时间之长、辐射范围之广、参与人数之多及在一线体育教师中的受欢迎程度,都堪称卓越。若以此申请"网络体育教研吉尼斯世界纪录",我相信是当之无愧的。

"草根争鸣"网络研讨活动能够持续繁荣至今,并且越来越受一线体育教师的喜爱,其中吕兵文老师的贡献是功不可没的。在《中国学校体育》杂志的引领下,全国各地的体育教师在体育教学领域实现了专业成长,成为当地乃至更广泛区域的体育学科骨干。这份杂志、这个专栏及吕兵文老师的贡献,其价值之大,是无法用数字来衡量的。

我是吕老师最忠实的"粉丝",从"草根争鸣"第33期网络研讨活动开始,一直坚持参与至今,仅在两次外地培训和一次家中有事的情况下缺席,其余每期都未曾落下。在吕老师的引领下,我从一名普通的一线体育教师,搭上了成长的"末班车",最终成长为青岛市教学能手、青岛市小学体育学科带头人。每当在"云端课堂"的研讨窗口看到吕老师白发渐显的忙碌身影,听到他嗓音浑厚的男中音,我的心中总是充满了敬佩和感激,还隐隐带有一丝心痛。可以说,他为"草根争鸣"这一网络研讨活动阵地付出了半生的心血,从一名血气方刚的中青年,步入两鬓斑白的中老年教师行列。他助力全国近千名中小学体育教师发表文章,这些文章在作者们的评优树先和职称晋升过程中发挥了重要作用,这份功德是难以用数字来衡量的。

与一线体育教师谈一谈怎样阅读

北京师范大学教授伍新春在《幸福创造歌》中提到:"阅读修炼心智,勤奋充实人生,自强振奋精神,坚韧成就自我。"从长远来看,阅读可以使每一位教师在平凡的岗位上勤奋工作,不断充实和完善自我,使人生经历更加完美;从短期来说,阅读可以让广大老年教师"脑子越用越灵",为他们的教学生涯画上完美的句号,退休后做一个称职的长辈。阅读能帮助中年教师把握好当下,立足工作实际,不断充实自己。阅读还能让青年教师找准目标,选择突破口,并立即行动,虚心学习,不断提高,从而在成长的道路上开出绚丽的花朵,收获累累硕果,实现自己的梦想!

一、为什么要阅读

众所周知,读书能够积累知识,开阔视野,同时也是提高语言表达能力的直接、有效的途径。要想教好书,我们必须先读好书。作为教师,应当成为学生读书的榜样。如果我们教师都不读书,那么又怎能期望我们的学生积极读书呢?

"腹有诗书气自华。"读书是一件幸福的事情。工作累了,坐下来,泡一杯茶,捧一本书,一边品茶,一边惬意地读上几页,这是多么美好的享受啊!因此,读书并不乏味,它能滋润我们的心灵,点燃我们求知的心烛,带给我们睿智的情思。古人云:"熟读唐诗三百首,不会作诗也会吟。"没有量的积累,就不会有质的飞跃。书读得多了,语感自然也就形成了,语言表达也就变得游刃有余。这时,我们提笔写作还需冥思苦想吗?由此可见,读书是一项美丽的工程,读得越多越好。

二、怎样去阅读

著名作家周国平曾说:"在市声尘嚣之中,生命的声音已经久被遮蔽,无人理会。现在让我们都静下来，每个人都向自己身体和心灵的内部倾听，听一听自己的生命在说些什么，想一想自己的生命究竟需要什么。"教师工作既平凡又伟大，身为教师，肩负着太阳底下最光辉的职业。而要胜任这份工作，我们需要耐得住寂寞，广泛阅读，用心学习。

（一）读书需要讲究方法

读书的方法概括起来不外乎两种：一种是精读，一种是略读。对于精美的文章和特别喜欢的文章，我们需要精读，即认认真真地读，仔仔细细地读，反反复复地读，因为这样的文章并不多见。图书浩如烟海，我们的精力却有限，无法精读每一本书。除了读书，我们还需要工作、交往、休息和娱乐，读书只是我们生活的一部分。因此，选择读什么、怎样读就显得尤为重要。在有限的时间内，选择了这本书，就意味着要暂时放弃另一本书。如果每本书都认真去读，那么不仅会疲惫不堪，还不会有太大的收获。读书的目的是学习，学习的目的是运用。读书就是从书中找到对自己有用的东西，就像我们去爬山，不可能在一棵树下停留太久，因为沿途的风景很多，山顶的风景更为壮观。对于不感兴趣或感觉对自己用处不大的文章，我们可以一目十行，学习了，感受了，形成自己的思路也就足够了。

（二）不动笔墨不读书

在阅读的同时，应当做好读书笔记，否则随着时间的流逝，你会逐渐淡忘，你的阅读努力将变得徒劳，这就是我们常说的"好记性不如烂笔头"。在阅读时，我们可以一边阅读，一边将文中作者的观点、典型的事例、精彩的语段及时记录下来。对于网络图书，我们可以将精彩的语段复制、粘贴到文档中，并定期回顾。这些充满智慧火花的文字会逐渐印刻在我们的脑海中，即使不能完全记住，需要时也能随时通过电脑查阅。留下读书的痕迹，这样的阅读方式才是最有益的。

做好读书笔记的目的是学习和运用，因此我们可以根据需要只记下几个关键词和关键句。整篇整段的记录没有多大意义，既浪费时间，又是对自己的一种消耗。灵感很容易转瞬即逝，因此我们要把精彩的地方及时写下来,哪怕只是寥寥数语。我们还可以借鉴鲁迅先生的"拿来主义",在搜索引擎中输入"季浏、汪晓赞、毛振明、于素梅、陈雁飞"等体育专家的名字,进一步深入了解他们的教育思想观点。"他山之石,可以攻玉。"闲暇之余,我们可以翻阅读书笔记,仔细品味,反复揣摩,将这些知识应用于实践,内化成自己的东西,这样的进步是显而易见的。

（三）读书要与思考结合起来

孔子曰:"学而不思则罔,思而不学则殆。"这句话强调了思考的重要性。我们在读书时,应同时思考和研究,判断别人的观点是否正确,是否对我们的实践有益。如果离开了思考,只是一味地接受别人的观点,我们的头脑就会变成别人思想的容器,永远无法将这些知识转化为自己的东西。思考的过程是一个去粗取精、去伪存真、由此及彼、由表及里的过程,这就是我们常说的用心去读书。

（四）读书要与写作结合起来

北京师范大学著名教授肖川曾说:"造就教师书卷气的有效途径,除了读书,大概就是写作了。写作最能体现一个人的综合素质。"阅读和写作如同孪生兄弟,离开了阅读,写作就如无源之水、无本之木,无从谈起。阅读是一种学习,是一种积累,是写作的基础。而写作则是积累后的运用,是一种迁移,一种总结,需要厚积薄发。一线教师都有教育教学的切身体验,这些宝贵的写作素材,是我们所独有的,也是教育杂志社所珍视的。因此,我们应该做教育的有心人,比如当遇到教学难题时,可以记录我们解决问题的思考过程和方法,只要言之有序、言之有物,一篇文章就自然形成了。总之,论文写作并非空穴来风,也并非深不可测。实际上,论文是教育教学工作的思考与总结。

（五）读书要敢于大胆质疑

宋明两代"心学"的开山祖,与朱熹齐名的陆九渊曾言:"为学患无疑,疑则有进,小疑则小进,大疑则大进。"意大利著名科学家伽利略的"自由落体实验"便是一个绝佳的例证。在现实生活中,我们同样需要秉持这样的科学探索态度。在阅读时，特别是阅读教育教学类报刊时，我们应保持独立思考，不盲从他人的观点。一些教师发表的文章，可能由于特定条件的限制，存在局限性。例如，《中国学校体育》的《回音壁》栏目和《体育教学》的《点滴互动》栏目，正是专为一线教师设置的交流平台，用于对前面刊发的文章进行质疑和分享不同看法。若你在阅读时，对作者的观点或教学方法有不同见解，或认为自己有更好的教学方法，可以将你的观点和教学方法提出来，分享给读者。罗老师的《也谈一年级新生广播体操教学》一文便是鼓励这种交流的例子。如果你的观点更为突出、鲜明且具有说服力，这样的文章就更容易被发表。事实上，我之前关于"一年级广播操教学"的两篇持有不同看法的文章，已分别发表在《中国学校体育》和《体育教学》杂志上。

歌德说："最重要的不是你站在何处，而是你将走向何方。"每朵花都有绽放的时节，每个人都有属于自己的精彩。印度诗人泰戈尔说："天空没有留下鸟的痕迹，但我已经飞过。"只要我们踏踏实实地去读书，去思考，去实践，去总结，就已经向学者型、研究型的教师迈出了重要的一步。

"半亩方塘一鉴开，天光云影共徘徊。问渠那得清如许？为有源头活水来。"教师只有不断地注入教学的活水，教育教学才能焕发出生机与活力。总之，读书、写作应该成为我们教师工作的常态，成为我们的必修课！

一线体育教师论文写作的几个技巧

——全区新入职体育教师培训内容(一)

在《中国学校体育》的引领下,以及在吕兵文等学体名师和教研员张老师的指导、鼓励与支持下,我从一名普通的体育教师,成长为全区小学体育学科的骨干教师。在青岛西海岸新区教育和体育局的组织下,我作为指导教师,自2015年起每年参与新入职教师的培训。根据青岛西海岸新区教育和体育局领导的安排,结合个人实际,我对新教师的培训主要围绕"一线教师论文写作技巧"和"一线体育教师个人成长"展开。

几年来,在与体育同行们的交流中,不少一线体育教师共同关注的话题是如何发表论文。许多一线教师拥有丰富的教学经验,勤奋钻研业务,讲课艺术水平较高,教学效果显著,但苦于写不出文章。绝大多数教师并非不能写,而是不知从何写起,写些什么。许多人在晋升职称的过程中因发表论文而感到困扰。近几年,我在《体育教学》和《中国学校体育》杂志上发表了几篇文章,不仅解决了晋升职称时发表论文的难题,还对这些杂志有了一定的了解。通过论文写作,我自身的理论水平得到了进一步提升。下面,我将结合个人经历,分享一些个人体会。

一、研读、写作、经历、收获

于殿民老师是辽宁省本溪县偏岭镇中心学校的一名普通的农村小学体育教师。多年来,他热爱体育教学研究,勤于笔耕,取得了显著的成绩。他曾荣获辽宁省体育优质课一等奖,并在国家、省市级刊物上发表了数十篇论文,因此破格晋升为小学高级教师。通过写作,他体验并享受到了研究、写作带来的成功与快乐,并在当地享有很高的声誉。我们都是《中国学校体育》

的忠实读者。黑龙江省泰来县大兴镇中心学校的徐永晨老师,原先也是一位体育教师。他虽然现在已走上校长的领导岗位,但是仍坚持写作,出版了自己的专著,并在全国享有很高的名气。纵观全国,能够成为各地不同层次的体育名师,不外乎两条路径:一是通过精彩的课堂教学,二是通过写作。这两者相辅相成,互相促进。如果两者兼具,那么成功便指日可待。

我是比较幸运的。2000年,我第一次向《山东教育》投稿,不仅成功发表文章,还挣了84元稿费。可惜后来评上职称之后,我在思想上松懈了好长一段时间,偶尔漫无目的地向一些杂志社投稿,但都是石沉大海,颗粒无收。

2009年,我有幸加入了《中国学校体育》杂志的读者QQ群,成为"学体部落"的一员。在全国各地优秀体育教师的帮助下,我参与了《中国学校体育》杂志组织的网络教研活动。通过与全国一线优秀体育教师的交流与学习,我开始尝试撰写自己最熟悉的学校体育方面的文章,尝试着投稿,先后发表了十几篇文章。之后,我被《中国学校体育》杂志社聘为《网研集锦》栏目的社外编辑。通过研读与写作,我的业务水平得到了显著提升。

二、适合一线体育教师学习、投稿的体育类杂志

(一)《中国学校体育》杂志

《中国学校体育》杂志是教育部主管的国家级刊物,面向全国中小学校体育工作者,具有较强的指导性、科学性、实用性和权威性,主要栏目包括:《卷首》《消息报道》《海外传真》。这些栏目主要刊登当前学校体育的最新动态、活动信息及专家们的研究成果,使教师们能够及时了解最新的学校体育形势与动态;《教学研究》《教学实践》《教师教研》《体质与健康》《装备与器材》《训练竞赛》《网研集锦》《一线话题》等栏目多刊登基层一线体育教师的投稿。教师们通过研读与学习这些文章,可以丰富自己的教学业务知识和提升教学水平。

《中国学校体育》的几个网络研讨栏目,如《草根争鸣》《群英荟萃》《案例互析》等,刊登的都是基层一线体育教师的投稿,非常适合我们一线体育教师学习。在这里,我们可以结识全国各地的优秀体育教师,分享优质的体

育教学资源,并了解众多关于学校体育的最前沿信息,这些对我们的论文写作非常有帮助。

(二)《体育教学》杂志

《体育教学》杂志由首都体育学院主办,以服务全国广大中小学校体育工作者为宗旨,坚持导向性、科学性、实用性的办刊方针,反映学校体育改革的新动态、新理念和新思想,并交流、推广体育教学方法、手段和技术。该杂志的主要栏目包括《刊首》《消息报道》《专题讨论》《理论与实践探索》等,主要刊登当前学校体育的动态、活动信息及专家们的研究成果,使读者能够了解最新的学校体育形势与动态;《教学探蹊》《实案选登》《阳光体育》《各抒己见》《教学一得》《场地器材》《游戏百花园》《信息窗》等栏目则专注于提升教师的教学业务水平。

(三)投稿建议

一件好看的衣服如果不是穿在合适身材的人身上,就会显得不美观,向杂志社投稿同样需要考虑匹配度。每一期的《中国学校体育》和《体育教学》杂志都有自己的选题计划,通常会在杂志社的官方网站上提前公示,或者在某一期杂志的最后一页刊登出来。投稿时,我们应该尽量根据每一期的选题计划,将稿件投向对应的栏目,这样稿件被选中的机会才会大一些,除非你的文章质量非常好。我们应该经常浏览杂志社的官方网站,了解办刊方向与学术动态。在阅读每一期新出版的杂志时,除了学习其中的文章外,我们也要关注下一阶段的选题计划。

三、一线体育教师论文写作"六不、一要、一严禁"

(一)不要"害怕"动笔

1.怕"写不好"

我们不要对写作产生过于神秘的印象,也不要将发表文章视为高不可攀的目标。我们更不要怀疑自己的能力,认为自己"根本不是那块料",一写文章就头疼。一位体育教师曾表示,"让他到操场上跑 10 圈"都比写文章更令他感到轻松。"自我认同感太低"是许多体育教师存在的共同特点。当学校有上交任务且非写不可时，很多人就依赖"百度"来解决问题，这也是不少体育教师存在的问题。青岛二中的优秀体育教师袁著水讲过的话就很有道理。他说："小困难小智慧、大困难大智慧、没困难没智慧，因此当问题出现时，解决问题的及时性与能力就体现了智慧的诞生。"近年来，在教研员张老师的组织和引领下，我区小学体育教师积极参加《中国学校体育》"草根争鸣"网络研讨活动，并撰写活动论文，先后有 10 多位老师在《中国学校体育》《网络集锦》栏目上发表了文章。看到这些成果，我相信会极大地激发你的信心！

2. 怕"失败"

遭遇退稿的打击，尤其是屡投屡退的情况，确实令人沮丧。在加入"学体部落"之前，我也有过这样的心理，尤其是几次漫无目的地投稿失败之后，逐渐失去信心。其实无论什么样的教师，甚至专家在内都没有"一投就中"的命中率。浙江省宁波市宁波万里国际学校的体育老师王兴发曾经遭遇过 14 次退稿，但现在他经常在杂志上发表论文。每一次的退稿，都是一次经验的积累。对于退回的稿件，我们要认真修改，因为它们毕竟是我们花费心血写成的。我 10 年前写的《体育教学中"四小"培养》一文，虽然投了几个刊物都被退回，但部分内容正好符合《中国学校体育》"草根争鸣"总第 97 期的网络研讨主题。经过认真修改后，《"二小"培养　激"活"课堂》最终发表在《中国学校体育》2017 年第 5 期上。

（二）内容不要贪"大"

一线体育教师的共同特点是理论和实践存在"脱节"现象。年轻教师往往刚从大学毕业，虽然具备较强的专业理论素养，但是实践经验较少。而年龄较大的教师，其专业理论知识可能随时间的推移而有所淡忘，但他们积累了大量的实践经验。此外，还有一部分教师是"半路出家"，转行来教体育的。体育教师并不是体育教育的决策者或专家，因此不需要过于强调理论支撑，而应当从个人实际出发，避免撰写专业性、理论性过强的文章。例如，某老师写了一篇《学校体育中素质教育之我见》的文章，他能写好吗？答案是不能！因为这个题目涉及的内容非常宽泛，是需要教育专家深入探讨的课题。对于普通教师来说，进行全面而深入的讨论是有一定难度的。以海青小学杜伟老师为例，他最初撰写的文章题目为《浅谈如何在体育教学中对学生进行心理教育》。这个题目涵盖的内容同样广泛，可能让杂志社审稿人在初步评估时就将其"枪毙了"。然而，经过精心修改，他将题目修改为《让缺乏兴趣的学生"想说，敢做，想参与"》。这个题目更为具体，也更符合文章的核心内容，最终成功在《中国学校体育》2015年第7期上发表。因此，撰写文章时，题目和内容都不应过于宽泛或空洞，而应紧密结合文章内容，选择一个恰如其分的题目。

（三）选题不要嫌"小"

1. 选题范围不要太大

选取体育教学中的一个具体画面或镜头进行写作，可以使内容更加明确，目标更为集中，同时也便于选择相关材料，使写作过程更加得心应手。一个精彩的教学片段，一个富有趣味性的教学游戏，或者一次教学中的失败（成功）经历，都是值得记录和分享的。只要选题得当、构思巧妙，就有机会发表。例如，我发表的三篇文章《三步三结合　教学效果好——谈怎样进行小学一年级广播体操教学》《一年级新生广播操教学更需得法》《也谈一年级新生广播体操教学》都是关于一年级新生广播操教学的。这些文章从不同角度探讨了教师的教学方法、学生的学习策略、学练结合的重要性及练习巩固的必要性。幸运的是，这三篇文章都得到了编辑部的认可并成功发表。

2. 选题内容不要太大

从小处入手，利用在基层一线工作的优势，认真保存好每一堂课的教后感、每个学期的学生成绩达标情况及运动训练情况等第一手资料，经过长期积累，你会发现其中蕴含的具有代表性和规律性的内容。这些内容对同行教师来说具有很高的参考价值。当你将它们写成文并投稿时，被录用的概率会大大增加。例如，汇文小学袁书利的《对〈国家学生体质健康标准〉实施中的一些建议》和滨海中心小学常磊的《巧解学生体质健康项目练习中多班上课难题》，这两篇文章的选题都紧密围绕《国家学生体质健康测试》项目

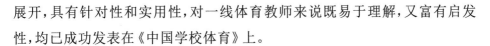

展开,具有针对性和实用性,对一线体育教师来说既易于理解,又富有启发性,均已成功发表在《中国学校体育》上。

3.选题角度不要太俗

从小处入手,巧妙选取切入点,能够大大提高文章被录用的概率。上面列举的我和另外两位老师的 5 篇文章,在选题范围和内容方面都展现了巧妙的构思。我在《体育教学》(2010 年第 2 期)发表的第一篇文章《巧改沙坑形　安全更适用》就是一个很好的例子,介绍了如何挖设一个扇形沙坑来优化跳远练习。这篇文章一投即中,我认为其中一个重要原因就在于选题角度的独特性,以及解决了一个实际教学中可能遇到的问题,这是之前较少有人涉及的领域。《中国学校体育》的《一线话题》栏目和《体育教学》的《教学一得》栏目,都非常欢迎这类小巧、实用、富有创意的文章。因此,如果在教学与训练过程中有好的"巧点子",不妨将其整理成文,并尝试投稿,也许会有意想不到的收获。

你如果没有进行深入研究,或者放弃自己的专长,硬要"纸上谈兵",那么由于缺乏深厚的理论基础和充足的参考资料,将难以撰写出高质量的文章。长期在基层一线工作的体育教师,通常都积累了丰富的一线教学经验。年轻教师在工作几年之后,也会在不断实践中总结并积累出一些好的经验与做法。因此,他们可以写以实践、教学心得体会为主要内容的文章,并选择自己熟悉的领域进行撰写。

(四)不要"盲目"投稿

俗语说:"磨刀不误砍柴工。"我们给报刊投稿也是如此。写文章时,我们要弄清杂志的定位,这样投稿才能做到有针对性。文章再好,只有投给对应的杂志才能"中标"。弄清杂志定位的最好方法,莫过于亲自阅读这本杂志。通过阅读,你能对栏目的设置、文章的技法、谈论的话题、语言的风格等有所感悟,然后对照一下自己的文章,就可以确定投给哪本刊物。任何杂志都有各自的办刊范围和理念,《中国学校体育》和《体育教学》杂志也不例外,它们每期的各个栏目都有自己的选题计划。在写文章时,我们最好参考这些选题计划,这样被采用的概率才会增大。《中国学校体育》中的《一线话题》栏目非常适合我们一线体育教师，非常"接地气"，不但能够加深你对杂志栏目的认识，提高写文章的信心，而且对你提升教育教学思想认识和业务水平有很大的帮助。另外，《中国学校体育》和《体育教学》杂志经常刊登一些专题教学设计。你如果对某一节课的教学效果感到满意，认为教法新颖且有创新，又恰好符合杂志社的选题计划，就可以大胆地尝试把自己的教学设计投稿，或许就能发表。

（五）平日不要"偷懒"

俗语说："工欲善其事，必先利其器。"我们要做到多读、多思、多写、多投。只有多读书，多看报刊，了解当前国内外体育教学研究的最新动向和热点问题，你写出的文章才会有质量。《中国学校体育》和《体育教学》都是体育教师的良师益友。每月少抽一包烟，一年下来就能节省出订阅一份刊物的钱。如果你想发表论文，那么我建议你订阅一份杂志，并认真阅读，以深入把握组稿要求。同时，你也可以从中学习一线教师发表文章的写法和经验。即使短时间内无法发表文章，你在体育教学业务方面也会有很大的提升。长期坚持下去，我相信你一定会有所收获。另外，写文章需要灵感，但不是什么时候都有写作的欲望，并能写出好的文章。通过阅读，我们不仅可以扩大知识面，发现理论与实践的结合点，还可以在阅读的过程中发现新课题，善于捕捉写作的灵感，避免重复发表相同的观点，让我们少走弯路。我们要做一个有心人，勤于积累，精于思考，将日常工作和教学中看到的、听到的、学到的新颖事物，以及不经意间的奇思妙想，都记录下来。只要有恒心、耐心和毅力，时间一长，你就会拥有非常丰富的写作"资源库"。

（六）不要"一稿多投"

杂志社最反对一稿多投，因为一稿多投会影响办刊的声誉。如果实在急于知道稿件的处理结果，你可以定期查看投稿状态，或者通过邮件、电话等方式进行询问，等收到明确的结果后，再决定是否改投其他刊物。如果出现稿件被两个杂志同时刊用的情况，轻者可能会被"点名"批评，重者甚至可能被列入黑名单，这将导致这两家杂志都不再用你的稿件。杂志审稿流程一般为：初审—复审—终审—采用。因此，当你把稿件投给了一个杂志后，应隔段时间就登录查看是否有反馈。

（七）要认真修改

俗语说："文章不厌百回改。"文章的质量是写作的核心，因此我们需要对自己的文章建立高度的责任感，这既是对自己负责，又是对读者负责。以下是常用的修改方法。

（1）删：文章写好后，要逐句精简，力求言简意赅，保证语言的准确性、贴切性和简练性，以提升文章的质量。

（2）改：审稿时要细致入微，确保体育专业术语的准确性，同时检查语句、标点符号和错别字，保证文章质量。只有准确无误的文章，才能赢得读者的信任和喜爱。

（3）添：根据文章的主题和立意，我们要在立论、分论时提供有力、有理、有据的论证。如果收到编辑部的"修改建议"，我们要根据建议进一步增强文章的深度和广度，使其更加透辟、缜密。

（4）磨：仔细推敲，力求完美。唐朝大诗人贾岛的"鸟宿池边树，僧敲月下门"中，"推敲"一词背后的典故堪称经典。我们可以站在读者或编辑的角度，反复琢磨文章的每一个细节，用最恰当的字、词、句来表达我们的观点。这样的文章不仅符合体育教学的规律，还能促进学生的健康成长。

（八）严禁抄袭，文责自负

若文章涉嫌抄袭，一经查实，该作者不仅会被列入黑名单，还会面临被登报、上网声明的后果，今后投稿至任何杂志社都将被拒绝。若被追究，该作者还必须承担法律责任。读者的眼光是敏锐的（读者举报），高科技的筛选也是"一个不漏"的（系统查重）。

从短期来看，撰写教育教学论文对教师的业务考核和职称晋升具有积极的影响，是教师辛勤努力的结晶和能力的体现。从长期来看，它展现了教师的教科研能力，体现了作者的专业素养、科研精神和创新能力，不仅有助于提升教师的体育教学质量，还能促进教师业务能力的整体提升。

与一线体育教师话成长

——全区新入职体育教师培训内容（二）

【问题一】年轻体育教师的"初心"是什么？

从体育生到体育教师，再到合格的体育教师、优秀的体育教师，最终成为一位体育人，在这个过程中，年轻体育教师需要立足岗位，做好本职工作，全面培养学生核心素养，即运动能力、健康行为、体育品德。对于年轻体育教师来说，他们的"初心"通常是怀揣着对体育的热爱，希望通过自己的努力和专业知识，引导学生们体验运动的乐趣，培养他们的健康意识和体育精神。这份"初心"驱使他们不断进取，努力成为一名优秀的体育教师。

【问题二】体育教师的本职工作有哪些？

教学——上好课；训练——带好队；活动——组织校园活动、参加比赛等；研究——思考、写作、做课题等。概括起来就是：上好课、带好队、组织活动、加强研究。目前，教学研究是许多学校体育教师的短板。而体育教师专业成长与发展所需的四种能力包括：教学能力、训练能力、组织能力和研究能力。

一、怎样做一名合格的体育教师

（一）上好课

课堂是体育教师的主阵地，体育教师要坚守好这一阵地，努力上好每一堂课，确保学生在体育课上得到身心锻炼，掌握运动技能，并在课堂中实现全面发展。

1.对教师的要求

教师要有计划、有小结、有反思，注意自己的仪表、仪态等，要求学生做到的自己必须做到。

2.目标要求

有组织、有过程方法、有德育渗透。

3.过程要求

有热身、有体能、有技能、有游戏、有放松;全面促进学生的身心健康发展,抓好常态体育课教学,提高常态课教学质量,坚决杜绝"放羊课"!

4.教学常规工作

① 制订体育教学工作计划。② 进行体育备课。③ 定期开展体育教研活动。④ 通过学校测试、市抽测、区抽测,评定学生本学期体育课成绩情况。⑤期末教学工作总结。

5.上好体育课

(1)常态课:练基本功 — 积累经验 — 不断学习 — 大胆尝试 — 提高质量 — 熟练驾驭课堂。

(2)公开课:不断实践 — 掌握技巧 — 努力争取 — 把握机会 — 成功驾驭 — 展现自我。

(3)优质课:不断实践 — 不断探索 — 水平提高 — 脱颖而出 — 展现自我 — 成就自我。

课堂是教师施展才华的大舞台,体育教师必须立足这个舞台,努力实践,大胆探索,上好每一堂课,不断发展与成长,力争成为教学能手和学科中的领军人物,发挥教学才能。

(二)训练

训练是检验体育教师专业水平能力的试金石,而训练成绩是体育教师证明自己专业水平的最有力证据。此外,组织开展好各项活动,推动学校各项体育活动的蓬勃发展,以及积极参与上级组织的比赛活动,争取优异成绩,为学校争光,也是对自身专业能力的证明。

1.训练工作常规材料

① 制订学校体育各项训练计划。② 做好各项活动记录。③ 总结学校体育各项训练工作。④ 成立各种兴趣小组并开展训练活动。⑤ 做期末总结。

2. 带好队,组织开展好训练工作,争创佳绩,为校争光

通过开展体育类社团和兴趣小组,体育老师可以在训练中发掘并培养学生的爱好与特长,增强学生的自信心,并获得学校领导、老师和家长们的认可。学生在上级举办的各类比赛中取得优异成绩,这是体育教师最为自豪的事情。体育教师应该积极参加学校和上级组织的各项比赛,努力创造佳绩,为学校争光;同时,展现自己的能力与价值,延续自己的体育梦想,为自己的体育生涯继续增添光彩。

如果机缘巧合,从体育教师的手中诞生一位世界冠军,那么这将会是他终生引以为豪的荣耀,同时也证明这位体育教师是优秀的教育者。通过充分发挥自身的爱好与特长,精心组织学校兴趣小组,体育教师能够培养学生的爱好和特长,发展学校的体育特色,同时也为自己的职业生涯增添光彩。因此,训练是检验体育教师专业水平能力的试金石,而训练成绩则是体育教师证明自己专业水平的最有力证据。

(三)组织活动

组织活动是体育教师的拿手戏,组织开展好校园体育活动是体育教师必须具备的一项基本能力,同时组织活动能力也是获得学校领导和老师们认可的重要能力之一。

1. 学校活动

(1)大课间活动:是学校的亮点,也是全面落实每天锻炼一小时的重要一环。

(2)单项竞赛:营造校园体育氛围,体现教师的个人组织能力。

(3)运动会、体育节:是校园的重大活动,体现教师的综合组织能力。

(4)其他活动组织:协助学校组织好各项集会活动,展现协调能力。

2. 开展好校园体育活动的常规活动材料

(1)体育节(方案、过程材料、总结)。

(2)运动会(通知、规程、秩序册、过程材料、成绩记录)。

(3)校园小型(单项)群众性体育比赛(方案、通知、过程记录)。

(4)冬季长跑活动(主题、通知、方案、过程记录、总结)。

（5）《国家学生体质健康标准》测试登记表。

3.指导班级课外体育活动

① 大课间活动；② 课外体育活动。

（四）加强研究

教育科研是教师专业成长的助推器。体育教师应积极参与教育科研工作，以此助推自身专业化水平向更高层次发展。同样，教科研工作也是优秀教师专业成长的催化剂。对于优秀的体育教师而言，他们的成长离不开研究成果的支撑。因此，学习—实践—积累—收获，这是优秀体育教师成长的必由之路。

加强对体育学科的研究，并积极撰写教育教学论文，不仅对业务考核和职称晋升大有裨益，还是教师笔耕不辍的成果与能力展现。这充分体现了教师的教科研实力，彰显了教师的专业素养、科研水平和创新能力，既有助于提升教师的业务水平，又能进一步提高教学质量。

小结：通过努力工作，创造性地履行本职工作，努力争取优异的成绩，同时不断积累经验，提升个人能力，并在实践中积累经验和成果。

二、只为成功找方法，不为失败找借口

只要肯努力，任何事情都不能阻挡你的进步。只有那些不思进取的人，才会找出若干个看似振振有词的借口，而他们只是一知半解、半吊子水平，因此一生将难以取得成功。在短时间内，他们在某些领域也许能得到暂时的满足，但只要他们不改行，"体育"就是他们要坚守一生的事业。我的好友，后来成为一所学校的校长，也是一位体育同行，他曾说："体育是你的安身立命之本。"只有立足本职，努力工作，不断学习，才能在实践中不断积累工作经验，提升自身各方面的能力，积累最为丰富的成长素材。这是每一位优秀教师成长的必由之路。我衷心地希望体育教师能够在自己的岗位上努力，争取成为一名优秀的体育教师，无愧于"体育教师"这一光荣的称谓。

入门起步于一个栏目，成长开始于一本杂志

在我个人的从教生涯中，带给我最大收获的就是加入"学体部落"这个大家庭。《中国学校体育》和《体育教学》杂志都是一线体育工作者的良师益友，其中刊登了很多一线体育教师的文章，帮助基层体育教师进修提高，是学校体育教学方面非常接地气的杂志。全国各地的很多一线体育教师通过这两本杂志走进了名师的行列。《草根争鸣》是《中国学校体育》杂志的一个网上研讨栏目。该栏目每月组织一次网上研讨，通过专家引领来汇聚全国体育教师的智慧，立足于基层体育教学中的实际问题，解决一线教学中的实际困惑，帮助体育教师提升教学能力，深受基层中小学体育教师的欢迎。

我是《中国学校体育》的忠实读者，多年来一直坚持订阅该杂志，收获颇丰。我不仅提升了业务水平，还取得了一些小成就，成功发表了多篇文章。自 2011 年第 33 期"草根争鸣"网络研讨开始，我积极参与网络研讨，还引导身边的体育教师一同参与研讨，并帮助多人修改并发表了多篇文章。

起步于一个栏目，受益于一本杂志。作为一名较早加入"学体部落"、参与"草根争鸣"网络研讨的"入门"者，我创建了"黄岛区小学体育草根教研"微信群，群内的小学体育教师已近 400 人。我定期将每一期的"草根争鸣"论坛研讨通知分享到群内，并分享一些优秀的体育教学资源，无条件地将积累的经验分享给大家，让更多的一线体育教师从中受益。此外，我在群内组织成立了学习小组，为青年体育教师设计了《中国学校体育》阅读交流卡(扫码可见)，遵循个人自愿原则，建议群内教师每人每年订阅一份《中国学校体育》杂志，并鼓励大家每月参加"草根争鸣"网络研讨，然后在群内交流阅读心得。群内体育教师从参与"草根争鸣"网络研讨开始，立足草根论坛，放眼其他栏目，掌握写作技巧，以阅读《中国学校体育》杂志为起点，争取尽快发表属于自己的文章。

到目前为止，我区小学体育骨干教师团队已成功主持了 4 期"草根争鸣"网络研讨活动。全区体育教师通过积极参与，在《中国学校体育》杂志上发表了 20 多篇文章。这不仅助力了他们的职称晋升，还有助于他们成为区市各级体育教学骨干。"草根争鸣"网络研讨活动已成为我区体育教师的宝贵资源。阅读能够修身养性，而《中国学校体育》杂志等则是助力一线体育教师成长的摇篮。作为体育教师，我们应当立足工作实际，将阅读与写作作为个人成长的引线，培养阅读习惯。在阅读的同时，我们要联系自己的体育教学实际，将所学内容付诸实践，内化吸收，从而丰富自己的体育素养。通过"学习—实践—反思—成长"的循环，让读书促进学习，让写作带动反思，从而丰富实践。这样，我们一线体育教师的教学生涯也能在帮助学生享受乐趣、增强体质、健全人格、锤炼意志的过程中不断创新，绽放光彩！

学会用自己的方式成长

几年前，我参加了学校邀请琴岛教师成长工作室李淑芳主讲老师的报告会，主题是"今天怎样做教师"，深受触动。她的话语沁人肺腑、温暖人心，而她的成长经历虽然充满诸多困难，但是奋发向上，给我的心灵带来了深深的震撼。李淑芳老师的付出并非出于领导的安排，而是她自发地去做的。她的工作既无报酬，又紧张劳累，但她始终心甘情愿，并乐在其中。这背后需要的是一份深沉的爱心，更是一种高尚的境界，这并非一般人能够轻易做到的。然而，用当下流行的话来说，她的状态就是"累并快乐着"。

奉献是一种真正的幸福。李淑芳老师的爱心付出是自愿的，同时她也在这种付出中享受着助人的愉悦。她的这种思想与情感，在不经意间传递给每一位教师，也使我深刻体会到"人，是要有一点精神的"。我更加明确了自己应该成为怎样的人。"相信爱，传递爱"让我真切地感受到了"送人玫瑰，手有余香"的温暖。作为一名教师，应该具备的最重要的条件是什么呢？是优美的语言，是广博的知识，还是丰富的教学经验？李淑芳老师通过她的经历和一些著名的教育案例，使我明白了：作为一名教师，最重要的是要有爱心。爱心是师德的核心内容。爱是一种信任，爱是一种尊重，爱是一种教育，而更重要的是，爱是相互的。只有我们付出了爱，才能收获爱。

也许有人会说，每一位成功人士的成长都得益于他们所处的优越环境，环境为他们提供了一次次走向成功的机会。确实，个人的成长离不开一定的社会历史条件，正所谓"时势造英雄"。但是，我们更应该清晰地看到，每一个人的成功与他们不断地超越自我、用自己的激情和汗水去实现梦想是密不可分的。这与李淑芳老师所说的"读书破万卷，下笔如有神"的道理是相通的。对于在一线工作的老师来说，无论教案多么出色、名师水平多么高，我们都不可能完全复制，因为那不是自己的。教学是一个人内在文化素养的外化，如果腹中空空，教学就只能是个空架子。如果我们真正做到了"读书破万卷"，那么在教学上就能达到从容不迫、出神入化的境界。正如李淑芳老师所说："我们只有每天不间断地读书，与书结下深厚的友谊，才是每位老师最好的备课。"

读书破万卷，教书如有神，我们应该永远保持一颗年轻的心。琴岛教师成长工作室的关键词之一是"成长"，其口号是"让我们学会用自己的方式成长"。李淑芳老师强调"有爱才有方法"，鼓励我们在充满爱心的教学实践中不断成长；激励我们成为不断学习、不断提高的老师。努力成长，展翅飞翔，每一名体育教师都应该积极行动起来，共同为学生"享受乐趣、增强体质、健全人格、锤炼意志"的目标贡献自己的一份力量。在挥洒激情与汗水的过程中，我们幸福、快乐地成长吧！

春天到了，虽然眼下仍是春寒料峭，远处大珠山上的残雪尚未消融，但是石门寺前的迎春花枝上已经出现了一点点含苞欲放的花蕾，我的心里也伴随着春天的脚步萌发出丝丝春意，心灵在随着春风轻舞飞扬。春天是播种的季节，也是希望的季节，春天刚刚来临，有的是时间，有的是希望。梦想有多远，我们就能走多远。理想不灭，激情不灭，学习的信念不灭。如果每位一线教师都能好学不倦，我们的校园就会真正成为人人向往的乐园，那时我们教育的春天就会百花齐放！

后　记

2022年9月，山东省教育科学研究院下发了《关于开展全省中小学体育美育劳育典型案例评选活动的通知》（鲁教科院函〔2020〕92号），我代表学校体育组上报了"构建体育课程'超市'，实施选项教学"的参评案例。2023年8月29日，山东省教育科学研究院公示了评选结果，下发了《关于公布2022年山东省中小学体育美育劳育典型案例的通知》（鲁教科院〔2023〕24号），作为"典型经验与做法"案例，该项参评案例获得全省一等奖！

俗语说："冰冻三尺，非一日之寒。"每个成功的典型经验与做法都不是单独、孤立地形成的，需要经过多次"从实践中来、到实践中去"的检验，同时需要时间的积累和实践研究作为基础。每个案例的背后都有它当初真实发生的故事。这些故事不但经受了现实工作实践的检验，而且包含了教师多方面工作经历的积累和付出，对今后的学校体育工作具有宝贵的帮助作用，同时也能激发新的工作灵感，促使教师不断产生新的想法并付诸实践，循环往复，从而形成具有一定实践价值的教育教学思想。

我忘不了第一次投稿就成功在《山东教育》上发表文章，并获得84元稿费时的欣喜；忘不了第一次参加全市优质课比赛并获得一等奖时的兴奋；忘不了被评为青岛市教学能手时的喜悦；忘不了第一次参加课题研究申报时的忐忑；也忘不了在全区教学节案例评选中的从容不迫，以及获得一等奖后的那份淡定与满足。

从教34年，我始终坚守在小学体育教学的第一线。多年的教学实践为我积累了丰富的经验，并激发了我的灵感，这些经验和灵感源于课堂教学，有的针对教学内容，有的针对教学组织。它们不仅在常规课程教学中发挥了重要作用，还在各个项目的教学中提供了极大的帮助。我先后在《中国学校体育》《体育教学》《山东教育》等知名教育教学杂志上发表了20多篇文章。

这些根植于一线教学实践、对一线教学具有实用价值的经验,构成了我教学研究的基石和实践的依托,极大地推动了学校的体育教育工作。正是这些来自一线的教学灵感,激发了我深入研究体育教学的热情。同时,这些源自一线教学实践的深厚积累,也为我的体育教学研究提供了丰富的素材,成为我在构建体育课程"超市"等教学研究与实践过程中的坚实支撑,为后续开展"构建体育课程'超市',实施选项教学"等教学实践研究奠定了坚实的基础。

山东省教育科学研究院希望荣获优秀典型案例的单位和个人能够珍惜这份荣誉,再接再厉,进一步加大理论研究和实践探索的力度,发挥好示范引领作用,为全省体育美育劳育的高质量发展贡献积极力量。此次荣获省级典型案例一等奖,不仅是对我们前期积极开展学校体育研究工作的极大鼓励,还是对我们阶段性研究成果的肯定。尽管对于某些名校名师来说,这样的荣誉可能并不罕见,但是对我们这样一个基层小学体育教师团队来说,这次获奖在级别和层次上确实是一次新的突破。作为一名工作在城乡接合部的基层一线体育工作者,我主持并开展了这项实践研究,经历了整个校园体育教学工作实践研究的过程。在此,我想将我们近几年的工作情况进行梳理、归类与总结,并将获奖案例的具体实施情况分享给大家,希望能对广大基层体育同行在开展学校体育教学及组织校园体育活动方面有所帮助。同时,我也将总结自己在一线小学体育教学中的教育教学研究经历,分享所取得的一些成绩和心得,希望能够引起坚守在一线的体育同行们的共鸣,并为刚刚踏上体育教学岗位的年轻教师的专业成长带来一些启示和帮助。

学、思、研、行,我衷心希望所有的学校体育工作者能够紧密结合学校实际,立足基层一线,积极行动起来,引导学生积极参与体育锻炼,促进学生全面发展,让学生在体育课中真正享受乐趣、增强体质、健全人格、锤炼意志,实现学校体育的终极目标,为培养学生的终身体育意识打下良好的基础,并持续为实现中华民族的体育强国梦作出新的、更大的贡献。

罗兆杰

2024 年 4 月 16 日